स्त्री अलक्षित

बीसवीं सदी के पूर्वार्द्ध का स्त्री-विमर्श

श्रीकान्त यादव

आज़मगढ़ जिले के चकधरना गाँव में 1987 को जन्म। इंटरमीडिएट तक शिक्षा-दीक्षा प्रायः घर पर पिता जी की देख-रेख में, बी.ए. इलाहाबाद विश्वविद्यालय से तथा एम.ए. काशी हिन्दू विश्वविद्यालय वाराणसी से पूर्ण किया। फ़िलहाल काशी हिन्दू विश्वविद्यालय वाराणसी से ही 'मन्नू भंडारी के कथा साहित्य में स्त्री-पुरूष सम्बन्ध' विषय पर शोध कार्य में संलग्न।

कथा साहित्य एवं तात्कालीन विमर्शों में विशेष रूचि। विविध पत्र-पत्रिकाओं एवं पुस्तकों में दर्जनों शोध लेख प्रकाशित। इस समय 'साम्प्रदायिकता और हिन्दी का कथा साहित्य' पुस्तक लेखन में संलग्न।

सम्पर्क-222/A3 संगमनगर कालोनी नगवाँ, अस्सी वाराणसी-221005 (उ.प्र.)

email-shrikantbhu13@gmail.com

श्रीकान्त यादव

स्त्री अलक्षित

बीसवीं सदी के पूर्वार्द्ध का स्त्री–विमर्श

लोकभारती पेपरबैक्स

प्रथम पेपरबैक संस्करण : 2018
द्वितीय पेपरबैक संस्करण : 2023

लोकभारती पेपरबैक्स : उत्कृष्ट साहित्य के लोकप्रिय संस्करण

लोकभारती प्रकाशन
पहली मंजिल, दरबारी बिल्डिंग, महात्मा गाँधी मार्ग,
प्रयागराज-211 001

वेबसाइट : www.lokbhartiprakashan.com
ईमेल : info@lokbhartiprakashan.com

शाखाएँ : 1-बी, नेताजी सुभाष मार्ग, दरियागंज, नई दिल्ली-110 002
अशोक राजपथ, साइंस कॉलेज के सामने, पटना-800 006 (बिहार)

जे.के. आर्ट प्रेस
प्रयागराज द्वारा मुद्रित

मूल्य : ₹ 195

STRI ALAKSHIT
by Shrikant Yadav

ISBN : 978-93-86863-67-6

विषय-सूची

भूमिका

परिवेश की माँग के कारण उत्पन्न मूल्य परम्परागत मूल्य को चुनौती देते हैं। इस द्वन्द्व के उपरान्त कोई वैज्ञानिक व तर्कसंगत मूल्य परम्परा में शामिल होता है। ऐसे अनेकानेक मूल्य परम्परा का हिस्सा बनकर आनेवाली पीढ़ी तक पहुँचते हैं। जो मूल्य अतीत के किसी सामाजिक परिवेश में तर्कसंगत था, ज़रूरी नहीं वह वर्तमान में भी हो! परिवेश की पुकार के अनुरूप नये मूल्य रूढ़िवादी मूल्यों से टकरायेंगे और जीवनोपयोगी तर्कसम्मत मूल्यों को संस्कृति में शामिल कर लेंगे। यह प्रक्रिया आसान नहीं है। वर्तमान समाज में जो वर्ग या समुदाय दक़ियानूसी मूल्यों को छोड़ना नहीं चाहता, ज़ाहिर है उसमें उसके सामाजिक वर्चस्व के साथ-साथ आर्थिक और राजनैतिक लाभ जुड़े होंगे। यह रूढ़िवादी वर्ग तमाम षड्यन्त्रों द्वारा उसे स्थापित करता रहेगा, और दूसरी तरफ़ वर्तमान परिवेश में उन मूल्यों पर प्रासंगिकता का झूठा आवरण चढ़ाकर समाज को गुमराह भी करता रहेगा। आधुनिक मूल्य एवं भावबोध की तरफ़दारी करनेवाले व्यक्ति, वर्ग, समुदाय यदि रूढ़िगत मूल्यों की पक्षधरता करनेवाले समुदाय, वर्ग से कमज़ोर (सामाजिक वर्चस्व, आर्थिक, राजनैतिक आदि) पड़ता है तो शताब्दियों तक चलने के उपरान्त ही संघर्ष निर्णायक स्थिति में पहुँचेगा। जबकि जीवन के सामान्य एवं अनिवार्य मूल्य जिन्हें समाज का अधिकांश समर्थन मिलता है, वे मूल्य बिजली की कौंध से सहज एक पीढ़ी में ही बदल जाते हैं। लेकिन शाश्वत का दर्जा प्राप्त मूल्यों को बदलने में शताब्दियाँ खप जाती हैं।

सदियों से पुरुष समाज बनाम आधी आबादी का संघर्ष चलता आ रहा है। स्त्री और पुरुष दोनों का गणना के हिसाब से आँकड़ा कमोबेश नौ-दस का रहा होगा (पुरुष वर्चस्व के प्रभाव और वैज्ञानिक प्रगति ने आज इस अन्तर को भले बढ़ा-घटा दिया हो) लेकिन मातृप्रधान समाज या यौथ-विवाह के पतनोपरान्त जब स्त्री पूरे समुदाय या वर्ग से सम्बन्धित न होकर एक पुरुष की पत्नी के रूप में अस्तित्व ग्रहण की तभी से ही उसके महत्त्व को कम करने के उद्यम आरम्भ हुए। यह प्रक्रिया स्त्री के सम्मान और वज़ूद को खा गया। क्योंकि एक विवाह बहुत बाद की उपज है।

बिलकुल आरम्भिक अवस्था में लोग केवल माता को ही जानते थे, पिता को नहीं। आज वर्तमान सन्दर्भ में पिता की हैसियत समाज में जो स्वीकृति है, यह न्यूनाधिक प्राचीन समय में माता की रही होगी। मन्मथनाथ गुप्त ने "स्त्री-पुरुष सम्बन्ध के रोमांचकारी इतिहास' में ऋग्वेद की ऋचाओं के हवाले से आदि माता अदिति के माध्यम से मातृसत्ता के विपुल सम्मान का हवाला देते हुए लिखा है कि, "ऋग्वेद के अदिति सम्बन्धी मन्त्रों को पढ़िये, विशेषकर जिसमें कहा गया है कि वह पिता है, माता है, क़बीला है। उसमें उनके प्रति कितनी श्रद्धा का भाव था उसका कितना विपुल सम्मान था।"[1] दरअसल ऐसी यौन स्वेच्छाचारिता की अवस्था में पिता का कोई निश्चय नहीं होता था। पूरे वैश्विक स्तर पर आदिम समाज में कमोबेश यही प्रकृतिगत स्थिति थी। चूँकि पिता का निश्चय न होने पर माता के रूप में स्त्रियों के ही द्वारा कुलबोध होता था। यही वह केन्द्रीय तत्त्व था जिसके कारण स्त्रियों का समाज में महत्त्व था। इस अवस्था में तब बदलाव हुआ जब स्त्री एक पुरुष के लिए केन्द्रित हुई। परम्परावादी समाज पूर्व में भोगे गये नित नयी-नयी स्त्रियों के सम्भोग सुख को कैसे भुला देता भला! इसलिए प्राचीन प्रथा के टूटने के हौआ का हवाला या प्रायश्चित्त शर्त के क्षतिपूर्ति के लिए नियम बनायें। इस बात के हवाले से मन्मथनाथ गुप्त ने लिखा कि, "जैसे विवाह की पहली रात को या साल में एक दिन या किसी खास त्योहार के अवसर पर, अपनी आदिम हैसियत में लौट जाना पड़ता था, यानी उस दिन वह सब पुरुषों की पत्नी हो जाती थी।"[2] यहीं से अपनी सुविधात्मक प्रवृत्ति के रूप में पुरुषों ने स्त्रियों को अपनी सहूलियत के लिए क़ैद करना आरम्भ किया। धीरे-धीरे शरीर और सपनों पर अधिकार करने की मुहिम चल पड़ी। सभ्यता कुछ आगे बढ़ी, परिवेश बदले, इस कलुषित परम्परा को ठोस आधार प्रदान करने हेतु अनेकों मानदण्ड ईज़ात किये गये। मसलन-शीलशुचिता के मानदण्ड, उसे परखने के मापदण्ड, मानक पर खरे न उतरने पर कठोर दण्डविधान आदि बनाये गये। सारतः यह है कि यहीं से स्त्री को पराधीनता की ज़ंजीर में जकड़ने के सारे उपक्रम शुरू हुए। हज़ारों साल के इतिहास में क्रमशः परम्परा, संस्कृति और शाश्वत मूल्यों की ज़ंजीरों से जकड़कर निरीह अबला को और भोग्यवस्तु मात्र बना दिया गया। स्त्री के व्यक्तित्व को छीनकर मात्र वस्तु बना दिया गया। इसी बात को लक्ष्य करते हुए सीमोन द बोउवार ने लिखा है कि, "औरत पैदा नहीं होती बल्कि उसे बना दिया जाता है।" बहरहाल ऐसी स्थिति में क्या आधी आबादी पुरुषों के बरक्स अपने वज़ूद को पुनः प्राप्त कर लेगी? यदि हाँ तो, कब तक!

1. स्त्री-पुरुष सम्बन्धों का रोमांचकारी इतिहास : मन्मथनाथ गुप्त, वाणी प्रकाशन, दरियागंज दिल्ली संस्करण 2011, पृ.26
2. वही, पृ. 41

19वीं सदी के उत्तरार्द्ध और 20वीं सदी के पूर्वार्द्ध का समय स्त्रियों के लिए ख़ासकर भारतीय परिदृश्य में बड़े ऐतिहासिक महत्त्व का है। साम्राज्यवादी परिवेश में सामन्तवादी ढाँचे टूट रहे थे। यह पूँजीवादी अवधारणा से साँठ-गाँठ कर नवपूँजीवाद की ज़मीन तैयार कर रहा था। पत्र-पत्रिकाओं में नये ज्ञान-विज्ञान के बढ़ते प्रभाव और वैश्विक पूँजीवाद के दबाव के कारण नये मूल्यबोध को अपनाने पर बल दिया जाने लगा था। आधुनिक अर्थतन्त्र को पूँजीवादी विचारधारा की तरफ़ जोड़ने का प्रयास आरम्भ हुआ। इस परिस्थितिजन्य नये मूल्य को राष्ट्रीयता से भी जोड़ा जाने लगा। इसी लक्ष्य की ओर इशारा करते हुए बालाबोधिनी के सह-संकलनकर्त्ता संजीव कुमार ने बालाबोधिनी के किसी लेख के हवाले से लिखा कि, "यन्त्र चलना देश की उन्नति का एक महान् उपाय है और हमारे मुल्क के लोग अपना धन व्यर्थ की चीज़ों में उड़ाते हैं जबकि उसे यन्त्रों को चलाने में लगाया जाता तो हज़ारों के पीछे कै हज़ार न पैदा होते। धन की उत्पत्ति, धन की स्वत्व, धनी, आसामी, श्रमिक, कर या ख़ज़ाना, वेतन, लाभ, दाम इस सब के मायने और सम्बन्ध गहरा दुःख प्रकट करता है। और यन्त्र से उत्पादन करने में प्रवृत्त होने तथा ख़र्च की जगह निवेश करने के लिए भारतीयों को आवाहन करता है।"[1] इस प्रकार यह आवाहन हक़ीक़त की ज़मीन पर उतरने लगा। पत्राचार, संचार एवं परिवहन के माध्यम से बाजार से अपना सम्बन्ध स्थापित करने लगा। यह हवा अब धीरे-धीरे सुदूर ग्रामीण परिवेश को प्रभावित किये बिना नहीं रही। सामाजिक परिस्थितियों के परिणामस्वरूप स्त्रियों की दयनीय दशा में सुधार हेतु अनेकों संस्थाएँ और धार्मिक मिशनरियाँ सामने आयीं। सती प्रथा, विधवा जीवन के त्रासदी-भरे अमानुषिक परम्परा पर आहुति दी गयी। विधवा पुनर्विवाह पर बल दिया जाने लगा। तमाम प्रयासों में स्त्री दुर्गति के कारणों की तलाश आरम्भ हुई। इनकी इस दशा के बुनियादी कारण जो उभरकर सामने आये। वह स्त्रियों में शिक्षा का न होना था। जिसे रूढ़िवादी आदिम समाज अपनी कूटनीति से निरन्तर वंचित करता आ रहा था। मिसाल के लिए मिशनरी निर्देश-पुस्तिका "कुलीन स्त्री कीर्ति' (1894) में हिन्दुस्तान की स्त्रियों के लिए शिक्षा शीर्षक उपसंहार खण्ड में लेखक यह चिह्नित करता है कि, "यद्यपि हिन्द की स्त्रियों में अनेक प्रशंसनीय गुण हैं पर कई अफ़सोसजनक दुर्गुण भी हैं, जिसका कारण ज्ञान का अभाव है, क्योंकि उन्हें कभी शिक्षा नहीं मिली, इसलिए असल दोषी यहाँ के पुरुष हैं जिन्होंने उन्हें विद्या नहीं पढ़ायी।" (पृ. 146)

वैदिक काल में स्त्रियों की स्वेच्छाचारिता पर किसी प्रकार का प्रतिबन्ध नहीं था। ज्ञान-विज्ञान के समस्त क्षेत्र में उनकी प्रतिभागिता थी। कहा जाता है कि वैदिक गीत

1. बालाबोधिनी-संकलन-सम्पादन वसुधा डालमिया, संजीव कुमार : राजकमल प्रकाशन, नयी दिल्ली, पृ. 21

स्त्रियों द्वारा ही लिखे गये हैं। इस समय लीलावती बीजगणित की प्रकाण्ड पण्डित थीं। वहीं ज्योतिषशास्त्र में खन का कोई शानी नहीं। उपनिषद् काल की गार्गी और मैत्रेयी को कौन नहीं जानता। बौद्धकालीन थेरी गाथाओं से स्त्री-स्वातन्त्र्य के तमाम प्रमाण मिलते हैं। इसी बात को लक्ष्य करके रवीन्द्रनाथ मुखर्जी ने लिखा है कि "वैदिक युग में स्त्रियों की बहुमुखी प्रगति के विकास में कोई बाधा नहीं थी। पुरुषों के साथ मेल-मिलाप एवं शिक्षा ग्रहण करने पर कोई प्रतिबन्ध नहीं रहता था। उस युग में बहुपत्नी विवाह अवश्य प्रचलित था परन्तु परिवार के स्त्रियों को आदरपूर्वक रखा जाता था।"[1]

हिन्दी साहित्येतिहास में बालाबोधिनी मासिक पत्रिका स्त्री-चिन्तन का प्रस्थान बिन्दु होने के नाते ऐतिहासिक महत्त्व की है। यह कृशकाय पत्रिका 1874 में प्रकाशित होना आरम्भ हुई और 1877 में बन्द हो गयी, यह बड़े दुर्भाग्य की बात है। भारतेन्दु की इस पत्रिका के अलावा अन्य भारतीय भाषाओं में अनेक महत्त्वपूर्ण स्त्री-विषयक पत्रिकाएँ प्रकाशित होती रही हैं। जिसमें बामाबोधिनी' पत्रिका (1863-1906) बंगाल से निकलती थी। इस पत्रिका का प्रबन्ध सम्पादन कैलाशकामिनी दत्त तथा सम्पादन उनके पति. श्री उमेश चन्दर दत्त करते थे। यह दम्पति कट्टर ब्रह्मसमाजी था। 1857 में "स्त्री बोध' नाम की पत्रिका मुम्बई से गुजराती में निकलती थी। यह पत्रिका 1950 तक निकलती रही। मराठी में "सुबोध' पत्रिका का प्रकाशन 1877 में आरम्भ हुआ। यह प्रार्थना समाज मेरी विट्ठल बालेकर के प्रयास से निकलती थी। इसके अलावा 1860 में तमिल में एक स्त्री पत्रिका प्रकाशित हुई। हालाँकि यह अल्पायु ही रही। ठौर बालाबोधिनी पत्रिका की प्रतियों को देखने के उपरान्त भारतेन्दु हरिश्चन्द्र की स्त्री-विषयक अवधारणा साफ़ हो जाती है। आधुनिकता के इस पुरोधा के अनन्तर भी परम्परागत दक़ियानूसी विचारों के नाख़ून और गुरहिट शेष है। पत्रिका के पृष्ठों से गुज़रते हुए आपको यह ज्ञान होने में देरी नहीं लगेगी कि विनम्रता के आवरण में वही पुरानी पुरुषों की परिपाटी अपने वर्तमान समाज के मुताबिक़ आधी आबादी को नये जाल में क़ैद करने या नये साँचे में ढालने के सिवा कुछ नहीं है। यह दीग़र बात है कि जिस साँचे या जाल में ढालने या क़ैद करने की कोशिश हुई उसमें शिक्षारूपी कैंची या हथौड़े चाहे– अनचाहे या समय की माँग के अनुसार देना पड़ा। यही शिक्षा नवीन सामाजिक संरचना में स्त्री या शोषित-पीड़ित समाज के युगान्तकारी परिवर्तन का आधार बना।

समाज के प्रति हर व्यक्ति की अपनी चिन्ताएँ, समस्याएँ और समाधान होते हैं। भारतेन्दु जी ने स्त्री-प्रश्न को लेकर जो बात कही है, उसके आधार ज़ाहिर हैं कि वे स्त्री दुर्व्यवस्था से चिन्तित थे। जिसमें वे शिक्षा के माध्यम से सुधार करना चाहते

1. भारतीय समाज एवं संस्कृति : रवीन्द्रनाथ मुखर्जी, विवेक प्रकाशन, दिल्ली-6, पृ. 408.

थे। लेकिन उनके लिए दुर्व्यवस्था का मतलब घर की चहारदीवारी में क़ैद रहना न था, न ही स्त्रियों की दशा में सुधार का तात्पर्य सार्वजनिक कर्म क्षेत्र में उनके प्रतिनिधित्व या भागीदारी सुनिश्चित करने की थी। भारतेन्दु जी स्त्रियों की भूमिका परिवार के दायरे में देखते थे। उनके लिए स्त्रियों की शिक्षा का लक्ष्य बच्चों का उत्तम पालन-पोषण तथा घर-गृहस्थी का सुचारु रूप से संचालन था। इस तथ्य को वीरभारत तलवार ने अपनी किताब रस्साकसी में तथा बालाबोधिनी के संकलनकर्त्ता वसुधा डालमिया ने "बालाबोधिनी वा नये घरेलू आदर्शों की रचना' शीर्षक भूमिका में भारतेन्दु की स्त्री-विषयक अवधारणा का तथ्यपरक विवेचन प्रस्तुत किया है। वस्तुतः इन परम्परा पोषकों द्वारा स्त्री-शिक्षा का प्रयास ही महत्त्वपूर्ण है। फिर आगे कौन जानता है कि वे थोपे गये विषय का ही पाठ करें, इस पर किसका नियन्त्रण है।

अब तक पत्र-पत्रिकाओं में स्त्रियों से सम्बन्धित लेख पुरुषों द्वारा ही लिखे जा रहे थे। उनमें अधिकांशतः धर्म के आवरण में शिक्षा एवं अधिकार की बातें की जा रही थीं। कुछ प्रगतिशील चेतना से सम्बन्धित भी लेख थे जो सच्चे अर्थों में समय की माँग के अनुसार नयी सामाजिक संरचना में स्त्री को पुरुषों के समान बराबरी की बात कर रहे थे। किन्तु जब स्त्रियों में विद्या पढ़ने-लिखने के हुनर के उपरान्त उनके द्वारा स्वानुभूति की प्रामाणिकता पर बड़े पैमाने पर लेख लिखे जाने लगे। फलतः उनकी स्थिति प्रामाणिकता और तथ्यपरकता के साथ व्यक्त हुई है। महिलाएँ अब सम्पादक का भी कार्य बख़ूबी निर्वाह करने लगीं। महिलाओं पर केन्द्रित अनेक पत्रिकाएँ सामने आयीं, जिनमें आर्य महिला, महिला, महिला दर्पण, स्त्री दर्पण, दीदी के साथ-साथ चाँद, मर्यादा, माधुरी, सरस्वती आदि पत्रिकाओं में प्रकाशित लेखों ने आधुनिक परिदृश्य में स्त्रियों की सामाजिक, आर्थिक और राजनैतिक अवधारणा और स्वरूप को पुनर्व्याख्यायित करना शुरू किया। ये लेख स्त्री-जीवन के विविध पहलुओं से सम्बन्धित होते थे। मसलन स्त्रियों के प्रति समाज की दोयम दृष्टि, पर्दा प्रथा, दहेज प्रथा, बाल विवाह, परित्यक्ताओं की समस्या, विधवाओं की समस्या, विधवापुनर्विवाह की समस्याओं की समीक्षा, स्त्री-शिक्षा के महत्त्व आदि विविध विषयों से सम्बन्धित थे। हिन्दू विवाह बिल पारित करने पर बल एवं उसकी समीक्षाएँ भी शुरू हुईं। पहली बार स्त्रियों ने ख़ुद इतिहास, पुराण एवं धर्मग्रन्थों में अपनी हैसियत को टटोलना आरम्भ किया। यही नहीं, संसार की स्त्रियों की स्थिति और उनकी उन्नति को भारतीय समाज में स्त्रियों के बरक्स तुलनात्मक विवेचना भी आरम्भ किया। इन लेखों से आप सहज अनुमान लगा सकते हैं कि शिक्षा के प्रभाव ने रूढ़िवादी भारतीय समाज को किस हद तक चुनौती देना आरम्भ किया। मजे की बात यह है कि इस समय अधिकांश लेख धार्मिक शिक्षा पर आधारित पुरुषों ने लिखा, स्त्रियों ने नहीं। कुछ रीढ़विहीन स्त्रियों ने धार्मिक शिक्षा पर लेख उस परम्परा पोषक समाज की

तरफ़दारी में ज़रूर लिखे हैं। ऐसे लेखों में लेखिका के नाम के स्थान पर "मिस फ़लाँ या धर्मपत्नी जी फ़लाँ-फ़लाँ नाम से हैं। जो समय की नज़ाकत के हिसाब से ध्यान देने योग्य नहीं है। यह वह दौर है जब कितने क्रान्तिकारी लेख, महिलाओं की तरफ़दारी करने के कारण गुप्त नाम व गुप्त पते से लिखे गये। उन्हें तात्कालिक रूढ़िवादी समाज से कितना भय रहा होगा, आज 21वीं सदी के लोकतान्त्रिक व्यवस्था में एम.एम.कलबुर्गी और गौरी लंकेश की सरेआम हत्या के बाद इसे सहज अनुमानित किया जा सकता है। इसलिए उनके नाम एक समाज सेवी, एक भारतीय आत्मा, एक सहृदय, एक सहृदय हिन्दू या मुसलमान नाम से पत्रिकाओं में देखे जा सकते हैं।

इस संकलन के सभी लेख स्त्रियों द्वारा लिखित विभिन्न पत्र-पत्रिकाओं से संकलित किये गये हैं। 19वीं सदी के पूर्वार्द्ध का समय स्वतन्त्रता आन्दोलन के निर्णायक दौर का है। राजनैतिक आज़ादी के साथ-साथ शोषित अस्मिताओं के हक़ और सम्मान की समानान्तर वकालत शुरू हुई थी। गाँधी जी ने स्वतन्त्रता आन्दोलन की लड़ाई में भारतीय महिलाओं को शामिल करके इसे सम्पूर्ण देशव्यापी आन्दोलन बना दिया था। साथ-ही-साथ महिलाओं के उत्थान के लिए गाँधी जी के चलते गाँधीवादी विचारधारा के अनुयायी महिलाओं की दशा में सुधार के लिए आगे आये। स्त्रियों को कम-से-कम एक मनुष्य होने के नाते सम्मानित जीवन जीने के अधिकार के उपरान्त महिलाओं ने सर्वप्रथम अपनी हैसियत को वेदों, उपनिषदों, धर्मग्रन्थों के साथ इतिहास में पड़ताल जारी रखी तथा अपनी अवनति के कारणों पर पुनः विचार करना आरम्भ किया। इन महिला लेखिकाओं ने स्त्री-समाज में शिक्षा के प्रचार-प्रसार, बाल विवाह, विधवाओं की समस्या एवं उनके निवारण के उपाय, परित्यक्ता महिलाओं की समस्या एवं निदान, आर्थिक एवं राजनैतिक भागीदारी पर अपने पक्ष ख़ुद रखने शुरू कर दिये।

वस्तुतः इस संकलन में संकलित लेखों से उस समय के इनके अन्तर्विरोधों को भी जाना जा सकता है। कुछ प्रगतिशील महिलाएँ जिनके सामने वर्तमान दुनिया की स्त्रियों की सम्मानित स्थिति थी, वे भारतीय महिलाओं को उन्हीं के नक़्शे क़दम पर चलने में स्त्री-मुक्ति की परिकल्पना सुनिश्चित करती हुई दीख पड़ती हैं। वहीं कुछ ऐसी महिला चिन्तक हैं जो इसके बरक्स इस बात में विश्वास करती हैं कि हमारी भौगोलिक दशा एवं जलवायु दुनिया से अलग है इसलिए हमें अपने सामाजिक-सांस्कृतिक ढाँचे में ही अपनी मुक्ति की तलाश करना ही समीचीन होगा। इसी लक्ष्य को ध्यान में रखते हुए इसमें कुछ सवाल-जवाब वाले लेख संकलित हैं जिससे इस तरह के आपसी मतभेद को समझा जा सके।

स्त्री-शिक्षा के साथ-साथ आर्थिक स्वावलम्बन के लिए महिलाओं को कुटीर उद्योग के हुनर सिखाने की अनेकों संस्थाएँ थीं जो अविवाहित लड़कियों के

साथ-साथ विवाहित महिलाओं को घर-घर जाकर सिखाती थीं। इस दौर में इन संस्थाओं ने महिला उत्थान के लिए कितने प्रयास किये, इन लेखों से गुज़रकर जाना जा सकता है। भारतीय समाज और संस्कृति की कट्टरता इनके इस प्रयास में किस तरह बाधा बनती थी, और इन समस्याओं के समाधान हेतु प्रगतिशील चेतना से सम्पन्न महिलाओं ने संस्थाओं के माध्यम से किन-किन मुसीबतों का सामना किया है उसे भी देखा जा सकता है।

इस संग्रह में एक लेख महिला-सम्मेलन से सम्बन्धित है। इसे इसलिए यहाँ दिया गया है कि उस समय महिला उत्थान के कार्यक्रम की कार्यशैली को समझा जा सके। किस प्रकार ये सम्मेलन देश में व्याप्त कुरीतियों को समाप्त करने के लिए विविध प्रान्तों में आयोजित किये जाते थे। क्षेत्र-विशेष की समस्याएँ भी इनके निगाह से नहीं बचते थे।

इस संकलन के सभी लेखों का क्रम प्रकाशन-वर्ष के क्रम में रखा गया है। अध्याय के साथ पत्रिका का मूल स्रोत और लेखिका का नाम दिया गया है। इन लेखों में उस दौर की हिन्दी-लेखन की परिपाटी और शब्दों के प्रयोग और वाक्य-विन्यास को यथासम्भव उसी प्रकार से रखने की पूरी कोशिश की गयी है कि उसका पुरानापन क्षत-विक्षत न हो। कहीं-कहीं उन शब्दों के प्रचलित रूप को कोष्ठक में रखा गया है, जिससे भाव को समझने में बाधा न हो। मसलन-मादह, धर्म्म, रक्खा, उरदू, पूरनमाशी आदि ऐसे शब्दों को हू-ब-हू उसी रूप में रखा गया है।

इस पुस्तक के संकलन में बहुत-से लोगों का आत्मीय सहयोग मिला। मैं सामूहिक रूप से उनके प्रति कृतज्ञता व्यक्त करता हूँ। इस कार्य के लिए बराबर मार्गदर्शन करते रहे मेरे गुरुवर प्रो. कृष्णमोहन सिंह जी को विशेष कृतज्ञता व्यक्त करता हूँ। इस कार्य में मेरा प्रयास रहा है कि त्रुटि न हो, फिर भी आपको कहीं कुछ त्रुटि दिखायी पड़े तो कृपया ज़रूर जानकारी दें। ख़ैर यह पुस्तक सुधी पाठकों के हाथ में है, इस अदने-से प्रयास में यदि कुछ कामयाबी मिली तो मैं अपने प्रयास को सार्थक समझूँगा।

वाराणसी 2017 **श्रीकान्त यादव**

स्त्री दर्पण--जनवरी 1912

भारत में स्त्रियों की हीन दशा

श्रीमती शकुन्तला देवी

आज हमें विचार करना होगा कि संसाररूपी समुद्र से पार जाने के लिए हम किसका आश्रय ढूँढ़ रहे हैं? किस प्रकार से जीवनरूपी तुच्छ नाव को अथाह समुद्र के पार ले जाना चाहते हैं? इस प्रकार की बातें सोचते हुए वर्षों बीत गये। अब बहुत बार संसार की छान-बीन भी की, परन्तु अन्त में यही समझ में आया कि बिना माताओं के सुशिक्षित हुए भारतवर्ष का सुधार नहीं हो सकता। अब यह विचार किया जा सकता है कि माताओं का सुधार कैसे हो, क्योंकि आजकल भी बहुत-से स्त्री-शिक्षा के विरोधी कन्याओं को पढ़ाना पाप समझते हैं। इससे परिणाम यह होता है कि वे ही बड़ी होकर जब माताएँ बनेंगी तब अपनी सन्तान को कैसे सुधार सकेंगी। जब वह स्वयं विदुषी नहीं तो दूसरों को क्या शिक्षा दे सकेंगी और यह भी निश्चय है कि जब तक स्त्री-पुरुष दोनों विद्वान् न हों तब तक पूर्ण प्रेम धारा नहीं बह सकती। इससे अन्त में यही होता है कि घर में सदा कलह मची रहती है और मूर्खता के ही कारण सास बहू से, बहू सास से लड़ती-झगड़ती रहती हैं। घर में कभी शान्ति विराजमान नहीं होती। इसका सब मूल कारण अविद्या है।

स्त्रियों के मूर्खा रहने से पुरुषों ने इनको अबला के नाम से पुकारा है और पराधीन बना दिया है। इसीलिए स्त्रियाँ अपनी हीनता को रोया करती हैं। इन्हीं की मूर्खता से आज हमारा भारतवर्ष देश सब देशों की दासता की बेड़ियों से जकड़ा हुआ है। स्त्रियों को स्वतन्त्रता कहीं प्राप्त होती नहीं क्योंकि इनमें इतनी शक्ति नहीं जो कि अपने को स्वतन्त्र बना सकें।

प्राचीन समय में स्त्री पुरुषों का अर्द्धासन लेती थी। पति के काम में पूर्ण सहायता देती थी। परन्तु आजकल तो दूसरों को उपदेश देना भी नहीं जानती, क्योंकि जो स्वयं बुद्धिमती नहीं वह दूसरों को क्या बतायेगी। हम लोगों की दशा ख़राब हो जाने का यही मुख्य कारण है कि हम अपने धर्म को खो बैठी हैं। हम यह नहीं जान सकतीं कि हमारा धर्म क्या है? इसका मुख्य कारण है कि हमारे शत्रु माता-पिता

ने हमको पूर्ण रूप से शिक्षा नहीं दी। हम सबको आज यह दिखा देना चाहिए कि अति अवनति को प्राप्त भारत भी अपने प्राचीन आदर्शों को भूला हुआ नहीं है।

प्राचीन समय में स्त्रियों को उच्च शिक्षा दी जाती थी जिनमें से बहुत-से उदाहरण हो सकते हैं जैसे सीता, सती, शकुन्तलादि के जीवन चरित्र पढ़ने से ही प्रतीत हो जायेगा कि पति के अवज्ञा करने पर कभी कटु वाक्य नहीं बोले और पति ने भी कभी दासी नहीं समझा और न कभी अबला कहकर पुकारा। इनके इस मुख्य धर्म को हमारा संसार भूला हुआ नहीं है। वर्तमान समय में भी हमको यूरोप की ओर दृष्टि देनी पड़ती है कि स्त्रियों ने ही उस भयंकर युद्ध (great war) में पुरुषों की कितनी सहायता की थी और अपनी हीनता को छोड़कर ही सब देशों से उन्नत कर दिया है। परन्तु हमारे भारतवर्ष की बहनें अविद्या की नींद में ही सो रही हैं। यहाँ तक कि अपने घरों का प्रबन्ध भी ठीक नहीं कर सकतीं। जो कि आजकल स्त्रियों का मुख्य कार्य समझा जाता है रसोई का काम, वह भी तो सफ़ाई से नहीं बना सकती। प्रायः जो धनवान् घरों की स्त्रियाँ होती हैं वे तो सब काम नौकरों के ही हाथ छोड़ देती हैं। चाहे वे काम को बिगाड़ें चाहे कुछ करें इनको कुछ पता नहीं। वे अपनी मूर्खता के वश सारा दिन बैठे रहना ही विद्वत्ता जानती हैं। जो विदुषी होती हैं धनवान् न होने पर भी सब काम ठीक-ठाक से करना, भोजन ठीक समय पर दूसरों को खिलाना व आप खाना, इसी में ही उनकी विद्वत्ता देखी जाती है। वे जान सकती हैं कि रोगी की सेवा किस प्रकार से करनी चाहिए, अथवा रोगी के पास बैठकर रोने-पीटने से ही रोगी की सेवा होती है। रोगी के पास किस प्रकार से मधुर वाक्य बोलकर उसको धैर्य दिलाना चाहिए और दवाई कितनी देर बाद कैसे देनी चाहिए। सब बातें विद्या के बिना नहीं हो सकतीं।

पुरुषों की अपेक्षा स्त्रियों में अधिक धार्मिक भाव होता है। प्राचीन समय में भारतीय स्त्रियों ने बड़े-बड़े कार्य किये थे परन्तु उचित प्रबन्ध न होने के कारण वे अधिक फ़लदायी नहीं हुए। स्त्रियों की उच्च शिक्षा से सारा भारतवर्ष संसार भर का सिरताज था परन्तु आज वही लोग दासता के गीत गाने में लगे हुए हैं। अगर अब उन्नति की ओर ध्यान दिया जाये तो बहुत-से मतभेद हैं। कोई समस्त प्रथाओं को दूर हटाने में ही उन्नति होना समझे हुए हैं। कोई स्त्रियों को स्वतन्त्रता प्रदान कर उनको विलायती ललनाओं की भाँति बना देने में उन्नति समझे हुए हैं। कोई स्वयं जेण्टलमैन बनकर और अपनी स्त्री को फ़ैशनेबुल लेडी बनाकर रखने में ही उन्नति समझे हुए हैं। कोई प्राचीन शास्त्रों के भावों को समझे बिना ही कपोल कल्पना कहकर उनका तिरस्कार करने और उनका विरोध कर उनको मूलोच्छेदन करने में ही उन्नति समझे हुए हैं। ऐसे ही बहुत-से लोग अपना सुख का मार्ग कल्पना करके चल रहे हैं और इन्हीं को उन्नति का मार्ग समझे हुए हैं, और दूसरे के अवलम्बित

मार्ग को व्यर्थ अथवा निस्सार व विफल समझकर खण्डन-मण्डन करने में ही लगे हुए हैं। इस खण्डन-मण्डन से ही मनुष्य को उसका ईप्सित फल तो प्राप्त होता नहीं किन्तु उसका परिणाम यह होता है कि जो कुछ वह करना चाहता है वह स्वयं तो कर नहीं सकता, उलटे और दूसरों के कार्य में भी रुकावटें डाल देता है। इस तनातनी का परिणाम यह होता है कि मनुष्य जिस उत्तम स्थान तक पहुँचना चाहते हैं वहाँ न पहुँचकर अधबिच में ही रह जाते हैं और किसी के कार्य में सफलता प्राप्त नहीं होती। और जो दूसरे लोग दूसरों के कार्य में हस्तक्षेप किये बिना अपनी ही धुन में लगे हुए हैं वे कुछ-न-कुछ कर ही रहे हैं।

आजकल तो समय में बहुत अन्तर हो गया है और स्त्री-शिक्षा के विरोधी बहुत ही कम पाये जाते हैं। पुरुष और स्त्रियाँ अधिकतर शिक्षित पाये जाते हैं। इन सब बातों के हो जाने पर भी दुःख के साथ कहना पड़ता है कि जिन बातों से वास्तविक उन्नति हो सकती है, उन बातों की ओर अभी तो किसी का ध्यान नहीं गया है। उन्नति का मुख्य कारण स्वास्थ्य रक्षा है। जब तक स्वास्थ्य ठीक नहीं तब तक उन्नति करने में भाग नहीं ले सकता है।

वर्तमान समय में घर-घर की अबलाओं का शरीर तप्त और आलस्य-भरा दिखायी देता है और हीन दशा होती जाती है। यह बात सिद्ध ही है कि माता का शरीर निर्बल होने से ही उत्पन्न होनेवाली सन्तान भी स्वाभाविक रीति से निर्बल शरीर की होयेगी। यदि ध्यानपूर्वक देखा जाये तो अधिकतर भोजन से ही स्वास्थ्य ठीक नहीं रह सकता जब तक कि व्यायाम नहीं होता और शुद्ध वायु नहीं मिलती। यही कारण है कि यूरोपियन स्त्रियाँ हृष्ट-पुष्ट होती हैं, वे पुरुषों की तरह शुद्ध वायु सेवन करने के लिए प्रातःकाल और सायंकाल फिरने के लिए जाती हैं। और हमारे देश में यह बात सभी लोग जानते हैं कि स्त्रियों को बालपन से लेकर युवावस्था तक किसी प्रकार की व्यायाम शिक्षा नहीं मिलती। पूर्वकाल में स्त्रियों का पराक्रम इतना चढ़ा-बढ़ा था कि पुरुषों के साथ रणक्षेत्र में जाकर उनका हाथ बँटाती थीं और काम आ पड़ने पर अपने हाथ में तलवार लेकर शत्रुओं का सामना करना एक साधारण बात समझती थीं। परन्तु अब यह समय है कि लड़ाई का नाम सुनते ही स्त्रियों के हाथ-पैर ठण्डे हो जाते हैं। यह सब निर्बलता का ही कारण है। इसलिए माताओं को चाहिए कि अपनी सन्तान को यदि दासता की बेड़ियों से बचाना चाहती हैं तो हृष्ट-पुष्ट बनें। प्रिय माताओ! अब सोने का समय नहीं, अब जागकर संसार को देखना होगा। पुरुषार्थ करो! इसी से ही संसाररूपी समुद्र से पार हो जाओगी। किसी ने सत्य कहा है–

"उद्यमेन हि सिध्यन्ति कार्याणि न मनोरथैः।
नहि सुप्तस्य सिहस्य प्रविशन्ति मुखे मृगाः।।"

अर्थात्–"उद्यम से ही सारे काम सिद्ध होते हैं मनोरथ से नहीं। सोते हुए सिंह

के मुँह में मृग आप ही नहीं चले जाते'' अर्थात् "सिंह जब तक सारे वन में फिरकर बड़े उद्यम से मृग को नहीं खाता तब तक मृग सिंह के मुँह में स्वयं नहीं चले जाते।"

ऐसा सोचकर माताएँ आलस्य त्यागकर अपनी हीनता की ओर देखें। अपने देश को दासता से छुड़ाने के लिए प्रयत्न करें। पुस्तकें पड़ी रहने से ही तुम्हें काम करने का ढंग नहीं आ जायगा। हम यदि दैव के आश्रय पर ही बैठे रहेंगे तो हमारे सब काम स्वयं ही पूरे नहीं हो जायँगे। सारे कार्य पुरुषार्थ करने से ही सिद्ध होते हैं। पुरुषार्थ करके यदि सुमेरु को चूर्ण करना चाहे तो कर सकता है, जो अपने हाथ से चरणामृत भी नहीं ले सकता, यदि वह पुरुषार्थ करे तो पृथ्वी को खण्ड-खण्ड करने में समर्थ होता है। जैसे कहा भी है—

"उद्योगिनं पुरुषसिंहमुपैति लक्ष्मी ।
दैवेन देयमिति कापुरुषाः वदन्ति ।।
दैवं निहत्य कुरु पौरुषमात्म शक्त्या ।
यत्ने कृते यदि न सिध्यति कोऽत्र दोषः ।।"

अर्थात् "सिंहरूपी उद्योगी पुरुष को ही लक्ष्मी प्राप्त होती है। भाग्य से मिलेगा, ऐसे कायर पुरुष कहा करते हैं। भाग्य को छोड़कर अपनी शक्ति से पुरुषार्थ करो। यदि यत्न के करने पर भी कार्य सिद्ध नहीं होता तो पुरुषार्थ का क्या दोष है।"

शायद अब समझ में आ गया होगा कि समुद्र में तैरती हुई नाव को किनारे पर लाने के लिए पुरुषार्थ ही काम दे सकता है। अस्तु! यदि तुमसे अधिक कुछ नहीं हो सकता तो इतना तो अवश्य करो कि पुरुषार्थ करके ही अपने घर को स्वर्ग तुल्य बना लो। यदि कोई शंका करे कि स्वर्ग तो परलोक में है, तो यह बात बिलकुल ठीक नहीं। जिस घर में शान्ति विराजमान है वहीं पर स्वर्ग है, दूसरा कोई स्थान नहीं है। अपने ही घर में सबको आदरपूर्वक देखने, मीठे स्वरों से बोलने में ही प्रसन्नता है। और घरवाले भी प्रसन्न रहते हैं, वहीं पर स्वर्ग है। नरक भी यदि बनाना चाहो तो यहीं पर बन सकता है। सदा घर में कलह होते रहने से ही नरक से भी बढ़कर हो जाता है। एक-दो उदाहरण देकर अपने लेख को पूर्ण करती हूँ। महाशय काण्ट (Kant) का कथन है कि, "सत्य विद्या द्वारा ही संसार में सदाचार प्रकट होता है।" उच्च श्रेणी की किसी ऐसी शिक्षा को जो स्त्रियों में अत्यन्त दूरदर्शिता तथा स्वतन्त्रता उत्पन्न कर सके, व्यावहारिक बनाना अति कठिन है। आजकल कन्या पाठशालाएँ तो बहुत खुल गयी हैं परन्तु उचित प्रबन्ध न होने से अधिक फलदायी नहीं हैं क्योंकि जो शिक्षा पाठशाला में पढ़कर आती हैं वे घर आकर सब मटियामेट कर देती हैं। माताएँ उनके पढ़ने की ओर ध्यान न देकर घर के काम-काज में लगा लेती हैं जिससे परिणाम यह होता है कि वे न तो घर का काम ही चित्त लगाकर करती हैं और न पढ़ने की ओर ही ध्यान देती हैं। इससे अन्त में वे मूर्ख ही रह जाती हैं।

हमारे भारतवर्ष की उन्नति उस दिन ही होगी जिस दिन हमारे देश की बहनें आप सुशिक्षित होकर, दूसरों को शिक्षा देने में प्रयत्न करेंगी। माताओ! सावधान हो जाओ। अपने आलस्य को त्यागकर अपनी हीनदशा की ओर दृष्टि देकर सुचेत हो जाओ। जिससे कि हमारा भारतवर्ष देश फिर से संसार-भर के उच्च सिंहासन पर बैठने के लिए दावे बाँधा करे। प्रति दिन ईश के चरणों में ध्यान दो। बालकों को भी छोटी-छोटी सरल ईश विनय सिखाओ जिससे उनके अन्तःकरण में ज्ञान का प्रकाश हो। ऐसा करते रहने से ही जीवन को शान्ति मिल सकती है। किसी प्रकार की शोक चिन्ता तुम्हारे मन पर आक्रमण नहीं कर सकती।

चान्द-मई *1912*

औरतों की ज़िन्दगी

चान्दरानी

ईश्वर परमात्मा ने स्त्री को पुरुष के अधीन रहने को बनाया है, क्योंकि स्त्री-पुरुष का फ़र्क़ आदमियों में ही नहीं बल्कि जानवरों और पौधों में भी पाया जाता है। दुनिया की तमाम चीज़ों में मादा से नर ताक़तवर माना गया है। औरतों की नाज़ की और मर्दों की बहादुरी की तारीफ़ होती है। औरतें मर्दों से कमज़ोर ही नहीं होतीं, बल्कि हर बात में मर्दों की मोहताज होती हैं, जैसे बेलें दरख़्तों के सहारे फलती-फूलती हैं, उसी तरह औरतें भी मर्दों के सहारे ही फल सकती हैं।

जानवरों में भी मादह (मादा) नर के सहारे रहती है फिर यह किस तरह माना जाये, कि आदमियों में मर्द और औरत का दरजा बराबर है। धर्म पुस्तकों से यह बात भली तरह से समझ में आ सकती है, कि स्त्री और पुरुष का क्या सम्बन्ध है। परमात्मा ने स्त्री-पुरुष का जोड़ा पैदा किया है। हिन्दू धर्म के अनुसार स्त्री वामांगिनी या अर्द्धाङ्गिनी कहलाती है। जिस तरह दायाँ हाथ बायें से ताक़तवर होता है उसी तरह से मर्द भी औरत से ताक़तवर होता है, जिस तरह काम करने में बायाँ हाथ दायें को मदद देता है उसी तरह औरतें भी मर्दों को मदद देती हैं और जिस तरह दायाँ हाथ मेहनत मज़दूरी और कारीगरी वग़ैरह से तमाम बदन का पालन करता है उसी तरह मर्द औरत का पालन करता है और स्त्री पुरुष के अधीन रहकर उनके काम-काज में मदद देती है। एक का दूसरे के साथ सम्बन्ध अटल है। दायाँ शरीर बाएँ की रक्षा करनेवाला और बायाँ दायें की मदद करनेवाला। लेकिन कैसे अफ़सोस की बात हो अगर शरीर के दोनों भाग आज़ादी और स्वतन्त्रता के राग अलापते हुए शरीर के दो टुकड़े कर डालें और सारे जीवन का नाश कर डालें।

मगर आजकल यह हवा चल रही है कि मर्द और औरत बराबर हैं। ईश्वर ने ही दोनों को बराबर बनाया है और कोई जरूरत नहीं कि औरत मर्द के अधीन होकर रहे बल्कि वह भी मर्दों की तरह आज़ाद है और अगर उसको मरदाना काम करने के मौक़े दिये जाये तो वह भी मर्दों की तरह अक़्लमन्द, समझदार, ताक़तवर और बहादुर हो सकती हैं। मुझे सख़्त रंज होता है जब मैं देखती हूँ कि यह गलत ख़्याल

हिन्दोस्तान में भी फैल रहा है और इसके कारण देश को कितना नुक़सान पहुँच रहा है। यह बिलकुल सच है कि औरतें मर्दों की तरह लियाकत, हुनरमन्दी, अक़्ल और बहादुरी में नाम पैदा कर सकती हैं, लेकिन मर्दों से आज़ाद होकर उनका रहना नामुमकिन है। मैं अपनी बहनों से एक सवाल पूछती हूँ कि जब वह गर्भवती होंगी या जच्चा होंगी या बच्चों के पालने-पोसने में लगी हुई होंगी तो उस वक़्त वह कैसे मर्दों का काम कर सकेंगी।

स्त्रियों की बहादुरी दुनिया के और किसी देश में ऐसी नहीं सुनी गयी जैसी कि भारतवर्ष में जहाँ औरतें अपने बच्चों को कमर से बाँधकर रणभूमि में लड़ी हैं या लीलावती जैसी स्त्रियाँ जिन्होंने सारे जगत् में अपनी लियाक़त का सिक्का जमा दिया है लेकिन फिर भी वह कभी आज़ादी के भाव में नहीं गयीं और हमेशा मर्दों के अधीन रहना अपना परम धर्म समझती रहीं। पुराणों में लिखा कि ब्रह्मा ने सबसे पहले पुरुष को पैदा किया था लेकिन जब देखा कि इस तरह से सृष्टि की उत्पत्ति नहीं होती और पुरुष बहुत मलीन रहता है तो उन्होंने स्त्री बनायी और स्त्री को पुरुष के अधीन करके दोनों को मिलकर सृष्टि उत्पन्न करने की आज्ञा दी। इसी तरह का उपदेश कुरान और अंजील में है। इससे साफ़ ज़ाहिर होता है कि औरत मर्द की बराबरी के लिए नहीं बल्कि उसके अधीन रहने के लिए बनायी गयी है। घर भी एक छोटे-से राज की तरह है जिसमें पुरुष राजा और स्त्री मन्त्री है और जब तक पुरुष और स्त्री अपना-अपना काम अच्छी तरह समझकर करते हैं घर भी स्वर्ग से किसी तरह कम नहीं होता।

विद्या ही से अगले ऋषियों ने परमेश्वर को पहचाना और विद्या ही से चार्वाक ने परमेश्वर के होने से इनकार किया। विद्या असल में एक है लेकिन फ़र्क़ उसके इस्तेमाल का है, अक़्लमन्द आग से हज़ारों मुफ़ीद काम निकालता है, बेवकूफ़ घर फूँक डालता है, रोशनी उम्दा है लेकिन जब लू की तेज़ी चिमनी की मिक्दार से बढ़ जाती है चिमनी फट जाती है, अक़्लमन्द रोशनी को बढ़ने नहीं देते लेकिन बेवकूफ़ बिना समझ रोशनी के ख़्याल में चिमनी को बरबाद कर देते हैं। दुखती हुई आँखों को रोशनी से बचाये रखते हैं क्योंकि वह रोशनी के इस्तेमाल के लायक़ नहीं। उसी तरह नासमझ लड़कियाँ जब तक वह इतना समझ न सकें कि आज़ादी क्या है और उससे क्या फ़ायदा है तब तक आज़ादी की आवाज़ भी उनके कानों तक न पहुँचनी चाहिए।

इनसान (इंसान) जिस तरह की तालीम हासिल करता है और जिस दायरे में वह दिन-रात रहता है वैसे ही उसके ख़्याल होते हैं। फिर क्या यह बात समझ में नहीं आ सकती कि वह भोली-भाली लड़कियाँ जिनका दिल बिलकुल कोरा, जिनके ख़्याल बिलकुल पाक ऐसी उसतान्यों से जिनके ख़्याल, धर्म मत हमसे बिलकुल जुदा हैं, पढ़कर अपनी उस्तान्यों के ख़्याल को ठीक न समझेंगी। और फिर सारी उमर

आज़ादी और स्वतन्त्रता के गीत अलापने लगेंगी।

मेरी बहनो, हम आज़ाद नहीं हैं। हम बचपन में अपने माता-पिता के अधीन हैं और हमारा परम धर्म यही है कि हम उनकी आज्ञाकारी करती रहें। ब्याह हो जाने पर पति हमारा मालिक होता है। उस वक़्त से पति का कहना मानना हमारा धर्म है। औरत को हर वक़्त यह .ख्याल रखना चाहिए कि पति उसका मालिक ही नहीं, बल्कि हिन्दू धर्म के अनुसार पति हमारा परमेश्वर है। बदक़िस्मती से अगर कोई विधवा हो तो उसे अपनी दुःख-भरी ज़िन्दगी धर्म की रक्षा करते हुए, सास-सुसर, देवर-जेठ, बाप-माँ, भाई-बहन ग़र्ज़ नज़दीकी रिश्तेदारों के अधीन रहकर काटनी चाहिए!

मेरे इस लम्बे-चौड़े लेख का सारांश यह है कि औरतों को हर हालत में मर्दों के अधीन रहना चाहिए। मर्द चाहे अपना पति हो, लड़का हो, बाप हो, ससुर हो, देवर हो, भाई हो और आज़ादी के ख़्याल को बिलकुल छोड़ देना चाहिए जो आजकल की ग़लत तालीम की वजह से हिन्दोस्तान में फैलता जाता है और जिसके ज़हरीले असर से बहुत-से ख़ानदान बरबाद हो गये हैं। दूसरे अपनी लड़कियों की, जो आगे चलकर माताएँ बनेंगी, शिक्षा को अपने हाथ में लेना चाहिए और अपने धर्म की पण्डिता अध्यापिकाएँ रखनी चाहिए जो हर तरह गुणवान् और शुद्ध आचरणवाली हों ताकि लड़कियाँ धार्मिक शिक्षा ग्रहण करके जीवनपर्यन्त धार्मिक रहें पाप-पुण्य, धर्म और अधर्म में तमीज़ कर सके।

चान्द–जून *1912*

औरतों में आज़ादी

मिसेज़ मुशरान

मई के चान्द में दो लेख एक तो बहन लाडोरानी जुतशी का (हिन्दोस्तान में औरत की हालत) और दूसरा बहन चाँदरानी जी का (औरतों की जिन्दगी) देखकर मेरे ख़याल में "चान्द' के सब पाठकों ने इस बात पर ग़ौर किया होगा कि दोनों में किसकीराय सही है।

मुझे भी अपनी टूटी-फूटी अक़्ल ने मजबूर किया कि इन दोनों मज़मूनों के बारे में मैं कुछ ज़रूर लिखूँ।

बहन लाडोरानी ने जो कुछ अपनी राय जाहिर की है उससे यह कहीं भी साबित नहीं होता कि आजकल की औरतों को मर्दों से आज़ांद होकर अलग हो जाना चाहिए और न ही आज़ादी के यह माइने हैं कि अपने घर के सब मर्दों को छोड़ दो, मर्दों से अलग होकर आजकल की औरतें एक अलग दुनिया क़ायम नहीं करना चाहतीं, बल्कि हिन्दोस्तान की इस गिरी हुई हालत और आपस में ना-इत्तफाक़ी को दूर करके यहाँ की हालत को सुधारने की कोशिश कर रही हैं।

बहन चान्दरानी जी नें आजकल की आज़ादी के माने बिलकुल उलटे समझकर इस बात पर बहुत-सी मिसालें भी दी हैं कि औरतें दुनिया में मर्दों के अधीन रहने के ही लिये पैदा हुई हैं और इस बात का सबूत यही है कि पौधों में बेल दरख़्तों के सहारे और जानवरों में मादह नर के सहारे से ही रहती हैं।

यह बात तो सब औरतें हिन्दोस्तान की अच्छी तरह जानती हैं कि हमारी ज़िन्दगी मर्दों के अधीन रहने और उनकी गुलामी, फ़रमाँबरदारी करने व उनके जूते ख़ाने के ही लिये हुई है क्योंकि यही सबक़ हमें अपने माँ-बाप से वक़्त पैदा होने से होश सँभालने तक मिलता रहता है। (जैसा कि बहन लाडोरानी के मज़मून में लिखा है) इसका असर हमारे दिल व दिमाग़ में ऐसा जमकर बैठ गया है कि अब हम हिन्दोस्तानी औरतें बिलकुल निकम्मी और पैर की जूती .ख़याल की जाती हैं, यानी हम अपने तईं आप अपनी नज़रों में ज़लील और छोटी कम हिम्मत ख़याल करने की वजह से मर्दों की निगाहों में भी हक़ीर व नाचीज़ ख़याल की जाती है।

तो अब नयी आज़ादी के यही माने हैं कि अपने दिल में ही पहले अपनी इज़्ज़त करने का ख़याल पैदा करो अपने-आपको हमें हक़ीर और ज़लील समझकर मर्दों को ऐसा मौक़ा न देना चाहिए कि वह हमसे ऐसी बेरहमी और जाहिलाना बर्ताव (जो कुछ कि आजकल हिन्दोस्तानी औरतों के साथ हो रहा है) करें।

विलायत में वोट माँगनेवाली औरतें किस तरह से कोशिश कर रही हैं और कैसे-कैसे वह मुसीबतें झेलने पर भी अपनी हिम्मत नहीं हारतीं तो उनमें ब्याही बिना ब्याही सब तरह की औरतें हैं। जो ब्याही हुई हैं उन्होंने अपने मर्दों को छोड़ नहीं दिया है सब काम उन्हीं के साथ में रहकर कर रही हैं।

आज़ादी के माइने मर्दों से अलग रहने या उनके साथ लड़ाई-झगड़े करके ज़िन्दगी बसर करने के नहीं है।

दुनिया में औरतें व मर्द अलग रहकर कुछ काम नहीं कर सकते। विलायत व जापान वग़ैरह की तरक्क़ी और हिन्दोस्तान के ज़वाल (अधोगति) की सबसे बड़ी वजह यही है कि वहाँ की औरतें मर्दों के साथ-साथ सब कामों में हिस्सा लेती हैं। पर अफ़सोस इस बात का है कि यहाँ के मर्द अपनी सब कोशिशों में नाकामयाब रहकर बहुत-कुछ हाय तोबा मचाते हैं फिर भी इस बात के समझने को ग़ौर नहीं करते।

हम बेचारी नाचीज़ औरतों की तो क्या गिनती जो अपने मुल्क की भलाई की तमीज़ कर सकें, हमारी शक्तियाँ ऐसी हीन हो गयी हैं और दिमाग़ ऐसे बेकार हो गए हैं कि हम अपने घर के ये मामूली काम भी अपनी ख़ुशी से करती हुई डरती झिझकती हैं कि न जाने ठीक हो या नहीं तो फिर भला मुल्क की बेहतरी या तरक्क़ी के लिए क्या सोचेंगी। बल्कि अगर किसी बहन की राय इस तरफ़ देखेंगी तो उसके माइने उलटे समझकर बुरा ख़याल करती हैं कि यह आज़ाद होकर मर्दों से अलग होना चाहती हैं।

बहन चान्दरानी जी को आजकल की इस आज़ादी पर बहुत दुःख होता है कि औरत मर्दों के बराबर क्यों होना चाहती हैं।

सो यह बात याद रखो कि जब तक मर्द हमें अपने बराबर समझकर हमारी इज़्ज़त न करेंगे कभी कामयाब न होंगे।

इसीलिए हम ख़ुद ही मर्दों के दिलों में यह ख़्याल पैदा करना चाहती हैं कि हम तुम्हारे बराबर हैं और तुम भी ऐसा ही हमें समझो।

गो कि इस वक़्त इस क़िसम की आज़ादी को बहुत-से बहन-भाई बुरा समझते होंगे (जैसा बहन चान्दरानी जी ने ख़याल किया) फिर भी मुझे पूरी उम्मींद यही है कि और दस-पन्द्रह बरस के बाद यह ख़यालात आम हो जावेंगे और मैं जानती हूँ कि जमाने की रफ़्तार के साथ-साथ ही ख़यालात भी बदलते जाते है वैसे ही तबदीली हमारे ख़यालात में आ रही है।

हर ज़माने के बादशाह के .खयालात का असर रिआया पर होता आया है और मसल भी मशहूर है कि जैसा देस वैसा भेस, जैसा राजा, वैसी प्रजा, तो कोई वजह नहीं है कि आजकल की बादशाहत भी अपना असर बग़ैर फैलाये रह सके। और यक़ीन यही है कि हिन्दोस्तानी औरतों की इज़्ज़त भी यहाँ के मर्द उसी तरह करने लगेंगे जैसे कि विलायत के मर्द वहाँ की औरतों की करते हैं।

मेरी बहन चाँदरानी जी ने ज़रूर पढ़ा होगा जोकि हर एक अख़बार में टिटैनिक जहाज़ के डूबने की अफ़सोसनाक हालत छपी होती है उसके पढ़ने से मेरी बहन को यह मालूम होता होगा कि विलायत के मर्द औरतों व बच्चों की कितनी इज़्ज़त करते हैं और उनके साथ कैसी हमदर्दी रखते हैं और वहाँ की औरतें आज़ाद होकर भी अपने मर्दों से सच्ची मुहब्बत रखती हैं क्योंकि मालूम हुआ है कि बहुत-सी मेमों ने जान बचानेवाली किश्तियों पर बहुत ज़बरदस्ती करने पर भी जाना मंजूर न किया बल्कि अपने-अपने प्यारे पति के साथ उसी डूबनेवाले जहाज़ में ही बैठी रहकर अपनी जानें दे दीं।

आज़ादी के माइने यह हरगिज़ नहीं है कि हम बाग़ी होकर मर्दों से अलग हो जायेंगी बल्कि मर्दों के बराबरवाली का दरजा पाकर हिन्दोस्तान की हालत को सुधारेंगी। परमात्मा ने स्त्री व पुरुष का जोड़ा बनाया है तो साबित है कि हम मर्दों के बराबर हैं क्योंकि हमेशा जोड़ा दोनों बराबर की है। वीजों का होता है न कि एक आला और दूसरा अदना दरजे की चीज का हो।

बहन चान्दरानी जी ने यह भी लिखा है कि जब दुनिया शुरू हुई तो सबसे पहले ब्रह्मा ने पुरुष को पैदा किया फिर पुरुष को मलीन देखकर उसके सुख के और संसार की सृष्टि के लिए स्त्री को पैदा किया, तो मालूम होता है कि स्त्री बहुत क़ाबिल क़दर चीज़ है। मसल मशहूर है कि तन्दुरुस्ती हज़ार नियामत है और एक अँगरेज़ी मसल है कि ख़ुश रहोगे तो सदा तन्दुरुस्त रहोगे तो ग़ौर करना चाहिए कि इस .खुशी को भी देनेवाली स्त्री है तो फिर औरतों की बेक़दरी करके मरद कुछ भी हासिल नहीं कर सकते हैं।

बहुत-सी औरतें हिन्दोस्तान में ऐसी भी मौज़ूद हैं जिन बदनसीबों को उनके पति ने जिनको वह दिल से प्यार करती थीं काली, मोटी या अनपढ़ होने की वजह से नापसन्द करके जनम-भर उन बेचारियों की सुध न ली और उनकी सारी ज़िन्दगी इसी इन्तज़ार में भसम हो गयीं कि कभी तो उन्हें हमारे ऊपर तरस आयेगा और हमारी सुध लेंगे। मालूम होता है बहन चाँदरानी जी ने उन बहनों की दुर्दशा पर नज़र नहीं डाली।

हम मर्दों के ख़िलाफ़ काम करके या उनकी बुराई करने से या उनको दुःख पहुँचाने से कभी सुखी नहीं रह सकतीं। और न आज़ादी का यह मतलब है कि मर्दों को दुःख पहुँचाओ, उनसे लड़ो। बल्कि हम मर्दों के दिल में इस बात का ख़याल पैदा कराना चाहती हैं कि यह अपने घर की तमाम औरतों की इज़्ज़त करें और उनको

ख़ुश रखने का प्रयत्न करें। और उन दुःखी औरतों को जिनको उनके पति ने नफ़रत करके निकाल दिया हो वह अपना जनम काशी में या रो-रोकर न काटे बल्कि अपने हाथ-पैरों को खोलकर मेहनत करे। और किसी का मोहताज न रहकर अपना पेट पाले।

हज़ारों औरतें शरीफ़ घरों की ऐसी दुःखी हैं कि वह मन-ही-मन में इस दुःख की आग में जल-जलकर अपने अंग का राख कर डालती हैं पर अपना भेद किसी को नहीं देतीं। इस दुःख की आग सिर्फ़ एक उस स्त्री को ही नहीं जला डालती बल्कि उस ख़ानदान की सारी फसल को बरबाद कर देती है।

बड़े-बड़े डाक्टरों की यह राय है कि जब स्त्री गर्भवती हो तो उसे बहुत ख़ुश और बहुत सुखी रहना चाहिए जिससे उसके गर्भ से जो बच्चा पैदा हो वह बहुत होनहार ताक़तवर और आला दिमाग का हो।

तो जब कि हिन्दोस्तान के मर्द अपनी औरतों को तरह-तरह से कष्ट पहुँचाकर दुःखी रक्खेंगे तो फिर होनहार बच्चे कहाँ पैदा हो सकते हैं ग़र्ज़ मर्द सिर्फ़ औरतों को ही नहीं सता रहे हैं बल्कि अपने पैर में आप कुल्हाड़ी मार रहे हैं और आयन्दा नसलों को बरबाद कर रहे हैं।

एक दफ़ा मैंने एक उर्दू किताब में पढ़ा था कि एक औरत अपने पाँच बच्चों को साथ लेकर छोटी लड़की के वास्ते दवा लेने शफ़ाख़ाने में रोज़ जाया करती थी। डाक्टर ने पूछा तुम्हारे चार बच्चे बहुत ख़ूबसूरत व तन्दुरुस्त हैं और पाँचवीं लड़की जिसकी उमर तीन साल की थी क्यों ऐसी रोगी और बदमिज़ाज है तो उसने अपना सब हाल कहा तब डाक्टर ने जाना कि बस यही बात है कि जब तक चार बच्चे उसको पैदा हुए वह बहुत सुखी थी मगर पाँचवीं लड़की जब गर्भ में आयी तो उसके पति ने दूसरी औरत से प्रेम बढ़ाकर इसको बहुत दुःख देना शुरू किया उसी दुःख की वजह से लड़की गर्भ में अच्छी तरह बढ़ न सकी और ऐसी रोगी व बदमिज़ाज पैदा हुई।

अब ग़ौर करना चाहिए कि हमारी कमज़ोरी या कि बद इख़लाकी में कितने नुक़सान हो रहे हैं तो क्या हमें अभी भी चुपचाप बैठे रहना चाहिए?

मेरी बहन चान्दरानी जी ने पुराने शस्त्रों की बातें तो बहुत-सी लिखी हैं पर शायद यह नहीं पढ़ा होगा कि पहले ज़माने में जब कन्या ब्याहने के क़ाबिल होती थी तो अपनी पसन्द से अपना वर ढूँढ़कर ब्याही जाती थी और कई देवियों ने तो ऐसा भी किया है कि बिना अपने माता-पिता या भाई की आज्ञा के ही अपने वर के साथ गन्धर्व विवाह करके पति के साथ चली गयीं।

अगर वह देवियाँ मर्दों के अधीन रहतीं तो अपनी पसन्द से वर न ढूँढ़तीं।

और जब देवता लोग कहीं यज्ञ या और किसी शुभ काम में या कहीं अपना मन बहलाने जाते थे तो अपनी-अपनी स्त्री को भी साथ विमान पर बैठाकर ले जाते थे और सब अच्छे कामों में स्त्री को भी ज़रूर लिया जाता था जो कि रस्म अभी तक हिन्दोस्तान में चली आती है।

इस बात से साबित होता है कि स्त्री पुरुष के बराबर दरजा रखती है।

बेशक हर एक स्त्री का पति उसका मालिक या ईश्वर समान है तो क्या मालिक या ईश्वर को यही चाहिए कि जिसे अपने अधीन देखे उसी को दुःख देवे। हिन्दोस्तान की तमाम औरतें अपने पति या घर-भर के लिए किस ख़ुशी से मेहनत व मुहब्बत से उनके सुख के लिए काम-काज करती हैं और उनकी आज्ञा पालन करती हैं तो क्या उन बेचारियों का इतना भी हक नहीं है कि उनका पति उनसे सीधे मुँह से बात भी न करे बल्कि उलटे जूते मारे।

मेरी बहन चान्दरानी जी मेरे लेख को पढ़कर ज़रूर इस बात पर ग़ौर करेंगी हिन्दोस्तान की औरतों की हालत कैसी नीचे गिर गयी है। उस हालत को सुधारने के ही लिये आजकल की औरतें आज़ादी के राग गा रही हैं। वह अपने पति को छोड़कर आज़ाद रहना नहीं चाहतीं। सैकड़ों वर्षों से हिन्दोस्तानी औरतें मर्दों के अधीन रहती चली आयी हैं तो क्या फल पाया? यह कि मर्दों ने उनको किसी अर्थ का भी न जाना अगर हिन्दोस्तान के मर्द औरतों की इज़्ज़त और क़दर सच्चे दिल से करेंगे तो देखो फिर हिन्द का तारा कैसे बुलन्द होता है। जिन घरों में औरतों की इज़्ज़त हो वहाँ सब सुखी हैं। और उसी घर में दुःख होगा जहाँ औरतों को जलालत और पैर की जूती समझते हैं।

मेरा लेख बहुत बड़ा हुआ जाता है इसलिए ख़तम करती हूँ और उम्मीद करती हूँ कि जो कुछ बातें मैंने बहन चान्दरानी जी के ख़िलाफ़ लिख दी होगी मेरी बहन ज़रूर क्षमा करेंगी।

यह बात सब बहनों को मालूम होनी चाहिए कि यह आजकल की आज़ादी सिर्फ़ औरतों के ही सुख के लिए नहीं बल्कि मर्दों के भी सुख की बात होगी। और मर्दों को भी यह बात याद रखनी चाहिए कि दुःख व सुख दोनों औरत व मर्द सबके लिए ही बने हैं न कि सुख सिर्फ़ मर्दों के लिए और दुःख केवल औरतों के ही लिये।

बहन चान्दरानी जी ने यह लिखा है कि जब औरतें गर्भवती होंगी, ज़च्चा होंगी या बच्चों के पालने-पोसने में लगी होंगी तो उस वक़्त मर्दों के काम कैसे कर सकेंगी।

सो इस बात का जवाब वह उन वहशी क़ौमों से ले सकती हैं जहाँ कि मर्द सिर्फ़ हाथ-पर-हाथ धरे बैठे रहते हैं और औरत बच्चों के पालने के अलावा सब मेहनत व मशक़्क़त के काम अपने हाथों से करती हैं।

मर्यादा—फरवरी 1914

प्राचीन और अर्वाचीन भारत में स्त्रियों की स्थिति और उनके कार्य

श्रीमती कुमुदिनी मित्र

उन्नति साधन के लिए अर्थात् उन्नति के पथ पर अग्रसर होने के लिए जिस महान् आन्दोलन ने वर्तमान समय में समस्त संसार को क्षुब्ध कर दिया है उस आन्दोलन द्वारा एशिया द्वीप की स्त्रियों की हृदयतन्त्री भी आहत हुई है। वे भी अब इस संसारव्यापी आन्दोलन में भाग लेने के लिए उत्सुक तथा चिन्तित हुई हैं। वे केवल गार्हस्थ्य जीवन के सुख से ही अब सन्तुष्ट नहीं हैं किन्तु वे अपनी मातृभूमि तथा मनुष्य जाति के कल्याण के निमित्त कार्य करना चाहती हैं। अब स्त्रियाँ सत्य के लिए अपना जीवन समर्पण करने को अग्रसर हो रही हैं।

प्राचीन काल में जब भारत गौरवान्वित था, भारतीय स्त्रियाँ धार्मिक उत्साह से उतना ही तथा विद्या के प्रकाश से उतना ही देदीप्यमान् होती थीं जितना कि वे ईश्वर सन्तान की सेवा के लिए तत्पर तथा उद्यत होती थीं। धार्मिक, सामाजिक और राजनैतिक मामलों में उन्हें पूरी स्वतन्त्रता थी और वे अपनी इच्छानुसार जिस प्रकार चाहतीं जीवन व्यतीत करती थीं। कतिपय वैदिक गीत स्त्रियों द्वारा ही रचे गये हैं। उपनिषदों में हम गार्गी नाम की एक शास्त्रप्रवीणा विदुषी को विद्वान् तथा ऋषियों की सभा में याज्ञवल्क्य नामक एक महर्षि के साथ आध्यात्मिक विद्या-सम्बन्धी भ्रान्ति में डालनेवाले प्रश्नों पर तर्क करते हुए पाते हैं। गार्गी ब्रह्मवादिनी कहलाती हैं। गागी के समान और भी स्त्रियाँ थीं जिन्होंने भारत के ज्ञान-विषयक दिङ्मण्डल को अपनी अलौकिक प्रतिभा तथा विद्वत्ता से उज्ज्वल नक्षत्रों के तुल्य उद्भासित किया था। मैत्रेयी दूसरी ब्रह्मवादिनी हैं जिनकी कथा हम उपनिषदों में पाते हैं। जब उनके पति ने ईश्वरचिन्तन के निमित्त संन्यास लेने के विचार से अपनी समस्त सम्पत्ति को अपनी दो स्त्रियों के बीच में उनके पालनार्थ बाँटना चाहा तब मैत्रेयी सहसा बोल

"यह लेख बुधापेस्ट में होने वाले स्त्रियों के कांग्रेस अधिवेशन के लिए लिखा गया था। लेखिका महोदया के न पहुँचने पर उनका यह लेख पढ़ा गया"

उठीं, "मुझे उस पदार्थ से क्या सम्बन्ध जो मुझे अमृतत्त्व प्रदान नहीं कर सकता?" भारत के पुरुषों और स्त्रियों के जीवन का यही आन्तरिक अभिप्राय था और इस दिन भी यह विचार भारतवासियों के नैतिक जीवन पर छिपे-छिपे प्रभाव डालता है।

प्राचीन भारत की स्त्रियाँ जीवन के प्रत्येक विभाग में पूर्ण रूप से स्वच्छन्द थीं। वे ज्योतिष, गणित, दर्शनशास्त्र, न्याय तथा साहित्य में पटु होती थीं। इन विषयों पर वे ग्रन्थ भी रचती थीं। लीलावती जिसने बीजगणित पर ग्रन्थ लिखे, तथा खन, जो ज्योतिष में प्रवीण थी इन विदुषियों के नाम घर-घर प्रसिद्ध हैं। खन के विषय में ऐसा कहा जाता है कि चूँकि वह अपने पति तथा श्वसुर की अपेक्षा ज्योतिष तथा अन्य शास्त्रों में कहीं अधिक निपुण थी इस कारण से उसकी जिह्वा ईर्ष्या से काट ली गयी परन्तु यह चित्र उस समय का है जब भारत का पतन आरम्भ हो गया था।

भारत की गिरी अवस्था में भी आपको भारतीय विदुषियों के उदाहरण बतलाये जा सकते हैं। जब भारत स्वतन्त्र था, भारतवासियों का हृदय भी स्वतन्त्र, उन्नत, निष्कपट तथा असन्दिग्ध था इसीलिए भारतीय पुत्रियाँ भी अपने विचार तथा कार्य में पूर्ण रीति से स्वतन्त्र थीं। वे विद्यारसिक और साथ-ही-साथ साध्वी भी होती थीं। वे राज्य के कार्य सम्पादन करती थीं। अवसर पड़ने पर वे स्वदेश के लिए युद्ध भी करती थीं। उनकी वीरता का उदाहरण इतिहास प्रसिद्ध है। अस्तु सुवर्णमय भारत के सुदिनों में भारतीय स्त्रियाँ धार्मिक उत्साह, वीरता, विद्या, आत्मोत्सर्ग तथा सच्चरित्रता के लिए प्रसिद्ध थीं और यह अवस्था कम-से-कम 1000 वर्ष ईसा के पूर्व अवश्य थी। मैं कहती हूँ कि भारतीय स्त्रियों की अवस्था कम-से-कम 1000 वर्ष ईसा के पूर्व" ऐसी अवश्य थी क्योंकि स्त्रियों की विद्वत्ता तथा उन्नत अवस्था के उदाहरण वेद में हमको मिलते हैं और वैदिककाल का आरम्भ 2000-1500 वर्ष ईसा से पूर्व वियाना के अध्यापक बलिर (Professor Brihler of Vieuna), गिटिंगन के अध्यापक कीलहार्म (Professor Kielhorm of Gittiugen) तथा मोक्षमूलर भट्ट प्रभृति यूरोप के प्राच्य विद्या विशारदों द्वारा निर्धारित हुआ है। बान विश्वविद्यालय के अध्यापक जेकोबी साहब (Professor Jacobi of Boun) गणित के आधार पर ऋग्वेद का समयारम्भ 4000 वर्ष ईसा से पूर्व मानते हैं। ऋग्वेद का समय चाहे जो हो इतना तो पूर्ण रूप से पाश्चात्य विद्वानों द्वारा स्थिर हो गया है कि वेद का साहित्य ग्रीस देश के साहित्य से कहीं प्राचीन है। यह भी माना जाता है कि यह साहित्य बहुत-कुछ स्त्रियों द्वारा सुसम्पन्न किया गया था।

उस समय के भारतवासियों का मानसिक जीवन इस विचार के सर्वथा अधीन था कि यह जगत् माया है और इसलिए समस्त सांसारिक कार्य तथा जीवन दोषमूलक हैं। इस विचार के प्रभाव से उन्होंने कोई इतिहास नहीं लिखा। इसके अभाव से प्राचीन भारत सम्बन्धी प्रत्येक बात जब तक कि कतिपय यूरोपीय विद्वानों का भारत, भारतीय साहित्य तथा भारतीय सभ्यता के प्रति विशेष रूप से अनुराग अंकुरित नहीं

हुआ तब तक अन्धकाराच्छन्न तथा गुह्य रही। यह केवल उन्हीं के उद्योग तथा आत्मोत्सर्ग का फल है कि 100 वर्ष के भीतर ही समस्त संस्कृत साहित्य भण्डार का अनुसन्धान हो गया है और भारत का इतिहास वह कितना ही अपूर्ण और दोषयुक्त क्यों न हो, लिखा जा सका है। इतना हमको लज्जा के साथ स्वीकार करना होगा कि भारतवासियों ने अपने ही इतिहास, सभ्यता तथा साहित्य को जानने को कुछ भी चेष्टा नहीं की। किन्तु जैसा मैं पहले कह चुकी हूँ सांसारिक विषयों की ओर अश्रद्धा ही इस दुर्बलता का प्रधान कारण है और सांसारिक बातों से उदासीन रहने के कारण ही उनकी विचारशक्ति बहुत प्रबल हो गयी थी। वस्तुतः उन्होंने मानसिक लोक का अनुसन्धान करने तथा उसको लावण्यमय बनाने में ही अपनी समस्त शक्तियों तथा मानसिक बल का उपयोग किया था। भूनसृष्टि में उनकी तनिक भी आसक्ति न थी। इसका परिणाम यह हुआ कि भारतवासी स्वतन्त्र रूप से कई दर्शनों का विकास कर सके और यह उनकी उच्च विचारशक्ति का प्रमाण है।

पाश्चात्य विद्वान् संस्कृत साहित्य के निरन्तर परिशीलन तथा आर्य जाति के मूल तथा सभ्यता-विषयक खोज से जिन परिणामों पर पहुँचे हैं वे निम्नलिखित शब्दों में जिनको मैं संस्कृत के बोडेन अध्यापक कारपस क्रिस्टो कॉलेज के डॉक्टर मुग्धानल रचित "संस्कृत साहित्य का इतिहास' नामक ग्रन्थ से उद्धृत करती हूँ, बताये जा सकते हैं।

जितना मनोयोग संस्कृत साहित्य के अध्ययन में इस देश में अब तक दिया गया है उससे कहीं अधिक मनोयोग देने की आवश्यकता है। कारण यह है कि भिन्न-भिन्न भाषाओं तथा धार्मिक विचारों के मूल तत्त्व जानने के लिए संस्कृत साहित्य एक उत्तम सामग्री है और निस्सन्देह हिन्दू सभ्यता के ज्ञान भिक्षुणी तो यह एकमात्र उपाय है।

मानव विकास के अध्ययन करने के लिए ग्रीक के साहित्य की अपेक्षा संस्कृत साहित्य की उपयोगिता बढ़ी-चढ़ी है। इसका प्राचीनतमकाल ग्रीक साहित्यकाल से कहीं प्राचीन होने के कारण धार्मिक विश्वासों के पूर्व रूप को कहीं अच्छी तरह प्रकट करता है और इसीलिए संसार के अन्य प्राचीन ग्रन्थों की अपेक्षा धार्मिक विचारों के विकास का कहीं अच्छा चित्र इससे मिलता है। प्राचीन भारत के साहित्य का गौरव उसकी अपूर्वता में है। प्रकृति ने ही भारतवर्ष को हिमालय पर्वत द्वारा समस्त संसार से पृथक् कर दिया है और इसीलिए आर्यजाति के प्रथम आक्रमण के समय से ही जम्बू द्वीप एक छोटा-सा संसार है और इस समस्त देश में एक नवीन प्रकार की आर्यसभ्यता फैली है।

जिस समय ईसा के पूर्व चतुर्थ शतक के अन्त में ग्रीक लोगों ने भारत के उत्तर-पश्चिम के भाग पर आक्रमण किया था उस समय भारतवासियों ने अपनी

जातीय सभ्यता क़ायम कर ली थी। उस पर विदेशीय प्रभाव तनिक भी नहीं पड़ा था। पारसी, ग्रीक, शक तथा मुसलमानों के निरन्तर आक्रमण होने पर भी भारतीय आर्य जाति के जीवन तथा साहित्य के विकास का प्रवाह तनिक भी न रुका और ब्रिटिश राज्य काल के आरम्भ तक बाह्य प्रभावों से वह अविकृत रहा।

ऐसा पृथक् तथा स्वतन्त्र विकास इण्डो यूरोपियन जाति की किसी अन्य शाखा द्वारा नहीं अनुभूत हुआ है।

चीन को कदाचित् छोड़कर और कोई ऐसा देश नहीं है जहाँ भारत के समान भाषा, साहित्य, धार्मिक विचार तथा आचार और गार्हस्थ्य तथा सामाजिक नियम का तीन हज़ार वर्ष तक अविच्छिन्न विकास पाया जाता हो।

विज्ञान की भिन्न-भिन्न शाखाओं जैसे स्वर विद्या, व्याकरण, गणित, ज्योतिष, आयुर्वेद तथा धर्मशास्त्र में भी भारतवासियों ने उत्कृष्ट सफलता प्राप्त की थी। इनमें से कुछ विषय तो ऐसे हैं जिनमें वे ग्रीक लोगों की अपेक्षा कहीं अधिक सफल हुए हैं। यह एक विशेष बात है कि इस प्रशंसनीय उद्योग में भारत की सुपुत्रियों ने वही भाग लिया है जो भारत के सुपुत्रों ने।

बौद्धकाल

500-200 वर्ष ईसा के पूर्व है। भिन्न-भिन्न बौद्धधर्म संगीतियों की लेखबद्ध तिथियों से यह निर्धारित हुआ है कि बुद्ध का निर्वाण ईसा के 480 वर्ष पूर्व हुआ था। बुद्ध के जीवनकाल में सहस्रों स्त्रियाँ बुद्ध के निर्दिष्ट किये हुए मोक्ष मार्ग से परिचित थीं और उन्होंने बुद्ध के झण्डे का आश्रय लिया था। उन्होंने अपना घर त्याग दिया और भिक्षुणी अर्थात् परिव्राजिका बन गयीं। पालि भाषा में एक ग्रन्थ है जिसका नाम "थेरीगाथा' (अर्थात् विदुषियों के गीत) है। इस ग्रन्थ में धार्मिक तथा विदुषी स्त्रियों द्वारा रचित ऐसी गाथाएँ हैं जिनमें धार्मिक उन्नति तथा आध्यात्मिक उत्साह के परिणाम दशाये गये हैं। जिन्होंने स्वयं भगवान् बुद्ध के मुख से उनकी शिक्षाओं को दत्तचित्त हो सुना था और उनसे अपने जीवन में लाभ उठाया था उनमें से केवल 73 स्त्रियों के ही गीत "थेरीगाथा' में निबद्ध हैं। इन गाथाओं में बहुतों ने अपने जीवन के वृत्तान्त तथा धर्म-सम्बन्धी अनुभवों को लिखा है।

इन गाथाओं से विदित होता है कि स्त्री-स्वातन्त्र्य तथा स्त्री-शिक्षा के विषय में भारत का बहुत उन्नत स्थान था। इनसे यह भी स्पष्ट प्रमाणित होता है कि बौद्धकाल में स्त्री-स्वातन्त्र्य तथा शिक्षा का प्रचार समस्त देश में विस्तृत था। इन थेरियों (विदुषियों) के जीवन-चरित्रों के आधार पर पाश्चात्य विद्वानों ने यह मत प्रकट किया है कि संसार में विद्या तथा स्वातन्त्र्य-प्राप्ति के लिए स्त्रियों द्वारा जो उन्नति हुई है उसका वैसा ही दूसरा उदाहरण नहीं मिल सकता जैसा कि भारत की स्त्रियों द्वारा लगभग 2500 वर्ष पहले हमको मिलता है। अध्यापक रीज डैविड्स (Rhys

Davids) अपनी "बौद्धधर्म' (Buddhism) नामक पुस्तक में लिखते हैं : थेरीगाथा में हमको थेरियों के जीवन का एक उपदेशपूर्ण चित्र मिलता है। स्त्रियों को इतनी स्वतन्त्रता तथा समाज में इतना उच्च स्थान देना बौद्धधर्म के नेताओं के लिए एक बड़ी भारी बात थी। परन्तु इसमें तनिक भी सन्देह नहीं कि इस कार्य में उनको सफलता प्राप्त हुई और इनमें से बहुत-सी स्त्रियाँ विद्या कौशल के लिए उतना ही प्रसिद्ध थीं जितना कि धार्मिक उत्साह तथा ज्ञान के लिए वे विख्यात थीं।

मैं समझती हूँ कि प्राचीन काल में भारतीय स्त्रियों की उन्नत अवस्था के सम्बन्ध में मैं काफ़ी कह चुकी हूँ। अब मैं इस प्रश्न की दूसरी अवस्था की ओर आती हूँ।

स्त्रियों की इस उच्च तथा प्रशंस्य अवस्था में बौद्धकाल के अन्त तक कोई परिवर्तन नहीं हुआ। वरंच ईसवी सन् 100 में जो मुसलमान आक्रमण हुआ था, उस समय तक उनको सामाजिक स्वतन्त्रता रही। स्त्रियों को अन्तःपुर में बन्द रखने का नियम मुसलमानों के साथ इस देश में आया–यद्यपि मुसलमानी राजत्वकाल में भारतवर्ष की आर्थिक दशा में कुछ अन्तर नहीं पड़ा तथापि भारतवासियों के सामाजिक नियमों में उनके बुरे प्रभाव के पड़ने से एकदम हेर-फेर हो गया–बहुविवाह के नियम के कारण वे बलात्कार अच्छे कुलों की लड़कियों को जो उनकी दृष्टि में सुन्दर होती थीं अपने अन्तःपुर' में लेने लगे। मुसलमानों के विजय तथा उन भारतवासियों की शिथिलता के कारण जो अपनी कन्याओं को अपने से अधिक बलवान् विजेताओं के हाथ से बचाने में असमर्थ थे उनको विवश होकर अपनी कन्याओं को घर के भीतर बन्द रखना पड़ा। इस बात का सबसे दृढ़ प्रमाण यह है कि भारत के उन भागों में (उदाहरण के लिए महाराष्ट्र) जो मुसलमानी शासन में स्वतन्त्र थे इस समय भी परदे का प्रचार नहीं है। इससे भारतवासियों की स्वच्छन्दता बहुत-कुछ नियमित हो गयी और बारम्बार मुसलमानों से पीड़ित किये जाने पर धीरे-धीरे वे बाल-विवाह तथा परदे का रिवाज़ पड़ गया। बाल-विवाह की कुप्रथा का यह फल हुआ कि स्त्रियाँ शिक्षा से वंचित रहने लगीं और धीरे-धीरे वे अज्ञान के अन्धकार में रखी जाने लगीं। जबकि हिन्दू लोग ईश्वरवाद से परिभ्रष्ट होकर मूर्तिपूजा करने लगे तथा आनुषंगिक मूढ़ विश्वासों से फँस गये तब लोग स्त्रियों की ओर आशंका करने लग गये तथा उनको और कड़े परदे में रखने लग गये। 16वीं शताब्दी तथा उसके पश्चात् भारतीय स्त्रियों की दशा अत्यन्त ही शोचनीय हो गयी थी। सच तो ये है कि इस समय भारत की धार्मिक, राजनैतिक तथा सामाजिक अवस्था सर्वथा गिरी हुई थी।

राजा राममोहन राय

भारतीय स्त्रियों का पुनरुत्थान राजा राममोहन राय के समय से आरम्भ होता है। राजा साहेब 19वीं शताब्दी के सबसे बड़े भारतवासी हो गये हैं। वस्तुतः आप

धार्मिक, सामाजिक, राजनैतिक तथा शिक्षा-सम्बन्धी उन्नति में अग्रसर रहे और स्वदेश के कल्याण तथा दिन साधन की सदा चेष्टा करते रहे हैं आपने अपने ही उद्योग से इतनी योग्यता प्राप्त की। सोलह ही वर्ष की अल्पावस्था में आपके पिता ने आपको मूर्तिपूजा—जो उस समय प्रचलित धर्म था—पर अश्रद्धा होने के कारण घर से निकाल दिया था। उन अन्धकार के दिनों में जब भारतवर्ष की दशा गड़बड़ थी जबकि देश अवस्थान्तर को प्राप्त हो रहा था और जबकि अँगरेज़ अच्छी प्रकार से देश में जम भी न पाये थे बालक राममोहन सत्य की खोज में बौद्धधर्म की शिक्षा प्राप्त करने के विचार से तिब्बत गया। वहाँ उसे सर्वदा भय लगा रहता था। तिब्बत के लोग विदेशियों को अपने देश में नहीं आने देते। वे हर एक नव-आगन्तुक को सन्दिग्ध दृष्टि से देखते और उनको इसका भय लगा रहता कि कहीं इनके कारण स्वतन्त्रता न खोना पड़े। परन्तु बालक तिब्बती स्त्रियों द्वारा सुरक्षित था। वे रक्षापूर्वक उसको भारत की सीमा तक पहुँचा गयीं, इस कृपा के लिए वह इतना कृतज्ञ हुआ कि उस समय से मरणकाल तक स्त्री जाति के प्रति उसकी अगाध श्रद्धा तथा प्रीति बनी रही और उसने इस बात का निश्चय कर लिया कि वह अपने समस्त जीवन को स्वदेश की स्त्रियों की अवस्था सुधारने में व्यतीत करेगा। उन्होंने संस्कृत साहित्य में बड़ी निपुणता प्राप्त की। वेद, उपनिषद् तथा अन्य धार्मिक ग्रन्थों के ज्ञान से उन्होंने भारत के प्राचीन ईश्वरवाद को पुनर्जीवित किया और उसको सर्वसाधारण तक पहुँचाया। जो समाज उन्होंने स्थापित किया वह इस समय ब्रह्मसमाज के नाम से जानी जाती है और वह भारत की धार्मिक तथा सामाजिक उन्नति का प्रभाव है। राजा राममोहन राय ने भारतीय स्त्रियों की अवस्था उन्नत करने में अपना जीवन व्यतीत किया। उन्होंने सती की कुप्रथा उठा दी तथा भारतीय स्त्रियों के पूर्व पद पर प्रतिष्ठित करने के लिए बहुत-से ग्रन्थ लिखे तथा पण्डितों से वादानुवाद किया। स्वयं संस्कृत, अरबी, फ़ारसी, उर्दू, बंगाली, अँगरेज़ी, फ्रेंच, लैटिन, ग्रीक तथा हिब्रू भाषाओं में भली-भाँति व्युत्पन्न होने के कारण वे भारतवासियों को शिक्षा देने के बड़े पक्षपाती थे। उस समय अँगरेज़ी कर्मचारियों में इस बात का विवाद चल रहा था कि कौन-सी शिक्षाप्रणाली भारत में परिगृहीत करना श्रेयस्कर होगा। एक दल इस नीति का पक्षपाती था कि भारतवासियों को फ़ारसी तथा संस्कृत की ही शिक्षा देनी चाहिए और दूसरा दल अँगरेज़ी शिक्षा के पक्ष में था। राजा राममोहन राय भी अँगरेज़ी शिक्षा के पक्षपाती थे। उन्होंने गवर्नर जनरल लॉर्ड ऐम्हर्स्ट (Amherst) को एक पत्र लिखा जिसमें उन्होंने भारतवासियों को अँगरेज़ी शिक्षा देने की नीति का प्रतिपादन तथा समर्थन किया। उन्होंने पत्र में यह भी दिखलाया कि यह नीति न्यायसंगत है तथा फ़ारसी, संस्कृत मृतप्राय होने के कारण लोगों के चित्तों से मूढ़ विश्वासों के पृथक् करने में और उनको सत्य से उद्भासित करने में कदापि समर्थ न होंगी। उन्हीं की चेष्टा तथा उद्योग का यह फल है कि भारत का अन्धकार दूर होने लगा और वह आगे बढ़ रहा है। स्त्रियाँ भी गाढ़ निद्रा से जाग रही हैं।

वर्तमान वैज्ञानिक काल के प्रभाव ने उनकी आँखें खोल दी हैं और वे अपने प्राचीन गौरव को अनुभव करने का प्रयत्न कर रही हैं। वे उन्नति के पथ पर आगे बढ़ना चाहती हैं। वे पुरुषों के साथ-साथ मातृभूमि के कल्याण के लिए उद्योग करना चाहती हैं। उनके चित्त अब केवल गार्हस्थ्य जीवन के सुख से ही सन्तुष्ट नहीं हैं। वे मनुष्य जाति के मंगल के लिए कार्य करने को उत्सुक हैं तथा उनमें इस बात की उत्कट इच्छा है कि वे संसार के प्रसिद्ध पुरुष तथा स्त्रियों में उच्च पद को ग्रहण करें।

जो विद्या के प्रकाश से उद्भासित हुई हैं वे उस प्रकाश को अपनी उन बहनों में फैलाने के लिए उत्सुक हैं जो अभाग्यवश उस प्रकाश से वंचित रह गयी हैं। भारत की कुछ स्त्रियों में इस बात की उत्कट इच्छा उत्पन्न हुई है कि वे अपनी प्यारी मातृभूमि के लिए अपना जीवन समर्पण करें। हमारा ऐसा विश्वास है कि जब तक भारत की स्त्रियाँ सुशिक्षित न होंगी तब तक भारत का कल्याण साधन नहीं हो सकता। भारत की स्त्रियों में विद्या के प्रचार से बढ़कर कोई उत्कृष्ट कार्य नहीं है। हमें केवल शिक्षा की ही अपेक्षा है। स्त्रियों को अवश्य शिक्षा देनी चाहिए और उनको ऐसी शिक्षा देना चाहिए जिससे वे "भारत के प्राचीन गौरव काल में उनकी क्या उत्कृष्ट अवस्था थी' इस बात पर विचार कर सकें। स्त्रियों को अवश्य ही उचित शिक्षा देनी चाहिए और पूर्व इसके कि भारतवर्ष अपने पूर्व पद की प्राप्ति की आकांक्षा करे इस बात की आवश्यकता है कि भारतीय स्त्रियाँ गम्भीर भाव से मनन करना सीखें।

ब्रह्मसमाज ने प्राचीन ऋषियों के ईश्वरवाद को देश में फिर से प्रतिष्ठित किया है और स्त्री-स्वातन्त्र्य और स्त्री-शिक्षा को पुरातन काल के समान प्रतिपालन किया है। गवर्नमेण्ट द्वारा 1911 में जो मनुष्य गणना हुई थी उससे विदित होता है कि ब्रह्मसमाज ने अपने विचारों को कार्य में परिणत करके दिखा दिया है। भारत के उच्च आदर्श को सम्मुख रखते हुए और ऋषियों के मार्ग का अनुसरण करते हुए ब्रह्मसमाज ने संसार के आगे ईश्वर हम सबका पिता है तथा सब मनुष्य भाई हैं इन उच्चविचारों का प्रख्यापन किया है। ब्रह्मसमाज ने इस बात की उद्घोषणा की है कि पुरुष और स्त्री हर तरह से समान हैं। उसने जाति-भेद को निर्मूल कर दिया है। उसने बाल विवाह तथा इच्छा विरुद्ध वैधव्य की सामाजिक कुरीतियों को देश से निर्मूल करने का प्रण किया है। उसने लोगों के सम्मुख मनुष्य सेवा के उच्च आदर्श को रक्खा है। उसने इस बात का उत्कीर्णन किया है कि प्रत्येक मनुष्य यदि उसमें ज्ञानोपलब्धि की उत्कट इच्छा विद्यमान है। चाहे पुरुष हो या स्त्री चाहे जिस जाति का हो और चाहे जिस मत का अनुयायी हो ईश्वरीय ज्ञान को प्राप्त कर सकता है। मैं ब्रह्मसमाज के इन उत्कृष्ट कार्यों का उल्लेख न करूँगी क्योंकि वे यहाँ पर असंगत होंगे। मैं ब्रह्मसमाज के केवल उन्हीं कार्यों का यहाँ कथन करूँगी जो उसने शिक्षा के सम्बन्ध

में किये हैं। 1911 की मनुष्य गणना से प्रकट होता है कि कलकत्ते में जो अभी तक भारतवर्ष की राजधानी थी 1000 ब्रह्मसमाजियों में 862 और 1000 ब्रह्म स्त्रियों में 813 शिक्षित हैं। हिन्दू समाज में (यहाँ "हिन्दू' का प्रयोग विशेष अर्थ में है, तात्पर्य समाज के कट्टर भाग से है) 1000 पुरुषों में 422 और 1000 स्त्रियों में 138 ही शिक्षित हैं। मुसलमानों में तो 1000 पुरुषों में 207 और 1000 स्त्रियों में केवल 32 ही पढ़ी-लिखी हैं और ईसाइयों में 1000 पीछे 822 पुरुष और 1000 पीछे 773 स्त्रियाँ पढ़ी-लिखी हैं। इस सूची से यह प्रकाशित होता है कि ब्रह्मसमाज ने बालक-बालिकाओं की शिक्षा में कुछ भी भेद नहीं रखा है। उनके सिद्धान्त तथा व्यवहार में कुछ भी अन्तर नहीं है और हम आशा करते हैं कि अगले दस वर्ष के भीतर शिक्षितों की संख्या और बढ़ेगी। जो असमता बची है वह भी लोप हो जायेगी। ब्रह्मसमाज ने समस्त भारत पर गम्भीर प्रभाव डाला है। स्त्री-स्वातन्त्र्य तथा स्त्री-शिक्षा के आदर्श को देशभर के शिक्षित समुदाय ने स्वीकार किया है। अब कट्टर-से-कट्टर घरों में भी लडकियों को कुछ शिक्षा दी जाती है। यद्यपि यह शिक्षा बाल-विवाह की कुप्रथा के कारण अधूरी रह जाती है। ब्रह्मसमाज में इस समय लगभग 30 ऐसी स्त्रियाँ हैं जिन्होंने बी.ए. की उपाधि प्राप्त की है। यह उल्लेख योग्य बात है कि लन्दन यूनिवर्सिटी को छोड़कर ब्रिटेन के अन्य विश्वविद्यालय स्त्रियों को उपाधि नहीं प्रदान करते परन्तु भारत की गवर्नमेण्ट भारतीय स्त्रियों को उपाधि प्रदान करती है। इसका कारण यही ज्ञात होता है कि भारत में अनादि काल से नालन्दा, तक्षशिक्षा तथा अन्य विश्वविद्यालयों में स्त्रियों को भी उपाधि प्रदान की जाती थी।

भारत की सुशिक्षित स्त्रियों ने धार्मिक, लोकोपकारक, शिक्षा तथा व्यवसाय सम्बन्धी कार्यों का भार अपने ऊपर लिया है और इन कार्यों को सम्पादन करने के लिए भारतवर्ष भर में वे समितियाँ संगठित कर रही हैं। अब मैं कुछ ऐसी समितियों का विवरण सुनाऊँगी जिनका प्रबन्ध सर्वथा भारतीय स्त्रियों के ही हाथ में हैं।

शिक्षा-सम्बन्धी कार्य

भारतीय स्त्रीमण्डल नाम की एक सभा का सूत्रपात किया गया है। इसका उद्देश्य कट्टर घरों की स्त्रियों को शिक्षा प्रदान करना है। ऐसे घरों में बाल-विवाह के कारण बालिकाओं की शिक्षा अधिक-से-अधिक 14 वर्ष की अवस्था में समाप्त हो जाती है क्योंकि विवाह के पश्चात् लड़कियाँ पाठशाला में पढ़ने नहीं भेजी जातीं।

प्रत्येक मनुष्य इस बात को विचार सकता है कि कितनी शिक्षा इस छोटी-सी अवस्था में प्राप्त हो सकती है। इस असुविधा को दूर करने के लिए यह स्त्रीमण्डल स्थापित किया गया है। इसका कार्य घर पर जाकर लड़कियों को शिक्षा देना है। इसकी शाखाएँ लाहौर, अमृतसर, दिल्ली, करांची, हैदराबाद, कानपुर, बाँकीपुर, हज़ारीबाग, मिदनापुर, कलकत्ता तथा अन्य प्रसिद्ध नगरों में खोली गयी हैं। कलकत्ता

की शाखा सभा की ओर से कोई 20 शिक्षिकाएँ नियत हुई हैं। सौ से अधिक घरों की लड़कियाँ शिक्षा पाती हैं। शिक्षिकाएँ उनको पढ़ाने के लिए घर-घर जाती हैं। कलकत्ते में इस सभा ने लड़कियों की प्रारम्भिक शिक्षा के लिए भी एक पाठशाला खोला है। चार से लेकर 11 वर्ष तक की अवस्था की कोई 60 लडकियाँ इस पाठशाला में पढ़ने आती हैं। अन्य स्थानों में पाठशालाएँ खोली गयी हैं जहाँ पड़ोस की अविवाहित बालिकाएँ पढ़ने आती हैं और विवाहित लड़कियों को घर पर पढ़ाने के लिए शिक्षिकाएँ नियुक्त हुई हैं। सभा का विचार भारतवर्ष-भर में शाखा सभाएँ खोलने का है।

कलकत्ते में लड़कियों के लिए भी एक पाठशाला है जहाँ मैट्रिक्यूलेशन कक्षा तक की शिक्षा दी जाती है। यहाँ स्त्रियाँ ही शिक्षक का कार्य करती हैं और इसका प्रबन्ध एक समिति के हाथ में है जिसमें स्त्री और पुरुष दोनों सदस्य हैं। यहाँ कट्टर घरों की भी लडकियाँ आती हैं। कलकत्ते में एक संस्था "स्त्री समाज' (Assembly of Ladies) नाम की भी खोली गयी है। इसका उद्देश्य स्त्रियों में साधारण शिक्षा फैलाना है। यहाँ हर एक पक्ष में प्रसिद्ध कलकत्ता नगर के वैज्ञानिक, आचार्य, डाक्टर तथा अन्य विद्वानों के साहित्य, इतिहास, भूगोल, ज्योतिष, दर्शन, वनस्पतितत्त्व, जीवतत्त्व, भ्रमण विज्ञान, अर्थशास्त्र, राजनैतिक दर्शन जीवनचरित्र तथा शिक्षा-सम्बन्धी विषयों पर व्याख्यान होते हैं। कभी-कभी मैजिक लैण्टर्न चित्रों द्वारा भी व्याख्यान उदाहृत होते हैं। बंगाल के भिन्न-भिन्न ज़िलों में स्त्रियों की साधारण शिक्षा के लिए बहुत-सी सभाएँ खोली गयी हैं। कुछ सभाओं का उद्देश्य साथ-साथ लोकोपकार भी है। बिहार, उड़ीसा प्रान्त में सम्बलपुर नामक एक नगर है। यहाँ एक बंगाली विदुषी ने जो कविता भी करती हैं। लड़कियों के लिए एक स्कूल खोला है। इस स्कूल में बंगाली, उड़िया, मद्रासी तथा महार लड़कियाँ एक साथ शिक्षा पाती हैं। इसमें सन्देह नहीं कि भारतवर्ष-भर में गवर्नमेण्ट तथा ईसाई मिशनों के स्कूल और कॉलेज विद्यमान हैं परन्तु मैं उनका उल्लेख नहीं करूँगी। सात वर्ष के लगभग हुआ कि कलकत्ते में एक विदुषी स्त्री ने अनाथ विधवाओं के लिए एक व्यावसायिक स्कूल खोला था। वही इस स्कूल की मन्त्री भी हैं और इसका प्रबन्ध एक स्त्रियों की समिति द्वारा होता है। इस स्कूल में बुनना, लैस बनाना, कपड़ा सीना, काढ़ना और अन्य उपयोगी व्यवसाय सिखलाया जाता है जिससे अनाथ विधवाएँ अपना जीवन निर्वाह कर सकें। स्कूल में इन विधवाओं को प्रारम्भिक शिक्षा भी दी जाती है और उनमें से जो सुयोग्य होती हैं और शिक्षिका बनने की इच्छा रखती हैं वे गवर्नमेण्ट ट्रेनिंग कॉलेज में भेज दी जाती हैं जहाँ की मुख्य अधिष्ठात्री लन्दन के मैरिया ट्रेनिंग कॉलेज (Maria Training College) में शिक्षा पायी हुई एक स्त्री है। स्कूल के सम्बन्ध में एक आश्रम भी है जहाँ 30 विधवाएँ रहती और शिक्षा पाती हैं। यहाँ कट्टर घरों की

भी अनाथ विधवाएँ रहती हैं। मद्रास प्रान्त में कांजीवरम का हिन्दू गर्ल्स स्कूल है। इसका प्रबन्ध श्रीमती पार्वती देवी अन्य स्त्रियों की सहायता से करती हैं। वह सुशिक्षिता हैं, बालिकाएँ स्कूल में बहुत काल तक अध्ययन नहीं कर सकतीं इस कारण से वह उनको एक अद्‌भुत उपाय द्वारा केवल 5 वर्ष के ही थोड़े समय में साहित्य, इतिहास, भूगोल, गणित तथा लिखना, बोलना सिखला देती हैं, उनको ऐसी शिक्षा दी जाती है जिसमें वे अध्यापिकाओं की सहायता के बिना ही स्वयं अध्ययन कर सकें। मैसूर राज्य में बहुत दिन हुए महाराणी ने बालिकाओं के लिए एक कॉलेज खोला था।

कलकत्ते में स्त्रियों ने भारतीय संगीत तथा वादन सीखने के अभिप्राय से दो समाज स्थापित की हैं। यहाँ युवतियाँ तथा बालिकाओं को गाना-बजाना सिखाया जाता है। इन समाजों के स्थापित होने के पूर्व देशी बाजों का बहुत आदर न था, किन्तु जब से इन समाजों का जन्म हुआ है कदाचित् ही कोई शिक्षित घर मिलेगा जहाँ भारतीय संगीत की चर्चा न हो। कन्या पाठशालाओं में संगीत तथा वादन शिक्षा के लिए शिक्षक नियत किये जाते हैं।

लोकोपकारक-सम्बन्धी कार्य

कलकत्ते में कई सभा हैं जैसे भारतीय स्त्री समाज (Indian Ladies Association) भामिनी समाज (Sisters Society) प्रेम समाज (Association of Love)। इनका उद्‌देश्य ग़रीब दुखिया को सहायता पहुँचाना है। सभ्यों से जो चन्दा आता है वह सब दान में व्यय होता है, कभी-कभी ग़रीब विद्यार्थियों की सहायता पुस्तक तथा फीस से की जाती है। कभी-कभी विधवा तथा ग़रीब कुलीनों में रुपया बाँटा जाता है। कभी उन रोगियों की सेवा के लिए रुपया दिया जाता है जो निर्धन होने के कारण वैद्य की चिकित्सा नहीं कर सकते। कभी चिकित्सालयों की सहायता धन अथवा वस्त्रों द्वारा की जाती है। अच्छे घरों की स्त्रियाँ जो भारतीय स्त्री समाज की सभ्य हैं आवश्यकता पड़ने पर रोगियों की सेवा के लिए जाती हैं। पूर्व बंगाल के प्रसिद्ध नगर होका में कुछ स्त्रियों ने एक विधवा आश्रम और एक अनाथालय खोला है। विधवा आश्रम का प्रबन्ध एक कुलीन सुशिक्षिता विधवा के हाथ में है। अनाथालय के प्रबन्ध का भार एक दूसरी स्त्री के ऊपर है। इस अनाथालय में लड़के-लड़कियाँ दोनों रहते हैं।

मुम्बई प्रान्त में "सेवा सदन' तथा "शारदा सदन' उत्तम कार्य कर रहे हैं। "सेवा सदन' शिक्षा के प्रचार, रोगियों की सेवा तथा दुःखियों की सहायता करने में सराहनीय उद्योग कर रहा है। "शारदा सदन' एक विधवा आश्रम है। यह बहुत दिन हुए पण्डिता रमाबाई के उद्योग से खुला था।

धर्म-सम्बन्धी कार्य

कलकत्ते के "भारतीय स्त्री समाज' का धार्मिक विभाग भी है। उसमें पक्ष में एक बार धार्मिक प्रश्नों पर तर्क होता है, प्रार्थना की जाती है और धार्मिक तथा दार्शनिक विषयों पर निबन्ध पढ़े जाते हैं।

व्यवसाय-सम्बन्धी कार्य

एक बंगाली स्त्री ने एक "देशी वस्तु भण्डार' कलकत्ते में खोला है। वहाँ कपड़े, क़लम, काग़ज़, पेन्सिल, रोशनाई, मोमबत्ती, शीशे की चूड़ियाँ, साबुन, जूते, बरतन और बहुत-सी चीज़ें बिक्री के लिए रखी जाती हैं। यह स्त्री स्वयं मोमबत्ती, रोशनाई, बालों में लगाने की पिन और सुगन्ध बनाती है। उसने इनको बनाना अपने पति से जो जापान से इनका बनाना सीखकर आये हैं सीखा है। अपने पति की सहायता से उसने जूते का फ़ीता, बाल में लगाने की पिन और काग़ज़ की पेन्सिल बनाने के लिए कुछ यन्त्र ख़रीदे हैं। उन्होंने अपने घर में ही इन छोटे व्यवसायों के सिखाने का प्रबन्ध भी किया है। वह धीरे-धीरे लैस तथा रिबन बनाने के लिए छोटे-छोटे यन्त्र ख़रीदने का विचार कर रही है। हम लोगों का विचार भारतवर्ष में भी जापान के समान छोटे-छोटे व्यवसायों को खोलने का है।

उनका अनुसरण करते हुए दो अनाथ विधवाओं ने पिन बनाना सीख लिया है और अब दूसरों के सहारे वे जीविका निर्वाह नहीं करतीं। उनकी बनायी हुई चीजें भी इसी भण्डार में बिक्री के लिए रखी जाती हैं और वे अपने ही उद्योग से जीवन निर्वाह के लिए काफ़ी धन कमा लेती हैं। बहुत-सी अनाथ विधवाएँ तथा निर्धन स्त्रियाँ भी अपनी बनायी हुई चीज़ें इस भण्डार में बिक्री के लिए भेजती हैं और इस प्रकार धन उपार्जन करती हैं।

प्यारी बहनो! यहाँ मैं अपने विवरण को समाप्त करती हूँ। यद्यपि मुझे मालूम है कि इसमें बहुत-सी त्रुटियाँ रह गयी हैं परन्तु मैं सच्चे हृदय से आशा करती हूँ कि आगामी महासभा के अधिवेशन में मैं स्वयं उपस्थित हो सकूँगी और इससे बढ़कर विवरण आपके सम्मुख उपस्थित कर सकूँगी। बहनो! भारत की स्त्रियों में जागृति हो गयी है। आप एक स्वतन्त्र तथा प्रभावशाली जाति की पुत्रियाँ हैं। आपसे वे प्रेम, सहानुभूति तथा सहायता की आशा करती हैं। आप हमारे लिये ईश्वर से प्रार्थना कीजिये कि हम फिर अपने पूर्व उच्च पद को प्राप्त करें। मैं आपकी महासभा के लिए सफलता चाहती हूँ। यद्यपि मेरा शरीर आपसे हज़ारों मील की दूरी पर है तथापि मेरा हृदय आपके उच्च उद्देश्य के लिए आपके साथ है।

मर्यादा—फरवरी 1914

भारतवर्ष की आधुनिक सुशिक्षिता स्त्रियाँ

श्रीमती शारदा मेहता

मेरी प्यारी बहनो! भारतवर्ष में आधुनिक स्त्रियाँ कैसी होनी चाहिए, आज मैं इसी विषय पर अपनी अल्प बुद्धि के अनुसार कुछ विचार करना चाहती हूँ। यद्यपि यह विषय इतना गहन और दूरगामी है कि मेरी ऐसी तुच्छ स्त्रियों के लिए उस पर कुछ लिखना साहस अथवा अमर्याद समझा जायगा, परन्तु मेरा उद्देश्य केवल इतना ही है कि मैं अपने विचारों को प्रकट करूँ, जिससे हमारी दूसरी बहनों को भी अपने-अपने विचार प्रकट करने की उत्तेजना मिले, और परस्पर के अभिप्राय विनियम से पीछे पड़ी हुई तथा अज्ञानग्रस्त बहनों का कल्याण हो।

आजकल जहाँ देखिये वहाँ सुधार की चर्चा होती है; परन्तु जनसमाज की रहन-सहन पर ध्यान दिये बिना तथा कुटुम्ब में और जनसमूह में स्त्रियों को प्राचीन समय में जो स्थान प्राप्त था, और भविष्य में जो प्राप्त होगा इसका ठीक-ठीक विचार किये बिना जो चर्चा होती है उसका निष्फल होना सम्भव है। इसी वर्तमान स्थिति को देखकर ऐतिहासिक विकास (Historical Development) द्वारा क्या होता है और क्या होना चाहिए इसी विषय पर आज मैं कुछ लिखने का प्रयत्न करती हूँ।

आधुनिक अथवा नूतन सुशिक्षिता स्त्रियों में नवीन भारत का एक अंश है। यह कोई छोटा-सा अंश नहीं वरन् समस्त भारतवर्ष की उन्नति का एक बहुत बड़ा अंश है। अपने देश की अर्वाचीन स्थिति पर विचार करने से इतना तो सहज ही में मालूम हो जायगा, कि देश की उन्नति हर एक विषय में पाश्चात्यों के अनुकरण करने ही से नहीं हो सकती!" क्योंकि हमें उनका अनुकरण करके सब प्रकार का परिवर्तन नहीं करना है बल्कि अपनी ही रीति-रिवाज में उनका अनुसरण करते हुए, कुछ फेर-फार करके दोषों को दूर करना, और उनका संशोधन करना है। इसलिए यह हमारा प्रथम कर्त्तव्य है कि हम प्राचीन समय में स्त्रियों की स्थिति कैसी थी इस बात की जाँच करें।

अमुक देश में स्त्रियों का किस प्रकार सम्मान होता था इसी बात से उस देश में सुधार की मात्रा किस दर्जे तक पहुँची थी इसका अनुमान हो सकता है। अज्ञानी और अनपढ़ लोगों में प्रायः देखा जाता है कि पुरुष अपनी स्त्री को गुलामों की श्रेणी में गिनते हैं। समुन्नत काल में स्त्रियों के साथ सम्मान और सभ्यता का बर्ताव किया जाता है। इस विषय में प्राचीन हिन्दू आर्य ग्रीस और रोमन आर्य लोगों से चढ़े-बढ़े थे। होमर के समय के तथा सोफ़ोकलीस और पुरीपीड़ीस के समय के ग्रीक साहित्य से मालूम होता है कि ग्रीक जाति में स्त्रियों को बहुत मान नहीं दिया जाता था; वैसे ही ग्रीक इतिहास से स्त्रियाँ बहुत उच्च विचारवाली होती रही होंगी यह भी नहीं सिद्ध होता। रोमन इतिहास में कहीं-कहीं सुशिक्षिता और सुशीला स्त्रियों का हवाला मिलता है परन्तु रोमन साम्राज्य के निवासियों के अत्यन्त धन-वैभव और आनन्द में निमग्न हो जाने से सब-कुछ थोड़े ही समय में नाश हो गया।

भारतवर्ष के प्राचीन इतिहासग्रन्थों में देखा जाये तो उनमें सुशिक्षिता, बुद्धिमती और साथ-ही-साथ गुणवती स्त्रियों की बहुत-सी कथाएँ मिलती हैं। ऋग्वेद में जो लगभग आज से चार हज़ार वर्ष पहले बना है स्त्री और पुरुष दोनों एक साथ बैठकर धर्म यज्ञ आदि शुभ कर्म करते थे, ऐसा वर्णन मिलता है। यही नहीं स्त्रियाँ उस समय ग्रन्थ भी रचा करती थीं। हम लोगों को मालूम है कि विश्ववारा नाम की एक विदुषी ने स्वयं एक स्तोत्र लिखा है। उपनिषदों में जो प्रायः तीन हज़ार वर्ष पहले के बने कहलाते हैं, गार्गी नाम की एक विदुषी का वर्णन मिलता है। इसने महाराजा जनक के दरबार में अपनी विद्वत्ता दिखलाकर पुरस्कार लेने का प्रयास किया था। भरतखण्ड के प्राचीन ग्रन्थों में जिनमें आज से दो हज़ार वर्ष पहले के आर्यों की रीति-नीति का वर्णन है प्रतापी और सद्गुणी स्त्रियों ने उस समय जनसमूह को अपने आचरण से कितना लाभ पहुँचाया था और उसका जनसमूह पर कैसा असर पड़ा था इसके अनेक दृष्टान्त मिलते हैं गान्धारी और कुन्ती कैसी पतिव्रता रानियाँ थीं? महाभारत में किसी समय राजा धृतराष्ट्र अपनी रानियों के साथ दरबार में कोई तमाशा देखने के लिए आये थे उसका वर्णन है और रामायण तो महाभारत से भी बढ़कर सद्वर्तनशाली स्त्रियों के वर्णन का भण्डार ही है। श्रीमती सीता जी का वर्णन स्त्रियों के सद्गुण की सीमा तक पहुँच गया है।

अब ज़रा मनुस्मृति के समय का विचार कीजिये। महात्मा मनु जी ने तो स्पष्ट ही लिखा है कि–

यत्र नार्यस्तु पूज्यन्ते, रमन्ते तत्र देवताः ।
यत्रैतास्तु न पूज्यन्ते, सर्वास्तत्रफलाः क्रियाः ॥

जहाँ रमणियों का आदर है वहाँ सब देवता रमण करते हैं। जहाँ स्त्रियों का अनादर है वहाँ सब क्रियाएँ निष्फल हो जाती हैं। और भी कहा गया है कि-

शोचन्ति जामयो यत्र, विनश्यत्याशु तत्कुलम्।
न शोचन्ति तु यत्रैता, वर्धते तद्धि सर्वदा ॥

जहाँ स्त्रियों को दुःख मिलता है उस कुल का विस्तार नहीं होता—वह कुल शीघ्र ही नष्ट हो जाता है और जहाँ स्त्री वर्ग सुखी रहता है उस कुल की सर्वदा वृद्धि होती है।

जामयो यानि गेहानि, शयन्त्यप्रतिपूजिताः ।
तानि कृत्याहतानीव, विनश्यन्ति समन्ततः ॥

स्त्रियाँ सम्मान न होने के कारण जिस गृह को शाप देती हैं वह गृह कृत्या अर्थात् अलौकिक विनाशकारक शक्ति से मारे हुए की भाँति सब प्रकार से नष्ट हो जाता है।

तस्मादेताः सदा पूज्या, भूषणाच्छादनाशनैः ।
भूतिकामैर्नरैर्नित्यम्, सत्कारेषूत्सवेषु च ॥

इसलिए अपने सुख सौभाग्य की कामना रखनेवाले मनुष्य को चाहिए कि हर एक धर्मकार्य में और उत्सवों में भूषण, भोजन और आच्छादन द्वारा सदा उनका सत्कार और उनको प्रसन्न करता रहे।

सन्तुष्टो भार्यया भर्ता, भर्ता भार्या तथैव च ।
यस्मिन्नेव कुले नित्यं, कल्याणं तत्र वै ध्रुवम् ॥

जिस गृह में अपनी पत्नी से पति प्रसन्न रहता है, और पति से पत्नी प्रसन्न रहती है, वहीं अर्थात् उसी गृह में वास्तविक कल्याण प्राप्त होता है।

अन्त में संस्कृत नाटकों तथा अन्यान्य वार्तिक पुस्तकों से इस बात का पूरा-पूरा पता लगता है कि सन् ईसवी के आरम्भ में स्त्रियों की सांसारिक स्थिति वर्तमान स्थिति से कहीं ऊँचे दर्जे की रही होगी। इसका कारण यह था कि उस समय में इस भाँति स्त्रियों को मनुष्यत्व से वंचित रखने की प्रथा न थी। उस समय बालिकाओं को लिखना, पढ़ना तथा और तरह-तरह की अनेकानेक कला कुशलता सिखलायी जाती थी। संगीतविद्या में निपुण होना उस समय स्त्रियों का आभूषण समझा जाता था। उच्च कोटि का संस्कृतज्ञान भी उस समय स्त्री संसार में प्रचुर रूप से वर्तमान था। स्त्रियाँ अपने नित्यव्यवहार के अनुसार देवस्थानों में स्नान करने के घाट पर तथा अन्य खुली जगहों में, जाया करती थीं। एक प्रकार से देखा जाये तो महाकवि कालिदास तथा भवभूति के नाटक, कादम्बरी, दशकुमारचरित्र और कथासरित्सागर, ऐसे उच्च ग्रन्थों में भी उस समय के अनेक ऐसे सन्तोषदायक प्रमाण पाये जाते हैं।

जब से हमारे देश पर विदेशियों ने हमला करना आरम्भ किया तब से सब प्राचीन व्यवस्था अस्त-व्यस्त हो गयी। स्त्रियों की "अवनति' का आरम्भ भी उसी समय में हुआ। विदेशियों ने इस देश पर अपना दखल जमा लिया और हिन्दुओं के साथ मनमाना ज़ुल्मी बर्ताव करने लगे। वे बेचारी स्त्रियों के साथ भी भाँति-भाँति का

ज़ुल्म करने लगे। दुःखी हो लोगों ने राजदरबारी, अर्थात् मुसलमानी रीतियों का अनुकरण किया। इससे स्त्रियों की रक्षा करने के हेतु स्त्रियों को छिपाकर परदे में रखने की प्रथा चलायी गयी। प्रायः सभी लोग अपनी बहू-बेटियों को मुसलमानों के भय से परदे में छिपाये रहते थे और कभी किसी के सामने नहीं निकलने देते थे। उस समय से लगातार जब तक अँगरेज़ी राज्य का प्रबन्ध इस देश में पूरी तरह से नहीं हुआ था तब तक इस देश की स्त्रियों की वैसी ही "अवनत दशा' बनी रही। इतने दिन के विशाल समय में अनेक प्रकार की जड़ता ने आकर इस देश की सीधी-सादी भोली-भाली स्त्रियों के अन्तःकरण में डेरा जमा लिया है। जब से यह देश ब्रिटिश सरकार के अधीन हुआ तब से इस सुधरी हुई राज्य-व्यवस्था के परिणाम के फल से देश में चारों ओर न्याय और शान्ति का प्रचार हुआ किन्तु फिर भी स्त्रियों पर होनेवाले अन्याय शान्त न हुए थे कि इधर कुछ सुधरे हुए लोगों ने स्त्री-शिक्षा की चर्चा चलायी।

बहनो! मैं पहले कह चुकी हूँ कि ब्रिटिश साम्राज्य होने पर न्याय और शान्ति का प्रचार होते हुए भी स्त्री जाति पर होनेवाले अत्याचार शान्त नहीं हुए थे, यही कारण था कि उस समय स्त्री-शिक्षा की चर्चा करना एक प्रकार से विवाद का विषय हो गया था। सौभाग्य से अब वह बात नहीं रही। अब हर एक मनुष्य को स्त्री-शिक्षा आवश्यक जँचने लगी है। कारण यह है कि, "समय अपना काम निरन्तर करता ही रहता है" ज्यों-ज्यों पुरुषों में ज्ञान प्राप्त करने की आकांक्षा बढ़ती गयी और शिक्षा के द्वारा यूरोपियन तथा हिन्दू जनसमुदाय में शिक्षा का प्रत्यक्ष फल दिखलायी पड़ने लगा त्यों-त्यों स्त्री वर्ग में भी शिक्षा के प्रभाव ने एक प्रकार के नवीन बल का संचार किया। भारतीय स्त्रियाँ भी, यूरोप और अमेरिका की बहनों को विद्या, कला तथा स्वतन्त्रता में बहुत आगे बढ़ी हुई देखकर जागीं उनके अनुकरण करने की लालसा हमारी बहनों में उत्पन्न हुई और अब बराबर स्त्री-शिक्षा का प्रचार क्रमशः बढ़ रहा है।

व्यवहारोपयोगी और पाठशाला में प्राप्त हुई दोनों शिक्षाओं से युक्त स्त्री को ही "भारतखण्ड की आधुनिक सुशिक्षिता स्त्री' कहना उचित है। खेद की बात है कि ऐसी सुशिक्षिता स्त्रियों की संख्या अभी इस देश में बहुत थोड़ी है। हमें पूरा विश्वास है कि आधुनिक सुशिक्षिता स्त्री अर्थात् नवीन प्रकार के समूह में पली हुई स्त्री जिसकी बुद्धि नवीन साहचर्य और समागम (Association) के लिए और ही प्रकार से परिपक्व की गयी है। अपने पुरुष के साथ स्वत्व वगैरह के बारे में कभी तकरार न करेगी। वह प्रति घड़ी अपने पति के साथ बराबरी का अधिकार प्राप्त करने की इच्छा न रखेगी वरन् वह "अपना कर्त्तव्य क्या है?' इस बात को भली-भाँति समझेगी तथा समझने की चेष्टा करेगी। अँगरेज़ी के प्रसिद्ध कवि (Tennyson) टेनीसन साहब कहते हैं—

The Woman's Cause is man's
They rise or sink together
Dwarfed or Godlike, bond or free.

If she be small, slight natured, miserable,
how shall men grow?
Let her make herself his own,
To give or keep, to live and learn
And be all that harms not

DISTINCTIVE WOMANHOOD

For woman is not undeveloped man,
But diverse; could we make her as the man
Sweet love were slain : his
Dearest bond is this-not like
To like but like in difference.
Yet in the long years like must they grow
The man be more of woman, she of man.
He gain in sweetness and in moral height
Nor loose the wrestling thews that
throw the world.
She mental breadth, nor fail in child world care.
Nor loose the childlike in the larger mind.
Till at last she set herself to man.
Like perfect music unto noble words.
Self reverent each, and reverencing reach.
Distinct in individuals, but like each other
Even as those who love Then springs
The crownig human kind
May these things be."

उसके साथ उसके शरीर की और मन की प्रसन्नता में कमी न करना होगा। योग्य ज्ञान देने में और सामाजिक आनन्द भोगने में उसके लिए किसी प्रकार का

प्रतिबन्ध नहीं हो सकता। किसी प्रकार का प्रतिबन्ध किये बिना उसको स्वतन्त्र रीति से पालना होगा।

इसलिए यह आवश्यक है कि पुत्र और पुत्री के पालन में भेद न रखा जाये। जिस प्रकार माता अपने ऊपर अपने पुत्र का पोषण भार लेती है वैसे ही पुत्री के पोषण में भी उसे ध्यान देना उचित है। कारण यह है कि वह कोई निरुपयोगी जीव नहीं है। ज्योंही बालिकाएँ पलकर ज़रा बड़ी हों उनकी शिक्षा आरम्भ करे। साधारण ज्ञान की शिक्षा के लिए लड़की और लड़कों में भेद करने की कोई आवश्यकता नहीं है। अपने देश की उन्नति के लिए हर एक व्यक्ति को शिक्षा ग्रहण करना परम आवश्यक है। भेद केवल उसमें होना चाहिए जो विषय केवल स्त्री मात्र के लिए आवश्यक हों। पुरुष अपनी सामान्य शिक्षा ग्रहण कर चुकने पर वकील, डाक्टर अथवा व्यापारी होते हैं। वैसे ही स्त्री जाति को भी कार्यक्षेत्र की अन्य दिशा में निपुणता प्राप्त करनी आवश्यक है। उसको सांसारिक कुशलता प्राप्त कर चुकने पर अनेक कलाओं में कुशलता प्राप्त करनी चाहिए। उसको संगीत विद्या, चित्र विद्या, सीना-पिरोना, रसोई, गृह-व्यवस्था, अर्थशास्त्र तथा बच्चों का पालन-पोषण आदि अनेक व्यावहारिक कार्यों में कुशल होना आवश्यक है। पुरुष पैसा कमाता है, स्त्री को वही पैसा योग्य रीति से बैपरना पड़ता है। जिसमें रोज़ कुछ पैसों की बचत हो ऐसा करना उचित है। बचाया हुआ पैसा सन्तान को योग्य शिक्षा दिलाने और समयानुसार सांसारिक जीवन-यात्रा के मार्ग में अग्रसर करने में व्यय हो सकता है।

महात्मा मनु जी ने स्त्रियों के कर्त्तव्य विषयों का इस भाँति वर्णन किया है–

सदा प्रहृष्टया भाव्यं, गृह कार्येषु दक्षया ।
सुसंस्कृतोपस्करया, व्यये च मुक्तहस्तया ।।

स्त्रियों का धर्म सदा प्रसन्न रहना, गृहकार्यों में दक्ष होना, अपने घर का सारा सामान ठीक तरह पर व्यवस्थित रीति से रखना और ऐसी रीति से द्रव्य ख़र्च करना कि जिसमें फ़ज़ूलख़र्ची न हो।

शिक्षा दो प्रकार की होती है एक तो शालाओं (कॉलेजों) में जो शिक्षा दी जाती है वह और दूसरे घर में जो शिक्षा मिलती है। नीति की शिक्षा (Moral culture) तो घर में माता-पिता से मिलती है, इसलिए छोटे बच्चों के सामने माता-पिता को बहुत ही सावधानता के साथ छोटी-छोटी बातों में भी नीति के नियमों पर ध्यान रखकर बर्ताव करना उचित है। ऐसा करने से बालकों के हृदय पर शुद्ध और निर्मल होने के कारण छोटी उम्र से ही नीति मार्गावलम्बन का प्रभाव पड़ता है। माता-पिता की यह ज़िम्मेदारी इतनी कठिन है कि बिना सुशिक्षिता स्त्री की सहायता के यह सर्वथा असम्भव है और कभी किसी प्रकार से सम्भावित नहीं हो सकता।

कन्या अच्छी तरह पढ़-लिखकर सब कामकाज में कुशल हो बड़ी हो जाय तभी उसके विवाह करने का विचार करना चाहिए और उसके साथ माता-पिता को ऐसा

बर्ताव करना चाहिए कि जिसमें सब कोई उसका आदर करे। शास्त्र में लिखा है कि-

उपाध्यायाशाचार्य, आचार्याणांशतंपिता ।
सहस्रं तु पितुर्माता, गौरवेणातिरिच्यते ।।

एक गुरु उपाध्याय से दसगुनाा बढ़कर पूज्य होता है, गुरु से भी सौगुना बढ़कर पिता पूजनीय है परन्तु अपने गौरव से पिता से भी सहस्रगुना बढ़कर माता पूजनीय मानी गयी है। अस्तु!

तात्पर्य यह है कि सब तरह से सुयोग्य होने के लिए कन्या की अवस्था पुष्ट होनी चाहिए। इसलिए बाल-विवाह तो नवीन समय में सर्वथा निन्ध है। पिता के घर में रहकर ज़िन्दगी की ज़िम्मेदारी का निर्वाह करने के उपरान्त "सरलता से अपना सांसारिक व्यवहार चला सकने की योग्यता प्राप्त कर लेने तक' कम-से-कम इतनी उम्र बीतने पर कन्या का विवाह करना इस समय में उचित जान पड़ता है। इस प्रकार की सुशिक्षिता स्त्री घर में आये तो पुरुष को सब प्रकार का आनन्द अपने घर में मिलना स्वाभाविक है। फिर उसको क्लब वगैरह का आश्रय न लेना पड़ेगा। वही घर उसको अपने लिये और अपने मित्रों के लिए क्लब से भी अधिक सुखद प्रतीत होगा। तभी हिन्दू संसार में अपने अथवा अपने पूर्वजों के बनवाये और बढ़ई पेसराज आदि मजूरों के बनाये ईंट, पत्थर, मिट्टी, चूने से खड़े किये हुए घर महाराज मनु जी के "गृहिणी गृहमुच्यते' इस वाक्य में कहे मुताबिक़ घर दिखायी देने लगेंगे।

सुशिक्षिता स्त्री इस समय में अपने घर के कामकाज से फ़ुर्सत पाने पर अपने-अपने घर ही में बैठी न रहेंगी वरन् वे अपनी बहनों की उन्नति करने के लिए उनका मनोरंजन करने के लिए, और देश को उन्नत स्थिति में लाने के लिए, सब प्रकार से प्रयत्न करेंगी। क्योंकि जैसे इस समय पुरुषों के लिए अपने और अपने कुटुम्ब के निर्वाहार्थ केवल द्रव्य उपार्जन करके बैठे रहने का अवसर नहीं है वैसे ही सुशिक्षिता स्त्रियाँ भी अपने लिये निरुद्योग बैठकर कालयापन करना उचित नहीं समझेंगी। उनसे यह कभी न होगा कि वे ख़ाली बैठी रहें। वे परोपकार के हर एक कार्य में मदद करेंगी।

अभी तक अपने देश की स्त्रियों के मस्तिष्क में नवीन समय के अनुसार उनके कर्त्तव्य में किसी प्रकार की नवीनता का संचार नहीं दिखायी पड़ता। स्त्रियों का कर्त्तव्य तीन प्रकार का कहा गया है। एक तो उन्हें अपने पति की प्रियमित्र तथा सहभागिनी होना चाहिए। दूसरे उनको अपनी सन्तान के पालन-पोषण करने योग्य शिक्षा ग्रहण करनी चाहिए। स्त्रियों का तीसरा कर्त्तव्य यह है कि वे जिस जनसमाज में रहती हों वहाँ वे अपने आचार-विचार का शुद्ध और ऊँचे प्रकार का असर पैदा करने का प्रयत्न करें। प्राचीन काल में हर एक सुधरी हुई प्रजा में और हर एक सुधरे हुए देश में यही स्त्रियों के कर्त्तव्य गिनाये गये हैं और भविष्य में भी उन्नति और सुधार के लिए निरन्तर यही तीन प्रकार के कर्त्तव्य स्त्रियों के लिए उपयुक्त होंगे।

हिन्दू स्त्रियाँ प्राचीन समय में यही तीन प्रकार के कर्त्तव्य पालन करती थीं। आधुनिक स्त्रियों को भी वही तीनों कर्त्तव्यों पालन करना है। फेर केवल इतना ही मात्र है कि जैसे-जैसे समय बदलता जाता है वैसे-ही-वैसे सांसारिक स्थिति में भी कुछ-कुछ फेर पड़ता जाता है। उस फेर-फार का अनुकरण करते हुए काम करना चाहिए। समय के फेर-फार को न देखकर केवल "जो था वही अच्छा था' यह सोचकर इसी के आधार पर बैठे रहने से अपनी उन्नति नहीं हो सकती। जो हम ऐसा करेंगी तो हमारा जन्म पशुवत् हो जायेगा। वर्तमान काल में सब प्रकार की उद्योग चपलता इतनी बढ़ रही है कि स्त्रियाँ यदि केवल अपने पतिमात्र को देवता मानकर बैठी रहेंगी तो काम न चलेगा। उनको प्रचलित आन्दोलन में भी भाग लेना आवश्यक है परन्तु इस बात पर उन्हें सदा ध्यान रखना चाहिए कि जिस स्त्री को इस संसार में उच्च शिक्षा प्राप्त हुई हो और जिसे कुछ स्वतन्त्रता प्राप्त हो उसको उसका दुरुपयोग करना और प्राचीन कथाओं के उदाहरणों को विस्मृत कर सब बात में पुरुषों का अनुकरण कर अपनी स्वाभाविक सुन्दरता का नाश न करना चाहिए। अपने देश की प्राचीन परम्परा प्राप्त भावना प्रणाली से पृथक् होने की आवश्यकता नहीं है। वे सब उदाहरण उनके उपरान्त अर्वाचीन स्त्रियों के उदाहरण भी आजकल के बदले हुए समय में स्त्रियों को ध्यान में रखना चाहिए। यह बड़े आनन्द की बात है कि अपनी कन्याओं के रोम-रोम में प्राचीन समय के श्रेष्ठ विचार बहुमूल्य हैं। परन्तु फिर भी बचपन की अवस्था में माता-पिता को बहुत ही सावधानी से इनके साथ वर्तन करना चाहिए। हिन्दुस्तान की पढ़ी-लिखी स्त्रियों ने अपनी प्राचीन काल की बहनों के वृत्तान्तों को, अपने जाति स्वभाव और अपने तीन प्रकार के कर्त्तव्यों को, जो इस लेख में एक ठिकाने गिनाये जा चुके हैं, सदा आदर किया है। मैं पढ़ी-लिखी स्त्रियों पर ज़ोर देना चाहती हूँ कारण यह कि अन्य "नयी औरतें' जिनका स्वभाव मूर्ख होने के कारण दूषित हो रहा है केवल निरुपयोगी और समय को लज्जा प्राप्त करानेवाली हैं। ऐसी स्त्रियाँ इस समय केवल अपवादमात्र समझी जाती हैं। नवीन प्रकार की सुशिक्षिता देवियों के उदाहरण से इस बात का पूरा परिचय मिल सकता है कि इस समय जो उनको अधिक सर्वगामी शिक्षा प्राप्त होती है उससे उनके व्यावहारिक सद्गुण जो स्त्रियों की सुन्दरता, चतुराई और आभूषण समझे जाते हैं कम नहीं होते। वर्तमान समय की शिक्षाओं से हिन्दू स्त्रियों के मन अथवा विचार अस्थिर हुए हों ऐसे उदाहरण सम्भव हैं मिलें किन्तु बंगाल, मुम्बई तथा दक्षिण की सब सुशिक्षिता स्त्रियों को एक वर्ग में संयुक्त कर अर्थात् एक साथ मिलाकर देखने से मालूम होगा कि वे अपने घर के कामकाज में, अपनी सन्तान की रक्षा करने में और जनसमूह के लिए उपयोगी होने में, साधारण स्त्रियों की अपेक्षा बहुत ऊँचे दर्जे पर चढ़ी हुई हैं।

आज से 50 वर्ष पहले जो शंका उत्पन्न होती थी कि अपनी कन्याओं को यदि सर्वगामी शिक्षा दिलायेंगे तो उनका गृह संसार बिगड़ जायेगा वह शंका अब नहीं रह

गयी। अनेक स्थानों में स्त्रियों को उच्च शिक्षा दी गयी है और शिक्षा प्राप्त करने पर भी वे अपने व्यावहारिक सद्गुणों को कायम रख सकी हैं। वास्तव में एक नयी बात होने के कारण स्त्री-शिक्षा ने अभी अधिक विस्तार नहीं पाया है। इससे प्रतीत होता है कि स्त्रियों के मुख्य कर्त्तव्य वर्तमान समय में यद्यपि प्राचीन काल के समान ही हैं तथापि उनकी स्थिति कुछ बदली हुई अवश्य है। इससे अपने व्यवहार के अनेक सूक्ष्म विषयों में फेर-फार हुआ है। प्रथम तो पूर्वकाल में जो शिक्षा दी जाती थी उससे अधिक ऊँचे दर्जे की शिक्षा और सर्वगामी शिक्षा आजकल के समय में देनी अभीष्ट और आवश्यक भी है। आज सैकड़ों वर्ष पहले से कथाओं द्वारा दिया हुआ शिक्षण इस समय के लिए पर्याप्त नहीं है। वर्तमान समय का, वर्तमान समय के इतिहास का, और पृथक्-पृथक् साहित्यों का, ज्ञान होना भी आजकल के समय में आवश्यक है। केवलमात्र भरतखण्ड के प्राचीन राजाओं और महापुरुषों के चरित्र और रीतिभाँति के ज्ञान से लाभ नहीं हो सकता। विदेशी प्रजाओं के इतिहास का ज्ञान भी ज़रूरी है। वर्तमानकालीन विज्ञान में आश्चर्यकारक फेर-फार और परिशोधन होता है। उसका ज्ञान प्राप्त करने की सभी को तृष्णा होनी चाहिए।

आधुनिक सुशिक्षिता स्त्रियाँ अपने देश का गौरव बढ़ाती हुई जागत में क्या हो रहा है इस बात का यथार्थ ज्ञान प्राप्त करने का प्रयत्न करती हैं। जब ये सब ज्ञान उचित रीति पर प्राप्त होते हैं तब वह स्त्री अपनी सन्तान को बहुत अच्छी तरह शिक्षण दे सकती है। साथ-ही-साथ वह अपने पति की भी आनन्ददायिनी और सहचारिणी हो सकती है। नूतन स्त्री अधिक स्वतन्त्रता की सरसता तभी समझ सकेगी जब पुरुष और स्त्रियों के समाज में घूम-फिरकर वे सामाजिक संस्थाओं में भाषण वगैरह में योग्य भाग लेंगी और घर के एक कोने में बैठकर अपने अमूल्य समय को नष्ट न करेंगी वरन् अपने घर में अपने पति और त्योंही अपने अतिथि वर्ग का मनोरंजन करेंगी। सम्भव है पुरानी लकीर के फ़कीरों को इस प्रकार का रहन-सहन अमर्यादा मालूम हो और इससे उनको भविष्य में मर्यादा भंग हो जाने का भय हो परन्तु इसमें भय का कोई भी वास्तविक कारण नहीं है। स्त्रियों के सदाचरण से पुरुष मण्डल पर भी अच्छा प्रभाव पड़ेगा। ये नवशिक्षिता स्त्रियाँ सांसारिक सुधार के कार्य में अपने प्रकार से सहायभूत होंगी। स्त्री-शिक्षा के प्रचार का प्रयत्न ये सुशिक्षिता स्त्रियाँ अत्यन्त आतुरता के साथ करेंगी। जातिभेद का बन्धन भी शीघ्र ही शिथिल होना सम्भव है। बंगाल सरीखे आगे बढ़े हुए भाग में ऐसी स्त्रियों के अनेक उदाहरण वर्तमान हैं और ऐसी स्त्रियों की संख्या दिन-दिन बढ़ती जाती है। इंग्लैण्ड आदि देशों में जाकर जिन्होंने शिक्षा प्राप्त की है वे जब वहाँ से लौटकर आते हैं तो सुशिक्षिता और कलाकुशल कन्याओं के साथ ही विवाह करना पसन्द करते हैं और ऐसी स्त्रियों के माता-पिता भी अपनी प्यारी पुत्रियों को योग्य वर मिले इसलिए सब प्रकार के बन्धनों को दूर करने के लिए तैयार हो रहे हैं। इस सुधरे हुए वर्ग में विधवाओं पर

होनेवाले अनेक प्रकार के क्रूर अत्याचार नहीं होने पाते और निरन्तर हर एक विषय पर धीरे-धीरे सुधार की मात्रा बढ़ती जाती है। यह सब सुशिक्षिता स्त्रियों के परिपक्व विचारों का ही परिणाम है।

इन सब बातों से मालूम पड़ता है कि समस्त भारतवर्ष में आजदिन जो कुछ उन्नति दिखायी देती है वह सब आधुनिक सुधार का परिणाम है। इस बात की कल्पना करने से अपने को आनन्द प्राप्त होता है। स्त्रियाँ अपने देश और प्रजा के मुख को उज्ज्वल कर सकती हैं। अपनी उन्नति से कितनी ही बातों में तो उनका अग्रगामिनी होना सम्भव है। उनको चाहिए कि सुधार के कार्य में उत्तेजना दें और उच्च प्रकार की स्त्री-शिक्षा प्राप्त करें। जातीय उन्नति के आन्दोलन में शिक्षित स्त्रियों की सहायता बहुमूल्य होगी। आशा है कि हमारे देश की स्त्रियाँ प्राचीन समय की आर्य स्त्रियों के उदाहरणों से शिक्षा ग्रहण करेंगी और अपना सुधार करने में सफल प्रयत्न होंगी। और हम आशा रखेंगी कि अपने देश की और प्राचीन समय की आर्य स्त्रियों का उदाहरण लेकर सुधार करने में वे सफल प्रयास हों और अपनी ज़िन्दगी में योग्य फेर-फार करें।

Tennyson टेनीसन साहब कहते हैं—

Everywhere two heads in council,
Two beside the hearth, two in the
Tangled business of the world,
Two in the liberal offices of life,
Two peummets dropt for one to sound
The abyss of science and the secrets of the
Mind, musician, painter, sculptor,
Critic more and everywhere the broad
And bounteous earth should bear a
Double growth fo those rare souls
Poets, whose thoughts enrich the blood of the world.

और,

Nor stanger seemed their hearts,
So gentle, so employed should close in Love
Then when two dew drops on the petal shkae
Two the some sweet air and tremble,
Deeper down and slip at once
All fragrant into one."

मर्यादा—फरवरी 1914

भारतीय स्त्रियों का उत्थान कैसे हो सकता है

मिसेज़ एनी बेसेण्ट

एकाएक यह कह देना कदाचित् कुछ असम्बद्ध मालूम होगा कि भारतीय स्त्रियों की उन्नति का एक वास्तविक उपाय यह है कि उनके मार्ग में जो अप्राकृतिक बाधाएँ पड़ी हुई हैं वे दूर कर दी जायँ और उन्हें स्वयं अपनी उन्नति करने का अवसर दिया जाये। आधुनिक समय में बहुत कम लोग इस बात को अनुभव करते हैं कि भारतीय धार्मिक और राजनैतिक इतिहासों में भारतीय स्त्रियों ने कितना बड़ा भाग लिया था। 19वीं शताब्दी के आरम्भ तक भारत की कितनी ही प्रसिद्ध स्त्रियों के नाम गिनाये जा सकते हैं, और यह एक विचित्र संयोग की बात है कि ज्यों-ज्यों यहाँ ब्रिटिश राज का अधिक प्रसार होता गया त्यों-त्यों लोकसेवा के क्षेत्र से भारतीय स्त्रियों का लोप होता गया! यह एक अत्यन्त आश्चर्यकारक घटना है, तथापि यह निस्सन्देह अपूर्वचिन्तित और अवांछित है। इसका कारण अंशतः यह हो सकता है कि पुरुषों को तो अँगरेज़ी प्रणाली से शिक्षा दी गयी और इसके साथ-ही-साथ स्त्रियों ने प्रायः अपनी पुरानी शिक्षा खो दी और नयी से भी उन्होंने कोई विशेष लाभ नहीं उठाया। वर्तमान समय में भी भारतीय स्त्रियों के स्वभाव से वीरता, आत्मत्याग और लोकसेवा के गुण—जिन गुणों ने भूतकाल में भारतीय स्त्रियों को प्रसिद्ध किया—लोप नहीं हो गये हैं। इसका प्रमाण हमें दक्षिण अफ्रीका में मिल रहा है, जहाँ भारतीय स्त्रियाँ अपने पतियों और पुत्रों के साथ जेलों की कुल यातनाओं का सामना कर रही हैं। यह क्यों? क्योंकि पुरुषों के जो सार्वजनिक हित और आकांक्षाएँ हैं उनमें स्त्रियों का भी हिस्सा है। इसीलिए विपत्ति के समय प्रत्येक कठिनाई के सहने में स्त्रियाँ पुरुषों का साथ दे रही हैं। भारतीय स्त्रियों के हृदयों में प्राचीन भाव (साहस) अब भी छिपा हुआ पड़ा है और यदि पुरुष उसका आह्वान करें तो यह जागृत और तत्पर हो सकता है। स्त्रियों को सुविधा और अवसर दो और फिर देख लो कि मातृभूमि को अपनी पुत्रियों के कारण लज्जित होने की कुछ आवश्यकता न रह जायेगी। यदि

और अधिक प्रमाण की आवश्यकता है तो उन वक्ताओं को पढ़ लो जो दक्षिण अफ्रीका के उत्पीड़ितों के सम्बन्ध में वहाँ भारतीय स्त्रियों ने दी हैं। इससे न केवल उनकी सामाजिक अवगति ही प्रकट होती है वरन् इनकी एक-एक पंक्ति से उत्साह और सहानुभूति की धारा बह रही है।

पिछले इतिहास पर क्षण-भर दृष्टि डालने से ऊपर कही हुई बातें प्रमाणित होती हैं। प्राचीन समय में स्त्रियों के लिए दो मार्ग खुले थे। या तो वे साधारणतः पत्नी और माता होती थीं अथवा वे ब्रह्मवादिनी होकर मुक्ति प्राप्त करने के लिए तपस्वियों की तरह जीवन व्यतीत करती थीं या गृहस्थ की तरह जीवन व्यतीत करती थीं या गृहस्थ जीवन समाप्त होने पर ये ब्रह्मज्ञान को प्राप्त करती थीं, जैसा कि मैत्रेयी ने याज्ञवल्क्य से सीखा था अथवा अपने पति के साथ वानप्रस्थ आश्रम में प्रवेश कर सकती थीं। सार्वजनिक कार्यों में भी स्त्रियाँ भाग लेती थीं। देखो भरी राजसभा में राजाओं और सेनापतियों के बीच में गान्धारी ने अपने पुत्र को समझाया था। प्राचीन इतिहास को छोड़कर जिसको आजकल बहुत लोग केवल क़िस्सा ही मानते हैं, हाल के समय में भी हमें प्रसिद्ध स्त्रियों के उदाहरण मिलते हैं। मेवाड़ की पद्मिनी को याद करो जिसने 1275 ई. में अपने पति को क़ैद से छुड़ाया और पुरुषों के अन्तिम बार रण-क्षेत्र में जाने पर समस्त स्त्रियों को लेकर अग्नि में भस्मीभूत हो गयी। 1535 ई. की घटना का स्मरण करो जब उसी प्रसिद्ध नगर की राजमाता (जवाहरबाई) ने दीवाल की दरार में से अपनी सेना को निकालकर रण-क्षेत्र में सैनिकों सहित अपनी जान दी। 1516 ई. की बात सोचो जब एक वीर लड़के को छोड़कर सब सरदार मर चुके थे, उसकी माता ने उसे मृत्युसूचक केसरिया बाना पहनाया और उसकी बाल-वधू के सहित हाथ में वर-रथ लेकर उसने रण-क्षेत्र में जाकर अपने प्राण दिये। लड़के को अकेले इसलिए जाने नहीं दिया कि जिसमें उन्हें पीछे छोड़ जाने के ख़याल से उसके हृदय में निर्बलता न उत्पन्न हो जाय। अथवा ताराबाई चाँदबीबी या इन्दौर की प्रसिद्ध रानी अहिल्याबाई का उदाहरण लो, जो 1805 ई. में मरीं। मातृभूमि की पुत्रियों ने कैसे-कैसे कार्य किये इसको दिखलाने के लिए विस्तृत इतिहास पड़ा हुआ है— और इसीलिए मैं कहती हूँ कि उनकी उन्नति का पहला उपाय उनके पिताओं, पतियों और पुत्रों के हाथ में है उनको अवसर दो।

दूसरी आवश्यकता उनकी यथेष्ट सहायता करने की है। पहले शिक्षा का प्रबन्ध होना चाहिए। यह अत्यन्त आवश्यक है कि लड़कियों की शिक्षा का कार्य सर्वथा अपनी अधीनता में रहे और भारत की तीन प्रसिद्ध जातियाँ हिन्दू, मुसलमान और पारसी स्वयं शिक्षाप्रणाली को निश्चित करें—यद्यपि इसके निश्चय में जैनियों और सिक्खों की बात पर भी ध्यान देना होगा। भारतीय लड़कियों की शिक्षा का कार्य विदेशी मिशनरियों के हाथ में जाने देना भारतीय राष्ट्रीयता की आशा का नाश करना

है और इसके परिणाम में निश्चय ही जो आध्यात्मिक पतन होगा उसकी बाबत मैं यहाँ कुछ नहीं कहती। मिशनरियों के प्रभाव से कैसी दुर्दशा उपस्थित हो सकती है इसकी चेतावनी हमें पण्डित रमाबाई की ख़राबी से अच्छी तरह मिलती है। उक्त विदुषी भारत में स्त्रियों की शिक्षा की नेत्री हो सकती थी। वह अपने वंश और विद्वत्ता से नेतृत्व की अधिकारिणी थी किन्तु उसकी प्रक्रिया ने उन्नति के चक्र को 20 वर्ष के लिए उलटा चला दिया और अब भी उसका उदाहरण बहुत लोगों को स्त्री-शिक्षा का विरोधी बनाये हुए है।

लड़की के धर्म के अनुसार शिक्षा धार्मिक और नैतिक होनी चाहिए; शिक्षा साहित्यिक भी होनी चाहिए और देशी भाषा के साहित्यिक ज्ञान के अतिरिक्त एक प्राचीन भाषा और अँगरेज़ी भी पढ़ायी जानी चाहिए। अँगरेज़ी की शिक्षा इसलिए आवश्यक है कि जिसमें वह अपने पति के देश-हित-सम्बन्धी उद्देश्यों और कार्यों से सहानुभूति रखने योग्य हो सके। शिक्षा वैज्ञानिक भी होनी चाहिए अर्थात् स्वास्थ्य और स्वच्छता के नियमों का ज्ञान, खाद्य पदार्थों के गुण और व्यवहार, गृहचिकित्सा और "प्रथम सहायता'- भारतीय कलाकौशल शारीरिक व्यायाम इन सबके सम्बन्ध में कुछ कुछ ज्ञान बहुत आवश्यक है। यहाँ मैंने साधारण शिक्षा की केवल मोटी-मोटी बातें कही हैं।

इसके अतिरिक्त उन लड़कियों की उचित शिक्षा के लिए सुभीता होना चाहिए जो शिक्षिका, डाक्टरनी या दाई होना चाहती हैं। सन्तानहीन विधवाओं की ख़ेदजनक बड़ी संख्या में से उपर्युक्त प्रकार के काम करनेवाली स्त्रियाँ निकाली जायेगी। इन स्त्रियों के लिए, और अन्य लड़कियों के लिए, जो उच्चतर शिक्षा प्राप्त करना चाहती हैं, कॉलेज और "शिक्षा-गृह' स्थापित होने चाहिए जिनमें वे यूनिवर्सिटी की डिग्रियों के लिए उच्च शिक्षा प्राप्त कर सकें। इनमें से कुछ में स्त्रियों के अस्पताल भी खुलने चाहिए, जिनमें दाइयों आदि की शिक्षा का भी प्रबन्ध रहे। "विधवाश्रम' के बजाय मैं "शिक्षागृह' के नाम का इसलिए प्रस्ताव करती हूँ कि एक तो "विधवा' शब्द को भारतवासी शुभ नहीं समझते, दूसरे सयानी अविवाहित लड़कियों को भी उनमें प्रवेश करना आवश्यक होगा।

यह और बतला देना वांछनीय है कि भारतीय स्त्रियों की उन्नति के लिए बाल-विवाह की प्रथा दूर होना अत्यन्त आवश्यक है, और इसीसे बालविधवाओं का अन्त होगा। 16 वर्ष की अवस्था के पहले, अर्थात् जब तक वह 17वें वर्ष में प्रवेश न कर चुके, किसी लड़की का विवाह नहीं होना चाहिए। यह भी सबसे छोटी अवस्था है जब वह मानसिक दृष्टि से विवाह योग्य होती है, और इस अवस्था में भी उसे मैं माता होने योग्य नहीं कह सकती।

बाल-विवाह-निराकरण के अनन्तर कुछ और आवश्यक सुधार ये हैं--

पर्दा की प्रथा, जहाँ वह प्रचलित है, दूर की जाय और सामाजिक उत्सवों के अवसरों पर यूरोपियन स्त्रियों के साथ भारतीय स्त्रियाँ भी उपस्थित हुआ करें- पुनर्विवाहित स्त्रियों का बहिष्कार बन्द किया जाये; रण्डियों का अन्त किया जाय- "सिविल' विवाह जायज़ बनाये जायें और ऐसे विवाह करनेवालों को हिन्दू न होने की शपथ न देनी पड़े; युवतीविवाह भी जिनके जायज़ होने में कुछ सन्देह किया जाता है जायज़ माने जायें और लड़कियों को मन्दिरों को समर्पित किया जाना क़ानून से रोका जाये।

मुझ सच्ची भारतहितैषिणी और सेविका को भारतीय स्त्रियों की उन्नति के जो उपाय मालूम पड़े हैं उनका वर्णन मैंने यहाँ स्थूल रीति से किया है।

स्त्री-दर्पण : जुलाई-सितम्बर 1914

विधवा-विवाह

श्रीमती प्रज्ञासुन्दरी

(प्रज्ञासुन्दरी नाम की एक बंगाली महिला ने एक पत्र में विधवा-विवाह के आन्दोलन के विषय पर अपनी सम्मति प्रकाशित की है, उसी का अनुवाद स्त्री दर्पण की पाठिका और पाठकों के लिए यहाँ पर दिया जाता है। इस सम्बन्ध में पुराने विचारवाली पढ़ी-लिखीं स्त्रियाँ कैसा समझती हैं, इस लेख से मालूम होगा। प्रज्ञासुन्दरी जी ने पुरुषों के नाम यह पत्र लिखा है। आपकी समझ ऐसी है कि जो लोग विधवा-विवाह का आन्दोलन कर रहे हैं वह ज़बरदस्ती विधवा का विवाह करना चाहते हैं परन्तु आज तक यह किसी ने नहीं कहा। आन्दोलन केवल उनके वास्ते है जो स्वयं ही पति करना चाहती हैं कि वह बुरे रास्ते पर न चलें।)

“एक ही भगवान् पुरुष और स्त्री दोनों के सृजनहार हैं। तुम लोग किस पुण्य के ज़ोर से पुरुष हो, और हम किस पाप के फल से नारी हुईं, इसका कारण अज्ञात है। पर इतना मैं जानती हूँ कि सृष्टि-रचना के आरम्भ से आज तक तुम लोग हमको शरण देनेवाले और हमारे भाग्य चलानेवाले हो—हमारे दुःख-सुख के विधाता हो। हम तुम सबकी आश्रित हैं, अनुगत हैं, तुम्हारी चलायी चलती हैं—तुम्हारी इच्छानुसार सुख-दुःख भोगने में लगी रहती हैं। असली बात कही जाये तो तुमही हमारे सर्वमय मालिक हो, हमारे इस लोक के ईश्वर हो। तुम तो रख सकते हो, मारना चाहो तो मार भी सकते हो। तुम जी चाहे तो हमको सुखसागर के जल में डुबा सकते हो- और दुःख की तीखी आँच में हमको जलाने की शक्ति भी तुममें है। तुम्हारी मति की गति रोकने की शक्ति स्त्री-जाति को नहीं है। सो कहने में कुछ बढ़ाकर कहने का दोष न लगेगा कि तुम लोग हमारी नैया के खेवैया-जीवन-तरणी के कर्णधार हो। जीवन-राज्य के एकक्षत्री राजा हो। नारी-जाति के सुख-दुःख उन्नति-अवनति के विषय में चिन्ता करने का अधिकार और भारी जवाबदेही भी तुम्हारे ही हाथों में है—हम इस बात को बिना माने नहीं रह सकती। प्रज्ञापुत्र की सुख-स्वच्छन्दता का उपाय रचना और उनकी अवनति को रोकना जैसे राजा के लिए चिन्ता करने का

विषय है उसी तरह तुमको भी नारी-जाति की सुख-शान्ति बढ़ाना और दुर्दशा दूर करने के लिए चिन्ता-शक्ति और कार्य-शक्ति लगाना अवश्य चाहिए। हम इतनी बात नहीं समझती ऐसा मत सोचना। समझती हैं, इसीलिए तुम्हारी चाल-ढाल, कामकाज के ढंग और उनके फल को हम धीर नयनों से चुपचाप देखा करती हैं। जब तक बिलकुल असह्य नहीं होता, या कलेजा फटने नहीं लगता, तब तक हम मुँह खोलकर कुछ बोलती नहीं। स्त्री-जाति की यही साधारण प्रकृति है। मैं भी नारी होकर नारी-जाति के इस साधारण स्वभाव के बेबसी को नहीं लाँघ सकी हूँ, वर्तमान समय में भारत की हिन्दू ललनाएँ अनेक भाँति की दुःखदायी दुर्दशास्त्रों की कीचड़-भरी वेगवती धारा में बहती हुई अँधेरे में छिपे हुए किस अनजान आपत्ति भरे ठौर को बढ़ती चली जाती हैं, उसका पता लगाना धर्मात्मा, बुद्धिमान् पुरुषमात्र ही के कर्त्तव्य कामों में से होना चाहिए। हम लोग भाँति-भाँति की शोचनीय दशाओं से व्याकुल हो रही हैं—तुम सब चाहो तो हमारी दशा की बहुत-कुछ उन्नति कर सकते हो; तुममें ऐसी शक्ति की कमी नहीं है। पर वैसी सुमति हमारे दुर्भाग्य के गुण से तुम्हारे मन में क्यों जगने लगी? तुम लोग हितैषी का जामा पहन राह भटककर कुराह में दौड़ रहे हो; हमारा इष्ट करने के बहाने अनिष्ट कर बैठते हो। बात का बतंगड़ करके हमको तंग किये डालते हो। आजकल हमारी दूसरी तरह की हित चिन्ताओं से छुट्टी लेकर तुम सबने विधवा-विवाह के आन्दोलन से सारे भारतवर्ष में तूफ़ान मचा रखा है। विधवा-विवाह के पक्ष-विपक्ष में तुम पुरुष लोग दो दल बनकर (युक्ति), तर्कवाद, विवाद की लहरों से सारे देश को पवित्र बना रहे हो, यह मैं बहुत दिनों से देख रही हूँ। अब तक मैं चुप साधे बैठी थी। पर अब और मुझसे नहीं रहा जाता। तुम्हारी बेभोगी हितैषिता की ज्वाला से रमणी-कुल व्याकुल होने लगा है। उन्हीं में से कुछ स्त्रियों के बहुत कहने-सुनने पर आज मैं भी तुम सबको कुछ हितोपदेश देने आयी हूँ। आशा करती हूँ तुम मेरे उपदेशों पर भी ध्यान दोगे! इधर तुम लोग विध ावा-रमणी के दुःख से अति मात्र दुःखी जान पड़ते हो—सहानुभूति से तुम्हारी करुणाभरी आँखें आँसू से भर गयी हैं— उनको दूसरे पुरुषों के हाथ डाल देने व सकने से तुम्हारी आँखों में नींद या कलेजे में चैन नहीं आने पाती। इस बात को जानकर हम सुखी हैं। और तुम्हीं लोगों में से एक दल (जिसको तुम लोग अनुदार के नाम से पुकारते हो) तुम्हारे सोचे हुए नये सुख पाने के, विधवा-जीवन की सफलता के, काँटे बनकर तुम्हारा मुकाबला करने को खड़ा हो गया है—तुम्हारी भूल बता देने को तैयार है इसे भी जानकर हम सुखी हैं। तुम दोनों विरोधी पक्षों से हम बराबर प्रीति कैसे रख सकती हैं, इस बात को सोचकर तुम हैरान होते होगे। पर थोड़ी-सी चिन्ता करने ही से हैरानी का कारण नहीं रहता, उचित या अनुचित कुछ भी क्यों न सिद्ध कर सको, उससे नारी-समाज का कुछ नहीं बनता-बिगड़ता। विवाह में बाप भाई आदि सरक्षकों का अधिकार रहा करता है। पर दूसरे पुरुष को अपनाने का काम स्त्री

की इच्छा पर निर्भर है। अभी तक जो सब रमणी समाज की कलंक (या कारिख) इन्द्रिय लालसा के वशीभूत होकर पुरुषान्तरों को सुख पहुँचा रही है, उनको शास्त्र के आदेशों की बाट नहीं देखनी पड़ती। तुम लोग ज़बरदस्ती हम लोगों को पुरुषान्तरों की गोद में नहीं सुला सकोगे और तुम्हारे शास्त्रीय प्रमाणों या अद्भुत युक्तियों से मोहित होकर हम लोग दंगल बाँध-बाँधकर अपनी नस-नस में भरे हुए संस्कारों को छोड़कर दूसरे पुरुषों के शरण लेने लग जायेंगी, ऐसी बात कभी मन में मत बैठने देना। ऐसा समझोगे तो तुम्हारी बड़े चाह की विधवा-विवाहवाली विधि (जिसे तुमने शक्तिरूपी गौ को दुहकर पा लिया है) सहवास-सम्मति के क़ानून की भाँति अनावश्यक ही प्रचार करने लगेगी। नारी-समाज की दस-पाँच चरित्रहीना जैसे सभी काल में नारी-जाति के देवीचरित्र का अपमान करती आयी हैं तुम्हारी सहानुभूतिवाली व्यवस्था के बल से भी वैसा ही—इससे ज़्यादा की आशा न रखना। अब भी कुलटाएँ जैसे समाज से बाहर रहकर तुम लोगों को प्रसन्न किया करती हैं—समाज की घृणा से उत्पन्न नाक भौंहों के सिकुड़न सहा करती हैं, तुम्हारी चेष्टा से विधवा-विवाह यदि वैध गिना जाने लगे, तो तब वे समाज में मिली रहकर तुमको सुख पहुँचाने में समर्थ हो जायेंगी, इतना ही उनको लाभ होगा। पर भूलना मत, रमणी-समाज उनके लिए सम्मान, श्रद्धा, आदर या प्रीति का .ख़ज़ाना खोलकर नहीं रख देगी। तुम जैसे चरित्र को तुच्छ खिलौना समझा करते हो, नारी-जाति वैसा नहीं समझती। वह चरित्र को प्राणों से भी प्यारा समझती है। तुम लोग नारीचरित्र को भली प्रकार समझ नहीं सकते—विशेष करके हिन्दू-रमणी के चरित्र की विचित्रता समझने की योग्यता तुम अपनी बिगड़ी हुई शिक्षा और नीच संगति के कारण खो बैठे हो। इसीलिए हमारी जाति की सम्मति अच्छी तरह बिना लिये ही (हमारी भलाई के ही लिये इस रीति को चला रहे हो तुम ऐसा ही समझते हो) बेसमझ की तरह अड़ियलपन से विधवा-विवाह का आन्दोलन बड़े ज़ोर से मचा रहो हो। सारा संसार देख रहा है कि आजकल तुम लोग बड़े शास्त्रभक्त बन गये हो। इस बात पर ज़रूर सुखी होना चाहिए, परन्तु तुम्हारे काम के ढंग देख-देख हमारे मन में भय व्यापने लगा है।

शास्त्र हैं असंख्य—उनकी विधि व्यवस्था भी अनन्त हैं। जो जैसा चाहता है वैसा ही पा लेता है। एक समय जो व्यवस्था किसी समाज के लिए कल्याणकर थी, धीरे-धीरे वह समाज के लिए और हितकर न रहने से शास्त्रकारों ने उसे रोक दिया, और समय के लिए नयी विधियाँ भी बनायी थीं। इसी तरह से समाज के उलटफेर के साथ-साथ शास्त्र-विधियों में भी बहुत हेरफेर हो गये हैं। तुम लोग उस बात को भूलकर अकेले शास्त्रों की ही दुहाई पीटकर अनहोनी को होनी बनाना चाहते हो, अचलन को चलाना चाहते हो। इससे समाज कैसी विकृत दिशा में बदल जायगा, इसे सोचते ही शरीर के रोंगटे खड़े होने लगते हैं। मान लो कि तुम जैसे विधवा-विवाह को शास्त्र-सम्मत बताकर हिन्दू समाज को उसे अपना लेने के लिए कहते हो, उसी

तरह अगर कोई दूसरा शास्त्रदर्शी कहे कि हिन्दू लोग दिनोंदिन जिस प्रकार क्षीण, दुबले-पतले, रोगी और निकम्मे होते जाते हैं, उसी तरह कुछ दिनों तक होता रहा तो हिन्दुओं का निर्वंश हो जाना सम्भव है। अतः जाति को जीवित रखने की इच्छा हो तो पुष्टिकर तेजस्कर गोमांस, मुर्गी का मांस भोजन करने की व्यवस्था समाज में चला देना बहुत ही आवश्यक है। फिर यदि कोई उदार मतवाले शास्त्रज्ञानी कहें कि अकेले औरस और दत्तक पुत्र ही वैध पुत्र गिने न जाकर, प्राचीन काल के बारहों प्रकार के पुत्र ही वैध रूप से समाज में ले लिये जावें तो सामाजिक मनस्ताप बहुत-कुछ घट सकता है। एक दूसरे साम्यवादी शास्त्रविशारद अगर थोड़ा-सा और आगे बढ़कर कहने लगें कि पुरुष जाति की वह बड़ी ओछी स्वार्थपरता है कि वे बहुत-सी पत्नियों से घिरे हुए चन्द्रमा की भाँति शोभा पाते रहें, और नारियाँ एक ही पति पाकर अपना भाग्य सराहा करें, वे भी क्यों नहीं बहुत-से पतियों का सुख भोगने पावें? क्या यह रीति अनुचित या अनुदार नहीं है? पुरुषों के बहुपत्नीत्व के बराबर स्त्रीसमाज में भी बहुपतित्व चलाया जा सके तो समदर्शिता का परिचय दिया जा सकता है। कहो तो शास्त्रों की दुहाई देकर वे लोग ऊपर लिखे हुए प्रस्तावों को उपस्थित करें तो क्या कोई उनका प्रतिवाद करने की शक्ति रखते हो? पूर्वकाल में हिन्दुओं में गोमांस पवित्र और उत्तम खाद्य माना जाता था; यहाँ तक कि पितरों की तृप्ति के लिए श्राद्धों और नृयज्ञों में गोमांस देने के बहुत प्रमाण शास्त्रों में मिलते हैं। क्षेत्रज, गोलक, कानीन आदि निन्दित और समाज से दूर निकाले हुए पुत्रगण पौराणिक युग में समाज में मिले हुए थे और पिण्डदान के अधिकारी भी समझे जाते थे। रमणी के लिए बहुपतित्व भी बुरा नहीं समझा जाता था— इसके भी प्रमाणों की कमी नहीं है। बहुत दिन की बात जाने दीजिये, महाभारत के समय में भी इन सब प्रथाओं का बिलकुल लोप नहीं हुआ था। मैं पूछती हूँ, उन सब पौराणिक प्रथाओं को (वर्तमान काल में जिन प्रथाओं को तुम घृणा की दृष्टि से देखने लगे हो जिन प्रथाओं को फिर जारी करने की बात सोचते भी संस्कारवश तुम्हारे मन में दारुण दुःख होने लगता है—उन्हीं प्रथाओं को) फिर चलाने के लिए कितने मनुष्य यत्न करते हो? तब तुम शास्त्रानुसार चलोगे या समाज के लिए उसे अनुपयोगी समझकर छोड़ दोगे? अवश्य ही तुम लोग समाज की पवित्रता और उसका स्वास्थ्य बना रखने के लिए पौराणिक शास्त्रोपदेश को गले में धक्के मारकर निकाल दोगे। विधवा-विवाह एक दिन हिन्दू समाज में प्रचलित था ऐसा अनुमान किया जा सकता है। चाहे जिस कारण से क्यों न हो, इसका रोक देना समाज के लिए हितकर और स्वास्थ्यकर समझे जाने से ही यह बन्द हो गया है। कुछ काल से उसी पुरानी अचल प्रथा को फिर चलाने की उपयोगिता फिर समाज के शरीर में क्यों दिखायी पड़ने लगी है, समझ में नहीं आती। विधवा-विवाह के चल निकलने पर कौन-सा स्वर्ग का द्वार खुल जायेगा, तुम्हीं लोग जानते हो।

अभी वह दिन नहीं आये हैं कि नारी-जाति से पुरुष की संख्या बहुत अधिक बढ़ गयी हो। देखा जाता है कि अकेली कुमारियाँ ही पुरुषों के लिए पूरी तरह से पत्नी नहीं पहुँचा सकतीं– पुरुषगण ही स्त्रियों के बिना पिण्डलोप के डर से भयभीत देख पड़ते हो। यदि ऐसा ही होता तो कुलनाश के डर से विधवा-विवाह जारी कर देने का समर्थन किया जा सकता। सभी लोग जानते हैं कि जहाँ-तहाँ कुमारियों के ब्याह के सम्बन्ध में भी कैसी भयंकर अनीतियाँ हुआ करती हैं। बहुधा अट्ठारह-बीस वर्ष की बेब्याही कन्याओं के पति नहीं मिलते। विधवा-विवाह के समर्थन करते समय तुम लोगों में से कोई-कोई कहा करते हैं कि, "कैसे अन्धेर, कैसी ज़बरदस्ती की बात है कि साठ-सत्तर वर्ष का बुड्ढा पुरुष तो किशोरी का पाणिग्रहण कर ले, परन्तु किशोरी का पति मर जावे तो उसे जन्म-भर रँड़ापे में पड़ी-पड़ी गरम उसाँसें ले-लेकर धरती तपानी पड़े। पुरुष व्यभिचारी होने पर भी हँसता-खेलता समाज में विचार करो, नारी से वैसा ही कोई दोष हो जावे तो वह समाज से बाहर निकाल दी जावे।'' ऐसी बातें सुनने में न्याय से भरी हुई जान पड़ती हैं। परन्तु तनिक विचार कर देखा जावे तो विचारशक्ति की तेज़ी का पता नहीं चलता। दाहिने हाथ में घाव हो जावे तो कौन निर्बुद्धि दोनों हाथों की बराबरी बना रखने के लिए बायें हाथ में भी घाव कर लेने का प्रयत्न करेगा? उस घड़ी क्या कोई यह भी कहता है कि जब दाहिने हाथ में घाव हो गया है तो बायें को भी घायल कर लो। ऐसा कोई भी नहीं कहता। सभी लोग एक राय होकर घायल हाथ ही को भला चंगा कर लेने के लिए कहा करते हैं। क्या तुम लोग इस तनिक-सी भूल को नहीं पकड़ सकते? तुममें से कुछ लोग कहा करते हैं कि "विधवाओं का विवाह जारी किये बिना हिन्दू-समाज में पाप की प्रबल धारा दिनोंदिन बढ़ती ही जायेगी– समाज को पवित्र रखने के लिए कोई दूसरा उपाय नहीं है। यह जो वारांगना राक्षसियों की गिनती बढ़ती रहने से परिवारों के शान्तिमय मन्दिरों की छाती पर श्मशान जैसी आग सुलगा करती है– गुप्त प्रेम के कारण भ्रूण-हत्या–गर्भनाश–नरहत्या के पाप से धरती जला करती है; समाज में शठता, कपटता, निठुराई आदि नीच कर्मों को शरण मिल जाती है; यह सब अकेले विधवा-विवाह को जारी कर देने से बहुत-कुछ रुक सकते हैं।" नारीजाति के लिए यह लज्जा की बात होने पर भी मैं इसे मान लूँगी कि हम लोगों में से खोटी चरित्रवालियों में गुप्त प्रेम आदि के कारण गुप्त-हत्या गर्भनाश आदि कुकर्म होते देख पड़ते हैं; उनमें से बहुत-सी स्त्रियाँ प्रीति की तेज बाढ़ में बहकर घर नहीं रह सकतीं और कुल छोड़कर समाज के मुँह पर कारिख पोत देती हैं; शठता, कपटता, निठुराई आदि के कारण राक्षसी स्वभाव धरकर समाज के लिए भय का कारण बन जाती हैं। इन सब सच्ची बातों की तर्क पर अड़ी रहने के लिए मैं छिपाना नहीं पसन्द करती। ऐसी नीचता मुझसे नहीं होगी। पर मैं डरती-डरती तुम लोगों से एक बात पूछना चाहती हूँ– क्या विधवा-विवाह चलाने के सिवाय समाज की पवित्रता और

नारी-जाति की अधोगति रोकने का कोई दूसरा उपाय नहीं है?

विधवा-विवाह के पक्ष और विपक्ष दोनों पक्षवालों से मैं विनती करती हूँ कि तुम लोग सिर्फ़ एक पक्ष विधवा-विवाह का समर्थन और दूसरा पक्ष उसका विरोध करके समाज की शान्ति और पवित्रता को अटूट रखना मत चाहो। ऐसा करने से किसी पक्ष की मनोकामना पूरी न हो पावेगी। आपस के झगड़े के फल से तुम्हारी इतनी चेष्टा सब निष्फल हो जायेगी। यदि तुम लोग दोनों पक्षवाले यही चाहते हो कि समाज का पाप ताप दूर हो, शान्ति और पवित्रता आ जावे, तो विधवा-विवाह के आन्दोलन को कुछ समय के लिए विस्मृति के क़ैदख़ाने में बन्द करके आत्मदर्शन में मन लगा दो। तुम लोग अपने पुरुष-समाज को सच्चे मन से ध्यान लगाकर देख-भाल करो। सम्हलकर विचारोगे तो तुमको देख पड़ेगा कि तुम्हारे अंग-अंग में कैसे-कैसे पाप के घाव चोट और तुम्हारे कलेजों में कैसी भारी पाप की जीती जागती सजीव मूर्तियाँ बनी हुई हैं। तुम अपने शरीर के घावों को बिना इलाज किये बढ़ाते जाते हो– पाप की मूर्ति को बड़े चाव से मोटी-तगड़ी और सबल बना रहे हो। सभ्य संसार देख-देखकर दर्द भुगत रहा है। पर तुम्हारा अनुभव कहाँ है? समाज-व्याधि के लक्षण तुमने नहीं जाने ऐसा नहीं कहा जा सकता। परन्तु व्याधि का असली कारण क्या है, इसके लिए तुम जो सब अनोखे-अनोखे कारण बता रहे हो, और उनकी पुष्टि के लिए जो सब विधियाँ निकाल रहे हो, उनसे समाज का स्वास्थ्य सुधर सकेगा, ऐसा तो नहीं जान पड़ता। सामाजिक सब प्रकार के पापों की खान है तुम लोगों का पुरुष-हृदय– वह नारी-हृदय कभी नहीं है। इतनी बात की सुधि रख यदि तुम समाज की पवित्रता व प्रतिष्ठा बढ़ाने की नियत से आगे बढ़ो तो बहुत शीघ्र पवित्रता पाकर शान्ति भी ला सकोगे। और कितने दिन तुम स्त्रियों के कलंक की कथा ही का ढोल पीटा करोगे पर अपने हृदय को टटोलकर न देखोगे? अपने शरीर का पता न लगाने से तुम्हारे शरीर का घाव गहरा होने लगा है; उसकी दुर्गन्ध से दूसरों के प्राण निकलने लगे हैं। तुम्हारे पुरुषत्व की जीवनी-शक्ति घट रही है, क्या एक बार इसे न सोचोगे? नारी-जाति के नाम से जितने कलंक मढ़े जाते हैं, उनके आगे-पीछे क्या तुम्हारे पापी कलेजे काम नहीं कर रहे हैं? ख़फ़ा मत होना, नारी-जाति तुम्हारे भय से बाघ से डरी हुई हिरणियों की भाँति बन रही हैं, जिस पर भी आज सच्ची बात कहते समय मैं तुमसे डरकर बातें न कहूँगी। तुमने हमारे जीवन को क्या-क्या हानि न पहुँचायी है? तुम्हारी नारियों का कुछ अंश घर से बाहर निकल दस आदमियों का मनोरंजन कर रहा है– पाप की नदी की गहराई चौड़ाई बढ़ा रहा है– इस लोक परलोक दोनों लोक खो बैठा है–बताओ तो इन सबको घर से बाहर किसने निकाला? तुम्हारे ही फुसलाने से, लालच दिलाने से, तुम्हारी ही सहायता पाकर क्या उन लोगों ने वैसा घृणित जीवन नहीं पाया है? क्या तुम्हारे ही कारण उनको समाज में कुल-कलंकिनी का नाम नहीं मिला है? गुप्त-हत्या, गर्भनाश आदि जिन पापों में रमणी फँस जाती है, क्या वह

तुम्हारे ही हीन-चरित्र इन्द्रिय-सेवा की सहायता करने जाकर ही स्त्रियाँ ऐसा महादुस्तर पाप की कीचड़ में अपने-आपको नहीं फँसातीं? यदि तुम लोग सच्चरित्र होते तो नारी-जाति कभी कलंक के समुद्र में गोता लगाने का अवसर न पाती। ऐसी किसी रमणी का नाम नहीं सुना गया जो स्वयं आगे बढ़कर किसी पुरुष को पाप पथ पर घसीट लाती हो। सभी जगह पुरुष ही पाप का रास्ता बतानेवाला होता है। यदि तुम लोगों ने सचमुच समाज की हितकामना ही मन में ठान रखी हो तो सबसे पहले अपनी पुरुष्र-जाति की उन्नति करने की चेष्टा करो उनको इन्द्रिय-परायणता, नशेबाज़ी आदि सब प्रकार की दुर्नीतियों से घुमाकर सच्ची राह पर लाने का यत्न करो। अपने लोगों में स्त्री-जाति की नाईं एक से अधिक बार विवाह करना बन्द कर दो। ब्रह्मचर्य की प्रतिष्ठा करो। मन का बल और शरीर का स्वास्थ्य दृढ़ बन जायेगा। समाज भी स्वास्थ्य पाकर तुम्हारे लिये शान्तिदायक हो जावेगी। तब समाज की पवित्रता बना रखने के लिए और चिन्ता न करनी होगी। साठ-सत्तर वर्ष के बूढ़ों के ब्याह क़ी बात कहानी मात्र रह जायगी। विधवा-विवाह के प्रस्ताव से लज्जा होने लगेगी। तुम लोग वर्तमान समय में प्रवृत्ति की आग में ईंधन लगा-लगाकर उसकी ज्वाला बढ़ा रहे हो; और इसीलिए प्रवृत्ति के लिए रुचिकर भोग-विलास की बढ़ती करने में आठों पहर तुम्हारी इच्छा हुआ करती है चरित्रवान् बनने के लिए तुमको निवृत्ति मार्ग से काम लेना पड़ेगा। तब तुमको असली शान्ति का रास्ता भली प्रकार लख पड़ेगा। निवृत्ति का सहारा लो—स्वयं पवित्र बनकर नारी-सम्प्रदाय की पवित्रता रक्षित करने में भी सहायता कर सकोगे। स्वयं मैले चरित्र रहकर हम लोगों को पवित्र न बना सकोगे—तुम्हारी वह चेष्टा निष्फल होगी। मैं इसीलिए करती हूँ कि समाज के हित के लिए तुम लोग आदमी बनो। निवृत्ति मार्ग पर दृष्टि रखकर सच्चे हिन्दूपन का गौरव रखो हम सब भी तुम्हारे आदर्श से मानवी बनकर, हिन्दू रमणी का विशेषत्व संसार को दिखाकर, हिन्दूओं की महिमा दिग्-दिगन्त में फैलाया करें। तुम लोगों ने पिशाच का स्वरूप धर लिया है, इसीलिए आज नारी-समाज भी पिशाची बन गयी है। भूल मत जाना, बहुत ऊँचे सिंहासन पर से देवियों की मूर्तियों को तुम्हीं लोगों ने धरती पर पटक-पटककर आज विश्व संसार की दृष्टि में उनको नीचा बना रखा है। अपनी जवाबदेही की सुध कर नरक की राह से लौट पड़ो—हिन्दूसमाज के सुनहले महल में चरित्र के रत्न जवाहिरों से पुरुष और नारी दोनों मिलकर स्वर्ग का रथ बनाओ। मानवी जीवन का—हिन्दू जीवन का—अरमान पूरा हो जावे। धींगामस्ती तज दो—चित्त संयम की परीक्षा देकर असली पुरुषत्व को प्रकट करो। शिक्षा और बुरी संगत के कारण तुम्हारे मानसिक भावों में जो अस्वाभाविक उलटफेर हो गये हैं, भगवान् से प्रार्थना करती हूँ कि सब हिन्दूभावों के प्रभाव से नष्ट हो जायें और हिन्दू-जाति और समाज का हितसाधन करते रहें।

स्त्री-दर्पण – जुलाई 1917

स्त्रियाँ और परदा

श्रीमती सरस्वती

यह तो सभी जानते हैं कि भारतवर्ष में परदा कहाँ से आया कब और क्यों आया? इस कारण इसकी पूरी व्याख्या करना आवश्यक न होकर इतना ही लिखना उचित होगा। यह परदा प्राचीन नहीं है। जब से हमारे देश में मुसलमानों का पदार्पण हुआ उसके कुछ काल पश्चात् उन्हीं के अत्याचारों से भयवश परदे की प्रथा प्रचलित हो गयी। परन्तु अब धर्म राज्य विराजमान है अब पहली-सी दुर्घटनाओं की सम्भावना नहीं है। किन्तु इतना अवश्य विचारना चाहिए कि क्या प्रस्तुति में भारतवर्ष की पृथ्वी यवनरहित स्वच्छ है। किन्तु वही दोष बहुतायत से सम्मति के प्रभाव से अब भारतवासियों में भी मिश्रित हुए दिखायी पड़ते हैं। अब इस दशा में विचारना है कि क्या स्त्री-जाति पूर्ण प्राप्ति किये है, नहीं अभी स्त्री-जाति बहुत ही निर्बल है। कुछ स्त्रियाँ ही नहीं किन्तु पुरुषगण भी पूर्ण बल की प्राप्ति से कहीं पीछे पड़े हुए हैं तो सम्भव है कि कहीं वही दशा न हो कि जैसे किसी पुराने रोगी को सर्व रोग दूर हो जाने पर कुछ अजीर्णता व निर्बलता शेष रहते हुए एकदम परहेज़ छुड़वाकर बादी व्यारी हर वस्तु खुलायी जाकर शीतोष्ण वायु का सेवन कराया जावे तो अवश्य ही उन वात पित्त उत्पन्न करनेवाली वस्तुओं के खाने से तुरन्त कोई कठिन रोग उत्पन्न हो आक्रमण करे और असाध्य हो जावे तो आश्चर्य नहीं है। उस समय यह कामना करना कि अब शीघ्र ही यह रोगी सब प्रकार आरोग्य हो बलवान् बनता जावेगा केवल मन मोदक के समान है किन्तु भय है कि वह पुनः कुपथ्य सेवन से ऐसे रोग में फँसे कि जीवन आशा भी निराशा के रूप में परिवर्तन हो जावे।

वर्तमान सभा-सोसाइटी अधिकता से ग्रेजुएट बाबू व फ़ैशनेबुल युवा स्त्रियों से सुशोभित हैं और वे परदे की प्रथा को एकदम उठा देने के लिए मनसा-वाचा-कर्मणा से कटिबद्ध हैं और ऐसे प्रान्तवासी कि जिस जगह स्त्रियों को परदे का कुछ भी बन्धन नहीं है इसको बहुत ही घृणा की दृष्टि से देखते हैं और कुछ स्त्रियों के विचार भी ऐसे ही हैं। परन्तु अभी तक इसका प्रभाव बहुत ही कम दृष्टिगोचर हुआ है कारण

यही प्रतीत होता है कि अभी वह समय नहीं आया यदि परदा उठाने के अभिलाषी 100 व्यक्ति हैं तो इसके अनुकूल 200 की पुकार सुनायी पड़ती है। समय का प्रभाव अवश्य होता है। कारण कि न तो वह धार्मिक समय कि जिसे सतयुग व द्वापर कह सकें, न गार्गी-सी विदुषी और लीलावती-सी गणितधारी, न सीता, सावित्री जैसी पतिव्रता और न पद्मावती व रानी दुर्गावती सरीखी स्त्रियाँ हैं न अर्जुन-से धनुषधारी व पुरुषोत्तम मर्यादा श्रीरामचन्द्र जी जैसे धर्मवान् नारीव्रत के धारण करनेवाले तथा लक्ष्मण, हनुमान् जी जैसे जितेन्द्रिय पुरुष ही इस देश में विद्यमान हैं फिर किस आशा पर स्त्रियाँ एकदम परदे को तिलांजली प्रदान करके अपनी मान-प्रतिष्ठा की रक्षा करने को सामर्थ्य हैं। यदि आज स्त्री व पुरुष दो जातियों में से एक भी दृढ़ सुसज्जन, धर्मधारी, सत्यवादी इत्यादि गुणों से भरपूर हो गयी होती तो परदा ही क्या सारी कुरीतियाँ स्वयं भारतवर्ष से विदा हो जातीं और कोई पाप शेष ही न रह जाता।

आजकल हमारा देश विचित्र दशा में दीख पड़ता है। किसी-किसी जाति में यहाँ तक परदा देखने में आता है कि उसे अत्याचार कहना अनुचित न होगा। मैं स्वयं देखती हूँ कि कुछ घरानों की स्त्रियों को स्त्रियों से भी परदा करना पड़ता है कोई बड़े घराने ऐसे भी हैं कि जिनमें कठिन-से-कठिन रोगों में पीड़ित होने पर भी स्त्रियाँ डॉक्टर या वैद्य जी को नाड़ी नहीं दिखा सकतीं चाहे वे उस भयंकर रोग के कारण थोड़ी-सी आयु में संसार से चल बसें परन्तु पुरुष को नाड़ी दिखाने का साहस नहीं कर सकतीं। यदि किसी के घर में अग्नि प्रज्वलित हो तो परदे के बस गृह के अन्दर भस्म हो जायें परन्तु बाहर नहीं निकल सकतीं अथवा निर्धन होने पर जीविकार्थ कोई कार्य करना उनके लिए उचित नहीं समझा जाता और कोई गुण व विद्या पुरुषों से सीखता तो सर्वथा निन्दित ही समझा जाता है। अब विचारिये कहीं-कहीं तो ऐसा व्यर्थ परदा है कि जिसको दूर ही से प्रणाम करना उचित है।

कहीं इसके विपरीत प्रतीत होता है कि परदा नहीं है तो यह व्यावहारिक जो समर्थ और कुलीन हैं वे सवारियों में बैठकर या सेवकों के साथ ही अकेली देश-विदेश भ्रमण कर रही हैं और अच्छे-बुरे स्थान के विचार की तनिक भी चिन्ता नहीं। जो सभ्यतारहित हैं उनका तो कहना ही क्या है उनके लिए तो मार्ग में निर्लज्ज गीत गाने और आना-जाना कुछ कठिन ही नहीं।

अब विचारना है कि वर्तमान देश दशा को देखते हुए हम अपनी उन्नति किस प्रकार उत्तमता से कर सकती हैं यह निश्चित है कि जब कोई महान् कार्य करने के निमित्त उद्योग निश्चित करता है तो प्रथम उसकी तैयारी के लिए परिश्रमयुक्त अभ्यास अवश्य करना पड़ता है। क्या यह सम्भव है कि निर्बल आत्मा दुर्बल शरीर तरह-तरह के रोगों से पीड़ित परतन्त्रता की चेरी बनी हुई अनधिकारिणी मूर्खा इत्यादियों की उपाधियों से सुशोभित इस नवीन चमत्कारमय जगत् में एकदम केवल परदा उठाकर ही सभ्यता प्राप्त कर सकती है कि आज तो उसे शब्दोच्चारण करने

में भी असामर्थ्य कहा जावे और कल ही एक महान् वक्ता का कार्य उसे सौंप दिया जावे तो क्या वह उसे उत्तमता से कर सकेगी कदापि नहीं। क्रम-क्रम सब कोई कार्य करने योग्य बन सकता है, एकदम पृथ्वी से उछलकर पर्वत की शिखर पर नहीं पहुँचा करता।

करत करत अभ्यास के, जड़ मति होत सुजान ।
रसरी आवत जात से, सिल पर परत निशान ।।

प्रत्येक कार्य के आरम्भ के पूर्व ही विचार करना उचित है जितने बल व धन की आवश्यकता प्रतीत हो उससे अधिक प्रथम ही प्राप्त करना उत्तम है। विचार होता है कि समय की दशा के अनुकूल कितना परदा उठा देना उचित होगा कोई मनुष्य अपनी सामर्थ्य से अधिक कार्य नहीं कर सकता यदि मोह, लोभ के वश अथवा किसी अन्य कार्य के वश करे भी तो किंचित् भी लाभ की आशा नहीं किन्तु लाभ के लोभ में हानि प्राप्त करेगा यदि कोई साधारण मनुष्य राम मूरति की भाँति कई घोड़ों के बल की मोटर रोकने का साहस करे तो क्या वह औंधे मुँह गिरकर उपहास का अधिकारी न होगा क्या उसे शारीरिक बल की न्यूनता के कारण दुःख सहना न पड़ेगा। अवश्य ही वह गिरकर चोट खायेगा। वर्तमान दशा में स्त्रियों को एकदम परदा उठाना भी ऐसा ही होगा कि न तो बल, न पूरा ज्ञान, न विद्या, न स्वतन्त्रता फिर एक परदा ही उठाने से क्या लाभ होगा। हाँ, यह हो सकता है कि जहाँ स्त्रियों के सुपुर्द और गृह कार्य व सेवा कर्म हैं उनसे अधिक बाज़ार से अन्न वस्त्रादि क्रिय (क्रय) करना और बढ़ जायेगा। इसके अतिरिक्त और कोई उत्तम अधिकार प्राप्त करने की आशा तो समय को देखते अभी प्रतीत नहीं होती।

मेरी बुद्धि में परदे की प्रथा उठाने के पूर्व विचार का आन्दोलन बलपूर्वक किया जावे तो प्रत्येक स्त्री-पुरुष अपनी बुद्धि के अनुसार सम्मति प्रकट करें भली-भाँति परदे के दोष, गुण सब स्थानों के रीति भाँति प्रकट हो जायें और पुनः इस विषय के विचारने में कुछ कठिनाई न रहेगी समयानुसार बहु सम्मतियों से दोष-गुण सुगमता से प्रकट होंगे और निश्चय करना सरल होगा। पश्चात्ताप का भी किंचित् भय न रह जायगा। आजकल समय धारा-प्रवाह अपनी तीव्र चाल दिखा रहा है। उसका विचार करना भी आवश्यक प्रतीत होता है। हमारे नवयुवक भ्रातागण अल्पवयस्का भगिनियों को अभी समय की प्रतीक्षा करनी चाहिए। वह समय शीघ्र ही आयेगा यदि हम सब मिलकर इस ओर ध्यान दें और विचारें कि वास्तव में परदे से लाभ है या हानि, और समय की प्रचलित रीतियों में कहाँ तक परदा उत्तम है या हानिकारक जब तक किसी रीति के दोष-गुण स्पष्ट न हों उसका ग्रहण व त्याग दोनों ही उचित नहीं। जिस कार्य में ही पूर्णतया विचार हो बहु सम्मति प्राप्त हो जाये पुनः उसके करने में लज्जा या संकोच व शंका नहीं रह जाती। जैसे कि—

पाँच पंच मिलि करिये काज।

हारे जीते न आवे लाज ॥

उत्तम हो कि प्रथम स्त्रियों को गृह सम्बन्धी कार्यों में पूर्ण अधिकार देकर उनकी स्वास्थ्य रक्षा पर यथोचित ध्यान दिया जावे कि उनके शरीर नीरोग बलवान् होकर मस्तिष्क मर्मभेदी हो और बुद्धि तीव्र हो तो कुछ करने योग्य बन सकें। अब यह सहृदय सज्जनों का कर्त्तव्य है कि अपने अर्द्ध शरीर को जो कि हीन दशा में है प्रेममयी औषधि से पुनः नीरोग करने का उपाय करें। किन्तु यह चिकित्सा उत्तम रीति से हो। कहीं ऐसा न हो कि निर्बल को अति बलवर्द्धक ओषधि दी जावे तो पुनः लाभ के पलटे हानि प्राप्त होकर वह उरदू (उर्दू) कवि का कथन सत्य हो कि-

नीम हक़ीम .खतरये जान।

इतनी आवश्यकता अवश्य है कि **अन्य बुरी प्रथाओं को** हटाते हुए धीरे-धीरे परदे को भी कम करने का उद्योग किया जावे। सबसे प्रथम स्त्रियों को उन झूठे दोषारोपणों से मुक्त करना चाहिए जो कि नवीन ग्रन्थकारों में स्वार्थवश आरोपित किये हुए हैं। पुनः बाल्यावस्था से ही कन्याओं की स्वास्थ्य रक्षा करते हुए उनमें आत्मिक बल बढ़ाने की चेष्टा की जावे और उत्तम विद्या पढ़ाकर विदुषी बनायी जायें और स्वयं पुरुषों को उन पर विश्वास करने का अभ्यासी होना चाहिए। स्त्रियों के निवासस्थान स्वच्छ हों जिनमें शुद्ध वायु सुगमता से आती-जाती रहे। पति की उपार्जनता पर स्त्री का पूरा-पूरा अधिकार होना उचित है। पति का कर्त्तव्य है कि हर विषय में अपनी स्त्री को प्रेम भाव से शिक्षा दे और हर कार्य में स्त्री की सम्मति अवश्य माँगे—स्त्री के प्रतिकूल कार्य कदापि न करे। ऐसा करने से मूर्ख स्त्री भी कुछ समय में बुद्धिमान् बन सकती है। जिस समय स्त्रियाँ पढ़कर दृढ़ बुद्धि प्राप्त करेंगी तब तो स्वयं ही वह पतिव्रता व पवित्रात्मा बन धर्मारूढ़ हो आत्म समर्पण करने योग्य हो जावेंगी उस समय परदे की किंचित् आवश्यकता न रहे क्योंकि परस्पर के इस प्रकार के बर्ताव से पुरुषों की दुरात्माएँ भी शुद्ध होकर नारीव्रत को धारण करने की अभ्यासी अथवा योग्य बन जायेंगी और स्त्रियाँ भी बुद्धिमान् बन जायेंगी फिर कुछ भय नहीं कि स्त्री-पुरुष समानता से हर जगह जायें।

स्त्रियों को उचित है कि स्वयम् (स्वयं) भी अपने सुस्वास्थ्य की रक्षा का विचार रखें और यह भी कि स्त्रियों को निज स्वास्थ्य को पूरी स्वाधीनता होनी चाहिए! उचित है कि स्त्रियाँ पति के अथवा अन्य सम्बन्धियों के साथ किसी पुष्पवाटिका में या खुले मैदानों में प्रतिदिन भ्रमण करने अवश्य जाया करें जहाँ उत्तम वायु प्राप्त हो। यदि धनी लोग अपने-अपने बाग़ीचों में ऐसा सुप्रबन्ध करें सायंकाल व प्रातः किसी एक ही समय स्त्रियों के भ्रमण का नियत करें कि उस समय 3 व 2 घण्टे तक कोई पुरुष वाटिका में न जाने पाये। माली आदि द्वार पर उपस्थित रहें तो अति ही उत्तम होगा कि उस समय उनके कुटुम्ब की स्त्रियों के अतिरिक्त आस-पास की ग़रीब-अमीर अन्य स्त्रियाँ भी वहाँ जाकर लाभ उठा सकें इससे एक वाटिका का स्वामी बिना कुछ

व्यय और परिश्रम किये भी परोपकार का बड़ा हिस्सा प्राप्त कर सकता है और स्त्रियों में भी इस भ्रमण समय के मेल-मिलाप से परस्पर प्रेम अधिक हो सकता है केवल प्रेम ही नहीं बढ़ जायगा। किन्तु परोपकार की शिक्षा भी सहज में ग्रहण कर सकती हैं और आपस में एक-दूसरे से कोई उत्तम गुण सीखने की अभिलाषा भी अवश्य होगी— नित्य का मेल होना बहुत कार्यों में सहायक बन जायेगा यदि विचारा जाय तो स्त्रियों में ही नहीं, स्त्रियों के मेल से पुरुषों में भी मेल होकर अटूट प्रेम उत्पन्न हो सकता है।

यह सभी जानते हैं कि सब जीवों में श्रेष्ठ मनुष्य है। इसका यही कारण है कि मनुष्य को परम पिता परमात्मा ने ज्ञान प्रदान कर कर्म करने में स्वतन्त्र रखा है तो यह कह देना भी अनुचित न होगा कि मनुष्य का शरीर ही धर्माधर्म करने का अवलम्ब है। इसलिए उचित प्रतीत होता है कि शरीर को आरोग्य रखना मनुष्यमात्र का मुख्य कर्त्तव्य है। मनुष्य जीवन में ही धर्म-सम्बन्धी शुभ कार्य किये जा सकते हैं। जीवन के हेतु उत्तम स्वास्थ्य की परमावश्यकता है। यदि स्वास्थ्य ही उत्तम न होगा तो कोई कार्य नहीं कर सकते। कार्य करना तो पीछे रह जाता है, सारा जीवन दुःखमय बनकर व्यर्थ-सा दिखायी पड़ता है। स्त्रियों के स्वास्थ्य पर संसार के मनुष्यमात्र का शुभ स्वास्थ्य निर्भर है। क्योंकि यदि माता आरोग्य, बलवान् है तो सन्तान भी हृष्ट-पुष्ट नीरोग व रूपवान् उत्पन्न होगी और माता ही रोगग्रस्त निर्बल है तो सन्तान भी रोगी निर्बल अवश्य उत्पन्न होंगी। जब इसी प्रकार क्रम से सन्तानें निर्बल होती जायेंगी आश्चर्य नहीं कि किसी समय वह कुछ नष्ट-भ्रष्ट हो जावे। इससे सिद्ध होता है कि सब प्रकार की उन्नतियों के हेतु प्रथम स्वास्थ्य रक्षा कर उत्तम बल की प्राप्ति के अर्थ पूर्ण परिश्रम करना उचित है। जब स्त्रियाँ नीरोग होंगी तो शारीरिक बल प्राप्त कर पुनः आत्मिक बल बढ़ा अन्य कार्यों में भी सामर्थ्य बन सुगमता से प्रथम यह अभ्यास कर सकेंगी। (अस्तु)

परन्तु न इतना परदा त्यागना ही उचित प्रतीत होता है कि बिना अपनी योग्यता के बढ़ाये हुए भी अपने-आपको उत्तमोत्तम वस्त्रा-भूषणों से अलंकृत कर खुली गाड़ियों में सवार होकर वायु सेवनार्थ व नाटक इत्यादि देखने के निमित्त जाना या सदैव रेलगाड़ियों में सेवकों के साथ ही भ्रमण करना अथवा पति महाशय के साथ वैगनट में बैठकर कैम्प और सदर बाज़ारों में घूम-घूमकर फल इत्यादि ख़रीदना और होटलों में जाकर लेमोनेड, बिस्कुट, केक इत्यादि भक्षण करना ही देशोन्नति का मार्ग नहीं जान पड़ता, न कुर्सियों पर पति जी के सीधे साथ बैठकर नाटक, सरकस देखना सभ्यता का चिह्न कहा जा सकता है। इस आडम्बर से ही दम्पति का सच्चा प्रेम प्रकट नहीं होता। मेरी बुद्धि में तो यह नवीन प्रथा दुर्जनों की आत्माओं की मंशा पाप की ओर उत्साहित कर, करनेवाली हैं। न इन बातों से देशोन्नति हो सकती है, किन्तु विदेशियों की दृष्टि

से गिरानेवाली हैं और सर्वथा उपहासजनक हैं। किन्तु उपर्युक्त नियमों के प्रतिकूल अवनति की आशा प्रदुर्भाव करती हैं।

मेरी सम्मति में तो यही उचित जान पड़ता है कि प्रथम स्त्रियाँ अपने स्वास्थ्य की रक्षा कर शारीरिक बल प्राप्त करें और विद्याध्ययन उत्तम प्रकार कर आत्मिक बल प्राप्त करें तब अपने ऊपर से मिथ्या दोषारोपणों को उठाकर अपनी सामर्थ्य योग क्रमशः कार्य आरम्भ करने को उचित होना उत्तम है। इसमें पुरुष सभा की पूरी-पूरी सहायता की आवश्यकता है। मेरी अपनी सद्हृदय भगिनी व मान्यवर सुसज्जन भ्राताओं से सविनय प्रार्थना है कि सत्य पूर्ण स्त्री सुधार के विषय की ओर विचार करते हुए अपनी-अपनी महान् सम्मतियाँ प्रकट करें।

स्त्री-दर्पण – अगस्त 1917

स्त्री उन्नति कैसे हो

श्रीमती हुक्म देवी

मनरूपी समुद्र में बहुत काल से लहरें उठ रही हैं, जलरूपी विचार बार-बार बाहर आना चाहते हैं, परन्तु अपने ठहरने का कोई स्थान न पाकर मन के अन्दर ही ठहर जाते हैं। परन्तु अब उनमें रुकने की शक्ति नहीं रही।

आप यह जानने के वास्ते उत्साहित हो रही होंगी कि कौन-सा विचार है जो हमारे कानों में आना चाहता है? वह कौन-सा विषय है जो हमारा हितकारक है। लीजिये आपका उत्साह पूरा करने के वास्ते मैं अपने असली विषय की ओर आती हूँ। शोक के साथ लिखना पड़ता है कि उच्च आदर्शवाले मनुष्यों ने घोर अनर्थ की ओर तनिक भी ध्यान नहीं दिया कि जिन कन्याओं से हमारे देश की वृद्धि होती है, जो गृहस्थ में प्रवेश करके ऋषि-मुनि उत्पन्न करती हैं उन्हीं के साथ कैसा अन्याय किया जा रहा है। प्रत्येक विषय के वास्ते सभाएँ बनतीं, प्रत्येक समुदाय और जाति के कष्ट दूर करने का प्रयत्न किया जाता, सभाओं में प्रस्ताव पास किये जाते हैं। परन्तु शोक! जिस (स्त्री जाति) से संसार उत्पन्न होता है, जो संसार की जननी हैं उन्हीं कन्याओं के ऊपर अन्याय होने का कुछ ख़्याल नहीं किया जाता है।

शोक का स्थान है कि एक भी कन्या-हितकारिणी सभा स्थापित नहीं की जाती जिसमें कन्या भी अपने दुःख-सुख का निर्णय करें और अपनी पतित दशा पर विचार करें।

मैं अब बतलाती हूँ कि यह घोर विपत्ति कौन-सी है जिसने आजकल अन्यायपूर्वक हमको जूती की पदवी दे रखी है, जिसने स्त्री-जाति को सन्तान उत्पन्न करने की मशीन (कल) बतला रखी है। पशु अथवा पक्षी पालनेवाले पुरुष को उसके मरने अथवा उड़ने पर कहीं अधिक शोक होता है परन्तु निज पत्नी के रोगग्रस्त होने अथवा मरने पर उतना भी नहीं। इस पदवी के देने का कारण केवल यही है कि एक निर्दोष धर्मज्ञ ब्रह्मचारिणी कन्या का विवाह मृतस्त्रीक पुरुष के साथ कर दिया जाता है। धर्म-अधर्म का कुछ भी विचार नहीं किया जाता। वर्तमान समय में यह अन्याय

इतना बढ़ा हुआ है कि कुछ कहा नहीं जाता। एक लड़का जिसकी आयु 25 या 26 वर्ष की होगी सुना गया होगा कि उसके चार या पाँच विवाह हो चुके हैं बस भली-भाँति विचार कर लो यह विवाह ही कन्याओं के नाश का कारण हैं उदाहरणार्थ एक मनुष्य के पास एक रुपया है परन्तु वह यह जानता है कि अगर यह रुपया खो गया तो पुनः प्राप्त न हो सकेगा तो वह उसको बड़े यत्न के साथ रखेगा। परन्तु यदि उसको यह पता लग जाये कि यदि यह रुपया खो जायेगा तो कुछ परवाह की बात नहीं है मुझे इसके बदले में दूसरा रुपया इससे उत्तम और नया मिल जायेगा तो उसको उस रुपये के खो जाने की कुछ भी परवाह न होगी। सचमुच यही हाल आजकल पुरुष जाति का हो रहा है। आँखों देखे दृश्य हैं कि जो मनुष्य लक्षाधीश है यदि उनकी स्त्री रोगिणी (बीमार) हो जाये चाहे सुन्दर, पतिव्रता और गुणवती भी हो तो वह रात्रि-दिवस इसी सोच में पड़ जायँगे कि कौन-सा दिवस हो कि इसका पाप कटे और हम दुलहा बनकर नयी बहू लाकर आनन्द उड़ावें।

प्रिय बहनो! सोचो विचारो और ध्यान दो! क्या यह अन्याय तुम्हारे ही साथ नहीं हो रहा है? क्योंकि एक तो इस प्रथा से स्त्री जाति धूल की भाँति पैरों के नीचे खूँदी जाती है और दूसरे पुरुष-जाति स्त्रीव्रत धर्म से गिर रहा है। विचार करने योग्य विषय है कि विवाह के समय जब भाँवर पड़ती हैं तो किस प्रकार से प्रतिज्ञाएँ होती हैं—

तेरे दुःख-सुख में सदा साथी रहूँगा, तुझे छोड़ दूसरी स्त्री का मुख न देखूँगा, जीवन-मरण में भी तेरा साथ न छोड़ूँगा इत्यादि और कहाँ यह शब्द कि पाप कटे तो नयी दुलहिन लाऊँ। दूसरी बात यह है कि चाहे किसी पुरुष की (मृतस्त्रीक) कितनी ही अवस्था क्यों न हो और 5 अथवा 7 पुत्र-पुत्री भी हों परन्तु वह विवाह एक खिलती हुई कलीरूपी कुमारी कन्या के ही साथ करेगा। विवाह विधि में स्पष्ट लिखा हुआ है कि मैं ब्रह्मचारी और ब्रह्मचारिणी जो आज तक ब्रह्मचर्य से रहे उपस्थित सज्जनों के सम्मुख गृहस्थ आश्रम में प्रवेश करते हैं इत्यादि जिससे भली-भाँति पता चलता है कि कन्या का विवाह कुमार के ही साथ होने में धर्म और न्याय है और कुमारी का विवाह मृतस्त्रीक पुरुष के साथ होने में सर्वदा अधर्म और अन्याय है। वह स्त्री अथवा पुरुष जिन्होंने स्त्री उन्नति करने का प्रण किया है और स्त्री सुधार करने के पक्षपाती हैं क्या उनके वास्ते उचित नहीं है कि इस दुष्ट प्रथा से स्वयं बचें और दूसरों को बचावें?

एक छोटा-सा उदाहरण ही लीजिये एक लखपती मनुष्य ने बहुत-सा धन व्यय करके एक सुन्दर रथ बनवाया और एक बहुत सुन्दर घोड़ी का बच्चा बड़े दिनों तक हरी घास और दाना खिलाकर पाला। जब घोड़ा युवा हो गया तो रथ मँगाकर घोड़े को उसमें जोड़ा और दूसरी ओर एक निर्बल बैल को जोड़ा। तो क्या वह रथ देखनेवालों को सुन्दर प्रतीत होगा? क्या देखनेवाले मनुष्य उस रथ के बनानेवाले को बुद्धिमान् कहेंगे? क्या दर्शकों का मन यह न कहेगा कि इस घोड़े के साथ में ऐसा

ही दूसरा घोड़ा होता तब ठीक था? क्या यह भी विचार शीघ्र ही उत्पन्न न होगा कि इस नौजवान घोड़े के साथ दुर्बल बैल यात्रा को किस प्रकार पूरी कर सकेगा? बहनो! सोचो संसार में हर एक वस्तु का जोड़ा होता है। परन्तु यह याद रखने की बात है कि जो दो वस्तु बिलकुल समान हों वही जोड़ा कहला सकती हैं। इसी तरह गृहस्थी रथ के समान है और इसके खींचनेवाले ब्रह्मचारी और ब्रह्मचारिणी हैं। जिस प्रकार घोड़े के साथ बैल शोभा नहीं पाता इसी प्रकार कन्या के साथ मृतस्त्रीक शोभा नहीं पाता। जैसे घोड़े के साथ बैल यात्रा को पूरी नहीं कर सकता इसी प्रकार मृतस्त्रीक कन्या के साथ अपनी जीवनरूपी यात्रा को नहीं पूरी कर सकता है। मुझे इस समय कथा याद आ गयी है उसको मैं यहाँ पर लिखती हूँ यह बिल्कुल सच्ची कथा है।

एक मनुष्य जिसकी आयु 50 वर्ष की थी और स्त्री भी जीवित थी विवाह करने को उद्यत हुआ! ऐसा ही कोई आँख का अन्धा और गाँठ का पूरा मिल गया और 3,000 रुपये लेकर अपनी लड़की का सम्बन्ध करने पर राज़ी हो गया। परन्तु यह सब मामला कन्या के पिता ने ही तय कर लिया, माता को कुछ पता नहीं दिया, यद्यपि ऐसी बातें छिपी नहीं रहा करतीं जब पक्की सगाई भेजने का समय आया तो किसी प्रकार गुप्त भेद सब माता को भी प्रतीत हो गया और प्रतीत होते ही वह आगबबूला हो उठी और कन्या के पिता को घर में बुलाकर सब बात कहीं और कहा कि आज से मुझे आपका विश्वास नहीं रहा और मैं पुत्री को लेकर अपने पिता के यहाँ जाती हूँ और अपने पिता के द्वारा कोई योग्य वर ढुँढ़वाकर विवाह करूँगी और सचमुच वैसा ही किया।

बहनो! जैसा इस माता ने किया यदि हमारी प्रत्येक माता ऐसा ही विचार रखें तो आपका कितना कल्याण होगा। जब तक प्रत्येक माता इस बात का प्रण न करेंगी कि, 'हम अपनी कुमारी को कुमार से ही विवाहेंगे' तब तक यह कुरीति दूर न होगी। मुझे आशा है कि कोई भी कन्या मृतस्त्रीक को पसन्द न करती होगी। यदि सचमुच मेरा विचार ठीक है कि आप सब इसको स्वीकार नहीं करती हैं तो आपको अपने-अपने मन में प्रण करना चाहिए कि हम अपना विवाह सर्वदा कुमारों के ही साथ किया करेंगे यदि भाग्यवश कुमार न मिला तो कुमारी रहेंगी परन्तु मृतस्त्रीक से विवाह न करेंगी और इस प्रकार इस दुष्ट रीति को जड़ से उखाड़ने का यत्न करेंगी। यदि यहाँ पर यह प्रश्न करें कि विवाह माता-पिता के अधीन है। परन्तु जिस कन्या ने थोड़ा-बहुत भी पढ़ा-लिखा है और अच्छी-अच्छी पुस्तकों का पाठ किया है वह यह भलीभाँति जानती हैं कि विवाह माता-पिता के अधीन नहीं बल्कि कन्या की प्रसन्नता से होना उचित है। यहाँ पर मैं दो-तीन उदाहरण लिखती हूँ। पृथ्वीराज की रानी संयोगिता थी, जिस समय उसका स्वयंवर रचाया गया द्वेष के कारण पृथ्वीराज को नहीं बुलाया परन्तु उसकी मूर्ति बनाकर ड्योढ़ी पर रख दी। संयोगिता की इच्छा पृथ्वीराज से विवाह करने की थी। उसने सारी सभा में घूमने के पश्चात् मूर्ति के गले

में जयमाला डाल दी। उसका पिता क्रोध से भभक उठा, कहा, "यह मेरे दुश्मन की मूर्ति है मैं हरगिज़ तुझे उससे न विवाहूँगा।" परन्तु संयोगिता ने उत्तर दिया– "पिता जी, आपने मुझे स्वयंवर की आज्ञा दी थी जिसको मेरी इच्छा थी मैंने वर लिया।" बाद में पृथ्वीराज लड़ाई करके संयोगिता को ले गया। दूसरा उदाहरण भरत जी का है। जब राम वनवास चले गये तो कैकेयी ने बार-बार भरत जी को राज्य करने के वास्ते कहा परन्तु भरत जी ने अपनी माता की अधर्मयुक्त आज्ञा नहीं मानी वह क्या भरत जी की अपकीर्ति है? नहीं उनकी कीर्ति संसार में छायी हुई है। तीसरा उदाहरण प्रहलाद है। जो पिता की आज्ञा का उल्लंघन करके संसार में यश का भागी बना। इसमें सन्देह नहीं माता-पिता की आज्ञा मानना पुत्र और पुत्री का कर्त्तव्य है, परन्तु जो धर्म के विरुद्ध हो उसको कदापि न माननी चाहिए। धर्म सबसे प्यारी वस्तु है। धर्म के वास्ते मनुष्य को अटल बना रहना चाहिए जिस प्रकार अनेक हवा के झोंके पहाड़ को नहीं हिला सकते इसी प्रकार आपको भी धर्म के ऊपर कटिबद्ध हो जाना चाहिए चाहे माता-पिता भय दिखायें, लोभ दें परन्तु मत घबराओ और उनकी अधर्मयुक्त आज्ञा को मत मानो। सदा इसका ध्यान रखो– "यतो धर्मस्ततोजयः' अर्थ है जहाँ धर्म है वहाँ ही जीत है और धर्म के ऊपर दृढ़ रहो जितने महान् पुरुष धर्म के ऊपर दृढ़ रहे हैं उनकी सदा जीत हुई है। यह बात बिलकुल ठीक है जो धर्म की रक्षा करता है धर्म उसकी रक्षा करता है। बस इसी विचार को सम्मुख रखती हुई धर्म पर डटी रहो आपकी भी जीत होगी। बहुत-सी कन्याएँ माता-पिता की धमकी से डर जाती हैं मत डरो चाहे यह लाख धमकायें, धर्म के वास्ते हठ करना उचित है। प्यारी बहनो! अब सोने का समय नहीं है। इस दुष्ट प्रथा को जड़ से उखाड़कर स्वयं ही फेंक दो और अपना सुधार आप ही करने पर कमर कस लो ज्ञान चक्षु खोलकर देखो इस दुष्ट प्रथा से स्त्री-जाति नष्ट होती जा रही है और पैरों के तले ख़ुँद रही है "पुरानी जूती टूट गयी नयी और पहन लेंगे' वाली कहावत चरितार्थ हो रही है। विचारो, क्या केवल इस सर्व अनर्थ का कारण यही नहीं है? इस समय में प्रत्येक जाति समुदाय अपने सुधार का प्रयत्न कर रहा है। तो क्या कन्या समुदाय और स्त्री जाति को पैर की जूती बनकर ही गफ़लत में पड़े रहना चाहिए? नहीं, उन्हें भी अपने ऊपर से इस घोर अनर्थ को टालने के यत्न में लग जाना चाहिए।

प्रिय कन्याओ और भगिनियो! आप मेरे इस तुच्छ लेख की अशुद्धियों पर ध्यान न देकर इसके असली अर्थ को समझें और इसको केवल पढ़कर ही न छोड़ दें नहीं जो कन्या अथवा स्त्री इसको पढ़े वह कुछ देर बैठकर इस पर विचार करे और निर्णय करे कि मेरा विचार अनुचित है अथवा उचित है तत्पश्चात् अपनी अन्य सखी-सहेलियों को सुनावें और सब मिलकर विचार करें और एक सभा की स्थापना करें जिसका नाम "कन्या हितकारिणी सभा' रखें। उस सभा का केवल यही उद्देश्य हो कि कन्या का विवाह कुमार के साथ होने का उपदेश करें। कोई स्त्री अथवा कन्या चाहे वह

किसी जाति की हो अथवा किसी मत की हो परन्तु उक्त विचारों के सहमत होने से सभा की सभासद बना ली जाय। इस सभा की सभासदों का कर्त्तव्य होना चाहिए कि जहाँ पर वह जायँ स्त्रियों का ध्यान इस ओर दिलावें और इसी का प्रचार करें। सभासदों का कर्त्तव्य होना चाहिए कि वह प्रत्येक कन्या पाठशाला और कन्या महाविद्यालय में अपना उद्‌देश्य लिखकर "कन्या हितकारिणी सभाएँ' स्थापित करावें। सभासदों को कुछ चन्दा भी जमा करते रहना चाहिए (क्योंकि बहुत-से मनुष्य धन के अभाव से अपनी कन्याएँ बूढ़े और मृतस्त्रीक से विवाह देते हैं बहुत-से योग्य कुमारों के न मिलने के कारण आलस्यवश अपने सिर से फ़र्ज़ टालने के वास्ते निर्दोष कन्याओं का गला घोट देते हैं) यदि कहीं इस प्रकार का विवाह होता देखें तो वह धन उसमें ख़र्च करा जाये। यदि इस प्रकार कार्य आरम्भ हो जाय तो अवश्य ही वह दिवस आ जायेगा कि आपको पैर की जूती कहकर न कुचला जायगा। पिछले वर्ष गुरुकुल काँगड़ी के उत्सव पर स्त्री समाज में मेरा विचार इस विषय पर कुछ कथन करने का था परन्तु अभाग्यवश रोगिणी होने के कारण नहीं जा सकी थी। अब की बार फिर है यदि कुछ सफलता प्राप्त हुई तो जो बहनें मेरे विचार से सहमत हैं उचित है कि वह भी वहाँ जाकर मेरे कथन की पुष्टि करें और अपनी बहनों को चेतावनी दिया करें। यदि कोई बहन मुझसे पत्र-व्यवहार करना चाहें तो मेरा पता नीचे लिखा हुआ है।

पता– हुक्म देवी 'शान्ति भवन' देहरादून।

स्त्री कर्त्तव्य

श्रीमती कमल कामिनी देवी

दर्पण के गत मार्च-अप्रैल के उक्त प्रति में एक स्त्री कर्त्तव्य परायण बहन द्वारा लिखित एक रोचक लेख प्रकाशित हुआ है। बहन जी ने स्त्री कर्त्तव्य पर ज़ोर देते हुए स्त्रियों में अँगरेज़ी शिक्षा के प्रचार का बड़ी उत्कट भाषा में खण्डन किया है। श्रीमती जी के मतानुसार स्त्रियों को अँगरेज़ी शिक्षा गृहस्थ धर्म में बिलकुल अयोग्य बना देती है। स्त्रियों को आवश्यक शिक्षा अर्थात् देवनागरी संस्कृत और गणित के अतिरिक्त चिकित्साशास्त्र की शिक्षा अवश्य मिलनी चाहिए।'' परन्तु अँगरेज़ी शिक्षा स्त्रियों के लिए सर्वथा व्यर्थ ही नहीं, वरन् उन्नति पथावरोधक भी है।

श्रीमती जी अँगरेज़ी शिक्षा को इतना दोषी किस प्रकार समझती हैं, अथवा यह हम लोगों के गार्हस्थ्य धर्म में किस प्रकार विघ्नस्वरूप हो सकता है इसके उदाहरणार्थ श्रीमती जी ने एक अँगरेज़ी शिक्षा प्राप्त घर का दृष्टान्त दिया है। उस अभागे घर की ग्रेजुएट स्त्रियाँ खाना न बना सकीं, परन्तु उनके वे ही अँगरेज़ी शिक्षा प्राप्त पुरुषगण (यह सम्भव नहीं, कि जिस घर की स्त्रियाँ ग्रेजुएट हों उस घर के पुरुष देवनागरी ही पढ़े हों) अन्त में खाना बनाकर सबों को खिलाया। मै यह नहीं समझती, कि जो शिक्षा स्त्रियों के गार्हस्थ्यधर्म सीखने में इतना अवरोधक प्रतीत हुई, वह पुरुषों को गार्हस्थ्यक्रिया पूर्ण करने में किस प्रकार सहायता दे सकी।

श्रीमती जी लिखती हैं, कि पहले स्त्रियों को गृहकार्य सीखना चाहिए, और गृहोपयोगी शिक्षा ही उनके लिए आवश्यक है। क्या मैं पूछ सकती हूँ, कि गार्हस्थ्यधर्म किसे कहते हैं! क्या केवल रसोई इत्यादि पका देना, अथवा सन्तान का देख-रेख, तथा पतिदेव की दासी की नाईं सेवा कर देना ही महान् गार्हस्थ्यधर्म की परिभाषा है! सन्तान पालन और पति भक्ति गार्हस्थ्य धर्म के अमूल्य गुण हैं-नहीं, एक अनिवार्य अंग हैं परन्तु इतने ही से गार्हस्थ्यधर्म की पूर्णता नहीं हो सकती है। हमारे धर्मशास्त्रों में स्त्रियाँ पुरुषों की अर्द्धाङ्गिनी मानी गयी हैं, पर वे केवल उनकी शारीरिक आवश्यकताओं के पूर्ण होने में सहायता देने के लिए ही अर्द्धाङ्गिनी का गौरवपूर्ण पद पाती हैं ऐसा कदापि सम्भव नहीं। यह दुर्लभ मनुष्य जीवन किसी एक विशेष व्यक्ति

के हित के लिए नहीं प्राप्त होता। हमारे जीवन का उद्देश्य स्वयमोन्नति तथा दूसरों की उन्नति में सहायता देना है। पति-पत्नी का सम्बन्ध भी इन्हीं उच्च भावों से निर्धारित किया गया है, कि एक-दूसरे की उन्नति में सहायता दें, और जीवन के प्रधान उद्देश्य परहित सेवा व्रत में परस्पर लवलीन हों। पति पत्नी के जीवन में, तथा पत्नी पति के जीवन में सहायता देकर जीवन-यात्रा सुगम कर सकें इसी उद्देश्यानुसार, पति-पत्नी के बीच अर्द्धङ्गत्व का सम्बन्ध माना गया है। इसके लिए उदाहरण की आवश्यकता नहीं है। प्राचीन भारतीय इतिहास पुराण जिस समय स्त्रियाँ केवल गृहकार्य ही सीखने तक नहीं रखी जाती थीं इसका प्रयत्क्ष प्रमाण है। परन्तु समय के प्रवाह में जिस प्रकार सब चला गया, उसी प्रकार पति-पत्नी के बीच ये उच्च भाव भी लुप्त हो गये। अब तो अर्द्धाङ्गिनी बनकर सहायिका के बदले में सेविका ही रह गयी हैं।

मेरे उपर्युक्त लेख से कोई यह न समझे, कि मैं पातिव्रत धर्म के पवित्र उच्चता को लघुस्वरूप दे रही हूँ परन्तु ऐसा सोचना भूल होगा। मेरे लिखने का तात्पर्य पतिव्रत धर्म को अनावश्यकता के समूहों में दूर फेंकना कदापि नहीं है, वरन् मेरी यह दृढ़ धारणा है, कि यदि स्त्रियाँ-विशेषकर भारतीय स्त्रियाँ—अपने अमूल्य गुण पतिभक्ति को परित्याग करेंगीं तो स्त्रीत्व ही से रहित हो जायेगी। पतिभक्ति से बढ़कर दूसरा कोई आभूषण स्त्रियों को सुन्दरी बनाने का नहीं है। यह सोचकर प्रत्येक भारतवासी का हृदय गर्वित हो जाता है कि हमारी मातृभूमि की स्त्रियाँ प्रथम से ही इस अनुपम गुण को अवलम्बन करती आयी हैं। तब इस बीसवीं शताब्दी में जबकि सभी जगह सभी चीज़ों में उन्नति-ही-उन्नति की पुकार हो रही है वे इस स्त्री जीवन सर्वस्व गुण को दूर क्यों फेंकने लगीं! पर हाँ इस बात का ध्यान हमें अवश्य रखना होगा, कि पतिव्रत धर्म का अनुष्ठान करती हुई हमारी बहनें केवल शारीरिक सुख की हेतु ही न रह जावें। सच्ची पतिव्रता वही स्त्री है, जो पति के शारीरिक उन्नति के साथ मानसिक और नैतिक उन्नति में सहायता दे सके। जो अपने पति के जीवन के कार्यों में सम्पूर्ण रूप से सहानुभूति रखती हुई शक्ति संचारिणी देवी बन सके।

मैं ऊपर कह आयी हूँ, कि गार्हस्थ्यधर्म केवल पति सेवा और सन्तान पालन से ही पूरा नहीं हो सकता है। गार्हस्थ्यधर्म प्रशस्त विचार का विषय है, पर भ्रमवश आजकल इसका अर्थ लिया जाता है—शादी-ब्याह करना, परिवार का खाना-कपड़ा चलाना और बुढ़ापे में यदि हो सका तो दान भजन करना। स्त्रियों का सहयोग गृहस्थी में है—पकाना, खाना और बच्चे पैदा करना, और कभी-कभी गंगास्नान कर लेना।

गृहस्थ का मुख्य धर्म सेवा है। सार्वजनिक सेवा, उसके जीवन का मुख्य कर्त्तव्य है। देखिये हमारे यहाँ शास्त्रों में भी गृहस्थों के लिए कई प्रकार की सेवा आदि है जैसे—कुल सेवा, पितृ सेवा, धर्म सेवा और देश सेवा इत्यादि। इसी आदेशानुसार हमारा जाति-विभाग था। जिसमें क्षत्रिय और वैश्य का अपनी-अपनी शक्तियों

(capacity) के अनुसार स्वदेश सेवा था। क्षत्रिय शासक थे, कारण उनमें शासनशक्ति अधिक थी; वैश्य कला चातुर्य में निपुण थे, इस कारण वाणिज्य का भार उन्हीं पर सौंपा गया था। शूद्रों में अधिक उन्नति नहीं थी, इसलिए वे बिचारे शारीरिक सुख के लिए छोटे-मोटे स्थूल कार्य ही किया करते थे। अतः इससे स्पष्ट दीखता है, कि प्रत्येक गृहस्थ के जीवन का कुछ समय परोपकार अथवा स्वदेश सेवा में बीतना आवश्यक है। स्वदेश सेवा मनुष्य नाना प्रकार से कर सकता है। कृषक, खेती करके केवल निज सुख की वृद्धि नहीं करता वरन् सारे देश के सुख की वृद्धि करता है। शिल्पकार निज चातुर्य दिखलाकर सारे देश के शिल्पानुरागियों के हृदय में नवीनता प्रकट कर देश सेवा करता है। राजनीतिक राजनैतिक विषयों में उन्नति करके देश का मंगल कर सकता है, तथा एक धर्मानुरागी महापुरुष धार्मिक सद्विचारों को ही देश में फैलाकर स्वदेशवासियों को आत्मबल प्रदान कर सकता है। स्वदेश सेवा गार्हस्थ्यधर्म का प्रधान अंग है। प्राचीन स्त्रियाँ वास्तव में सहधर्मिणी बनकर गार्हस्थ्यधर्म के प्रधान कर्त्तव्यों में सहयोग देती थीं। यज्ञ, दान, धर्म अथवा राजनीतिक, सामाजिक इत्यादि सभी विषयों में पति को सहायता देती थीं। क्या महारानी दमयन्ती अथवा चित्तौड़ की रानी पद्मिनी की वीरता अथवा श्री शंकराचार्य और मण्डन मिश्र के प्रसिद्ध शास्त्रार्थ में मण्डन मिश्र की स्त्री का मध्यस्थ होना इस बात का प्रमाण नहीं है।

परन्तु श्रीमती जी को तो विशेष निराशा स्त्रियों के अँगरेज़ी शिक्षा से है। यह बात ठीक है, कि पहले की स्त्रियाँ बिना अँगरेज़ी शिक्षा प्राप्त किये ही अपना कर्त्तव्य सम्यक् रूप से सम्पादन किया करती थीं, तो अब उन्हें ऐसी क्या पड़ी है, जो इस विदेशी भाषा के साथ अपना सर खपावें! बात भी ऐसी ही है। पर स्त्रियाँ ही क्यों? क्या हमारे पूर्वज बिना अँगरेज़ी पढ़े ही आदर्श पुरुष नहीं हो गये हैं? जिस समय भारतवर्ष उन्नति के उच्च शिखर पर विराजमान था, उस समय भारत में अँगरेज़ी विद्या का नामोनिशान नहीं था। किन्तु यही परिवर्तनशील समय के प्रभाव से, आजकल हमारे देश की परिस्थिति ही ऐसी हो रही है, कि अँगरेज़ी शिक्षा आवश्यक हो गयी है। इसका पहला बड़ा कारण तो यह है, कि प्रधान का अपने अधीनस्थ पर बहुत बड़ा असर पड़ता है। और कुछ के लिए नहीं, तो जीविका निर्वाह के लिए ही उसकी भाषा इत्यादि सीखनी पड़ती है। दूसरा बड़ा कारण यह है, कि आजकल एक ही विद्या जानने से तथा चीनदेश की तरह एक ही सभ्यता के ज्ञान से मनुष्य पूर्ण शिक्षित नहीं होता। पूर्ण शिक्षित वह है, जो स्वदेश तथा विदेशों की भिन्न-भिन्न प्रकार की सभ्यता, भिन्न प्रकार के इतिहास, साहित्य आदि से पूर्ण ज्ञाता होकर, तजुर्बा पाकर उनके गुणों को ग्रहण करते हुए, अपनी बुद्धि का विकास करता है। क्या हमारे यहाँ पण्डितों की कमी है? क्या वे संस्कृत के पूर्ण विद्वान् नहीं हैं? परन्तु उनकी विद्वत्ता वैसी ही है, जैसी कि प्रकाशहीन अट्टालिका। उन्हें प्रायः यह भी पता

नहीं है कि पृथ्वी घूमती है अथवा सूर्य। देश आकाश की ओर जा रहा है अथवा पाताल की ओर। प्राचीन काल में यह देश उन्नत था। इसे अन्य देशों की सहायता की आवश्यकता नहीं थी। उस समय यही देश सर्वोत्कृष्ट था। पर अब प्राचीन स्थिति नहीं रही। आज यही देश अन्य देशों से गिरी हुई अवस्था में पड़ा है, उसे पुनः उन्नत करने के लिए हमें अन्य उन्नत देशों से सम्बन्ध रखना और उनके ग्राह्य गुणों को ग्रहण करना आवश्यक है। चारों ओर से बन्द करके अपनी पुरानी लकीर के फ़क़ीर रहने से हम उन्नतशील देशों का सामना नहीं कर सकते।

तीसरा आवश्यक कारण यह है कि हमारा शिक्षित समुदाय जो यथार्थ रूप से देश की सेवा कर रहे हैं, वे अँगरेज़ी शिक्षा प्राप्त हैं। इस कारण उनके द्वारा निर्माण की हुई उन्नत विचारवाली पुस्तकें अथवा अन्य उपयोगी पुस्तकें अधिकांश रूप से अँगरेज़ी ही में निकलती हैं। देश के प्रायः सभी कार्य अँगरेज़ी ही भाषा द्वारा होते हैं तो क्या यह सम्भव है कि इस भाषा से सम्बन्ध तोड़कर हमें विशेष लाभ हो?

परन्तु बहन जी का तो आक्षेप केवल स्त्री जाति में अँगरेज़ी शिक्षा पर है। पुरुषों में नहीं। उन्होंने लिखा है कि स्त्री, पुरुष की समानता नहीं कर सकती। पुरुष जो दायाँ अंग है स्त्रियों के बायाँ अंग की अपेक्षा श्रेष्ठ पवित्र और उच्चतर है। हाँ! स्त्रियों के दीर्घ काल की पराधीनता ने उन्हें कैसी हेय दशा में डाल दिया है, कि वे अपने मुँह यह स्वीकार करने में तनिक भी नहीं संकुचित होतीं कि गृहस्थी के स्थूल कार्यों के सिवा वे और कुछ करने के योग्य नहीं हैं। वे मनुष्य होकर भी मनुष्यत्वहीन हैं। वे केवल पशु-पक्षी की नाईं भोजन सामग्री इकट्ठा करना जानती हैं अथवा सृष्टि को क़ायम रखने की एक मोहनी मन्त्र जानती हैं। शक्ति कहलाने पर भी शक्तिहीना हैं।

श्रीमती जी ने अपने लेख के अन्त में लिखा है कि स्कूलों में सामान्य शिक्षा प्राप्त करने पर जिस तरह पुरुषगण अपने-अपने कार्यों के योग्य विशेष शिक्षा प्राप्त करते हैं उसी प्रकार स्त्रियों को भी अपनी स्थिति पर विचार करते हुए शिक्षा ग्रहण करनी चाहिए। उपर्युक्त लेख से यही जान पड़ता है, कि श्रीमती जी को स्त्रियों के कॉलेजों ही में जाने से असन्तोष है। वे स्कूलों इत्यादि में पुरुषों की तरह भले ही पढ़ें, पर सामान्य शिक्षा अर्थात् थोड़ी कामचलाऊ लिखना-पढ़ना सीख लेने के बाद उन्हें उच्च शिक्षा की आवश्यकता नहीं है। मैं यह जानना चाहती हूँ कि जब देश के पुरुषों के लिए कॉलेजों में जाकर शिक्षा प्राप्त करना आवश्यक है तो स्त्रियों के लिए क्यों हानिकारक है? उच्च शिक्षा से हमारी बुद्धि का विकास होता है। बुद्धि का विकास जिस प्रकार पुरुषों के लिए आवश्यक है उसी प्रकार स्त्रियों के लिए भी है। मैं यह नहीं कहती कि कालिज की डिग्री ही बुद्धि का विकास दे सकती है अथवा अपनी मातृभाषा का परित्याग करके विदेशी भाषा सीखने में समय बिताना आवश्यक है पर यह ज़रूर है कि अपनी मातृभाषा में पूर्णता पाते हुए हमें इस विदेशी भाषा में भी योग्यता ग्रहण करना भूल नहीं वरन् आवश्यक है। इस समय जबकि देश

अँगरेज़ी भाषामय हो रहा है जबकि देश के सभी नेतागण देशोपयोगी सभी कार्य इसी भाषा के द्वारा कर रहे हैं तो उनके कार्यों को भली-भाँति जानने के लिए हमें यह सीखना आवश्यक है। जब तक हमारे पति तथा भाई के शिक्षा की medium यही भाषा है तो हमें उनके जीवन के कार्यों में सहयोग देने का कर्त्तव्य पालन का अर्थ ही यह भाषा सीखना आवश्यक है। जब तक हमारे पुरुषों में अँगरेज़ी भाषा का प्रचार रहेगा तब तक हम अपनी स्त्रियों को अँगरेज़ी शिक्षा से अवरुद्ध नहीं रख सकते हैं। यह ज़रूरी है कि पहले हम अपनी मातृभाषा में पूर्ण योग्यता प्राप्त कर लें तब अन्य भाषाओं में अधिकार पाने का यत्न करें पर यह कहना कि मातृभाषा छोड़कर अन्य भाषाएँ सर्वथा अग्रहणीय हैं यह बड़ी भूल है। देश की वर्तमान स्थिति पर दृष्टिगत कर कोई विचारशील मनुष्य यह नहीं कह सकता कि अँगरेज़ी शिक्षा आवश्यक नहीं है। जब तक पुरुषों के लिए आवश्यक है तो उनकी स्त्रियों के लिए उनके जीवन के कर्त्तव्यों के साथ पूर्ण सहानुभूति रखने के लिए इसका अत्यावश्यक होना सिद्ध होता है।

यह बात ठीक है कि अँगरेज़ी शिक्षा के प्रचार ने मातृभाषा के प्रचार को ढीला कर रखा है। हमारे युवक और कदाचित् स्त्रियाँ भी अँगरेज़ी ही की ओर दौड़ती हैं पर इसका असली कारण जैसा बहन जी ने लिखा है शिक्षा-प्रणाली में दोष है। यह दोष केवल इन्हीं शिक्षा-प्रणाली ही में नहीं है वरन् पुरुषों की शिक्षा विधि में भी है। हमारी शिक्षा-प्रणाली में क्या दोष अथवा क्या त्रुटियाँ हैं इसका विचार करने का स्थान यह छोटा-सा लेख नहीं है यह कभी अन्यत्र ही पाठकों की सेवा में अर्पण किया जायेगा। पर यह कहना आवश्यक होगा कि कुशिक्षा के कारण ही हमारे देश के युवकों तथा युवतियों में प्रायः शिक्षा का उल्टा फल दिखायी पड़ता है। कौन विद्या हमें पढ़ायी जाती है उसका दोष उसके प्रचार करने की रीति में है। यही कारण है कि हमारी शिक्षा हममें सच्चरित्रता जातीयता तथा स्वदेशानुराग पैदा करने के बदले गुलामों की तरह ख़ुशामदी आत्मसम्मानहीन तथा नरसिंह के बदले नरशृगाल बना देती है।

तथापि हर्ष का विषय है कि आजकल थोड़े दिनों से शिक्षित समाज का ध्यान इस ओर आकर्षित हुआ है। शिक्षा-प्रणाली में सुधार की आवश्यकता हमारे नेतागणों को भी दिखायी पड़ती है। कई एक जगह जातीय स्कूल कॉलेज भी खुल रहे हैं। इन्हीं शिशु इन्स्टीट्युशनों द्वारा हमारे देश में नवजीवन का संचार होना सम्भव है। आशा है हमारे शिक्षित भाई-बहन पक्षपात छोड़कर देश और काल की स्थिति पर विचार करते हुए देश के कल्याण साधन में तत्पर होंगे। पर साथ ही हमें यह अवश्य स्मरण रखना होगा कि अब पुराने लकीर के फ़क़ीर रहने से काम नहीं चलेगा। वर्तमान दशा में अपने देश तथा अन्य देशों के अच्छे गुणों को लेकर दूरदर्शिता की कसौटी पर कसकर हमें एक नवीन आदर्श स्थापित करना है और उसी के अनुसार कार्य्य (कार्य) करने से हमारे तथा हमारे देश का कल्याण होना सम्भव है।

महारथी—अप्रैल 1929

स्त्री की विवशता

चन्द्र देवी

मानव अध्यवसाय सहायक साधनों पर बहुत अंशों तक निर्भर रहता है। यदि वे साधन उस मनुष्य द्वारा उत्पन्न किये जा सकते हैं तब तो कोई बात नहीं, परन्तु यदि वे किसी बाह्य आधार द्वारा प्राप्त किये जा सकते हैं तो उसके लिए वायुमण्डल को उसी के आधार के पीछे-पीछे चलाना पड़ता है। संसार के अधिकांश जीवधारी इन दोनों प्रश्नों में उलझने की आवश्यकता ही नहीं रखते। यह अधिकांश में पशुश्रेणी से बना है और पशुश्रेणी को साधनों की आवश्यकता का अनुभव होने पर भी किसी के आश्रित नहीं बनना पड़ता। कोई बलात् उन्हें आश्रित बना ले तो दूसरी बात है। संस्कार-पद्धतियों की परवशता न होने के कारण उन्हें इसकी चिन्ता भी नहीं कि विवाह न किये जाने पर कन्या का जीवन-प्रवाह किस प्रकार संयत होगा और योग्य धनीमानी वर न खोजने पर उसका भरण-पोषण कैसे होगा। उनके यहाँ न नर जाति को विवशताएँ होती हैं और न मादा जाति को।

बहुधा शिक्षित भारतीय स्त्रियाँ कह दिया करती हैं— "स्वतन्त्रता मनुष्यमात्र का जन्मसिद्ध अधिकार है। अब पशुओं की मादाओं को अपने पशु-नरों की अपेक्षा किसी भाँति कम स्वतन्त्रता नहीं, तो यह प्रकृति सिद्ध सिद्धान्त है कि स्त्रियाँ पुरुषों की भाँति ही स्वाधीन रहें। यह केवल मनुष्य जाति की स्वार्थ-कल्पना का परिणाम है कि वह स्त्रियों पर अपना आधिपत्य जमाकर, "हम रुपया कमाते हैं, हम शिक्षित हैं आदि धमकियों से नाक की सीध पर चलना चाहते हैं। जिस प्रकार स्वार्थ-सिद्धि के लिए असंख्य अछूतों की सृष्टि हुई है इसी प्रकार असंख्य अबलाएँ भी अबलाएँ बना दी गयी हैं।" आज अपनी विवशताओं को पुरुषों की नीचता का परिणाम बताते समय वह इस बात को भूल जाती हैं कि अछूत अछूत होते हुए भी स्वाधीन हो सकते हैं परन्तु अबलाएँ स्वाधीन नहीं। उनके जीवन की प्रत्येक घड़ी परवशता की है। यदि सारा वायुमण्डल और उसके सारे प्रकृत सिद्धान्त उनकी विवशता की घोषणा करते हैं तो हम अछूतों के उदाहरण से किस प्रकार उनका साम्य कर सकते हैं। मनुष्य

न प्रकृति के विधानों में परिवर्तन कर सकता है और न सारे वायुमण्डल को अपनी स्वार्थ-सिद्धि का साधन बना सकता है। जब आज दिन संसार का कोई भी कार्य, कोई भी आन्दोलन सारे देश की सम्मति प्राप्त नहीं कर सकता और विशेषतः इस रँगे हुए अँगरेज़ी शिक्षा प्राप्त ज़माने में तो आजकल के दृष्टिकोण से अशिक्षित और उजड्ड संस्कृति में एक सिद्धान्त पर सारा देश कैसे सहमत हो गया? क्या उस समय कोई मनुष्य नारी-जाति का हितैषी नहीं था? क्या कोई नीतिज्ञ भी इस अनीति को देखकर न चौंका?

विवशता बाल्य-काल से लेकर मृत्यु तक उसके पीछे लगी रहती है। चाहे वह जीवन के किसी भी क्षेत्र में प्रतिष्ठित हो, विवशता उसका पीछा नहीं छोड़ती। क्रमशः जीवन के एक क्षेत्र को लीजिये और उस पर विचारकर देखिये।

बाल्य-काल

अबोध शैशव में संसार से परिचित होने की अवस्था के पूर्व तक तो संसार के बन्धन हो ही क्या सकते हैं, इसके पश्चात् बन्धनों और विवशताओं की उत्पति होती है। इसके पूर्व भी क्रियात्मक अनुभव से पता चलता है कि बाल-शिशु की अपेक्षा बाला-शिशु के नग्न रहने को अधिक बुरा समझा जाता है। वह शिशु संसार से अपरिचित है परन्तु फिर भी न जाने क्यों माताएँ उसे नग्न देखकर उसके निम्न अंगों को बार-बार ढकती रहती हैं। लज्जा का यह आरम्भिक परिचय संज्ञा प्राप्त कर लेने पर वैसा ही वायुमण्डल बनाता जाता है। संज्ञा होने पर वह बालिका तनिक-सी उच्छृङ्खलता करने पर माता द्वारा डपट दी जाती है। क्यों? जिससे उसमें स्त्रीसुलभ सुशीलता उत्पन्न हो जाये। बात-बात पर उससे कहा जाता है, "औरत की ज़ात और यह मर्दानी चालें? बेटी, स्त्री में शील, लज्जा आदि बातों का होना अत्यन्त आवश्यक है।" वह बालिकाएँ, जिन्हें गुड़ियाँ खेलने का अवसर मिलता है, बाल्य-काल से ही समझा दी जाती हैं कि गुड्डे और गुड़िया में क्या सम्बन्ध है। बहुधा कोई गुड्डेवाली रूठ जाती है और कहती है, "वाह मेरा गुड्डा है तेरी गुड़िया है। तू फिर भी लड़कीवाली और मैं फिर भी लड़केवाली हूँ।" इसी प्रकार वह स्त्रीत्व की पहचान करानेवाली बातें भी स्वयमेव ज्ञात हो जाती हैं।

अब लीजिये शिक्षित माताओं की शिक्षित बालिकाओं को, यद्यपि उन्हें गुड्डे गुड़ियाँ नहीं खिलायी जातीं परन्तु माता-पिता का वार्त्तालाप और भारतीय माता के जीवन के अनिवार्य विवश चिह्न बालिका के हृदय से नहीं छिपाये जा सकते। माता पहले अपने पति को खिलाती और फिर स्वयं खाती है, आराम-कुर्सी पर अस्त-व्यस्त लेटे हुए सहसा पति की आहट पर सँभलकर बैठ जाती या उठ खड़ी होती है, पति को रुग्ण देखकर दासी की भाँति उसकी सेवा करती और उसके दुःख में स्वयं दुःखी हो जाती है, ये बातें भी बालिका के हृदय में कुछ कम प्रभाव नहीं छोड़तीं। यह स्त्री

का प्रकृति का दोष है। भगवान् ने उसे माता के रूप में भेजा है, शक्ति का पद दिया है, माता का प्रेम, माता का हृदय, माता की सहिष्णुता आदि बातें दी हैं। हम उससे पिता की विभूतियों की आशा कैसे कर सकते हैं? कोमलता और कठोरता (Sterner and amiable sexes) के नाते भी स्त्री पुरुष के हृदयों की आपस में कोई तुलना नहीं की जा सकती।

फिर, कुछ ही वर्षों पश्चात् कुमारावस्था आ जाने पर कन्या के पिता-माता को उसकी प्रारम्भिक शिक्षा की आवश्यकता का अनुभव होने लगता है। अक्षरारम्भ बहुधा माता-पिता द्वारा ही कराया जाता है। अबोध बचपन से निकलते ही विचित्र टेढ़े-मेढ़े अक्षरों से भेंट होना कौतुक-सा जँचता है। लड़कों की प्रारम्भिक शिक्षा में भी यही कौतुक होता है, परन्तु उन्हें अक्षर-ज्ञान के अतिरिक्त और किसी बात की चिन्ता नहीं होती। वह उस कौतुक को बड़ी उत्सुकता से देखते और फलतः बहुत शौक से समझ भी जाते हैं। परन्तु कन्याएँ अपनी सहेलियों की देखा-देखी बुनना, कसीदे कताई आदि बातों की ओर आकर्षित हो जाती हैं मस्तिष्क एक समय में एक ही बात की ओर लगाया जा सकता है, परन्तु दो कौतुकों को व्यवस्थित होने पर बहुधा देखा जाता है कि वह और अधिक ध्यान देने लगती हैं, और दूसरे की चिन्ता मात्र उनका बहुत सा समय नष्ट कर देती है। यद्यपि स्त्रियों का मस्तिष्क स्वभावतः प्रखर होता है, परन्तु उसमें साथ-ही-साथ अव्यवस्थितता भी पुरुषों की अपेक्षा अधिक हुआ करती है। यही कारण है कि कोरे "क. ख. ग.' से चिपटे रहनेवाले बालक इन बालिकाओं से शीघ्र ही अधिक ठोस ज्ञान प्राप्त कर लेते हैं। मैं यह नहीं कहती कि इसके विपरीत उदाहरण संसार में होते ही नहीं। होते हैं, परन्तु बहुत कम।

अक्षर-ज्ञान प्राप्त कर चुकने पर बहुधा लड़के और लड़कियों को तख़्तियाँ लिखने का अभ्यास कराया जाता है। परन्तु लड़के और लड़कियों की तख़्तियों में अन्तर होता है। लड़के तख़्तियाँ पोतने और घोटने में भी अपने कपड़ों को इतना मैला नहीं होने देते जितना लड़कियाँ। हाँ, यदि लड़की अमीर घराने की हैं, तब तो नौकरों से सहायता मिल जाती है। परन्तु ऐसी दशा में उन्हें तख़्ती पोतने और घोटने के परिश्रम का अनुभव नहीं होता। दिन-भर तख़्तियाँ घोटने-पोतने में ही व्यतीत कर देती हैं। तख़्तियाँ लिख ही नहीं पातीं। उन लड़कियों के वस्त्र, जो स्वयं तख़्तियाँ पोतती और घोटती हैं, शीघ्र इसलिए भी मैले हो जाते हैं, कि धोतियाँ लम्बी होने के कारण उन बच्चियों से नहीं सँभाली जा सकतीं। बालकों के वस्त्र इतने लम्बे-चौड़े और शरीर से लिपटे हुए नहीं होते। यद्यपि यह बहुत साधारण-सी बात है, परन्तु इस मैले-कुचैलेपन से उनमें फूहड़पन का विकास होता जाता है। परन्तु इसमें दोष उनका नहीं, उनके माता-पिता का नहीं, प्रकृति का है जो उन्हें चारों ओर से—एड़ियों तक शरीर ढँकने की आज्ञा देती है। यह प्रकृति की आज्ञा है कि एक लँगोटा और आधी बाँह की कुरती पहनकर काम करने की लालसा होने पर भी उन्हें लोकाचार

के नाते ऐसा करने की आज्ञा नहीं मिलती। वही नारी की जाति का प्रश्न पद-पद पर उन्हें लज्जा और संकोच करने की आज्ञा देता रहता है।

तख़्तियों के लिखने में निपुणता प्राप्त कर चुकने पर व्यायाम और खेल-कूद का विषय और बढ़ा दिया जाता है। मुझे दुःख है कि स्त्रियाँ यह अनधिकार चेष्टा किया करती हैं। न वह स्वयं कहीं व्यायाम करती और कराना सीखती हैं और न उन्हें (अधिकांश में) व्यायाम का सम्यक् ज्ञान ही होता है। स्कूली लड़कों की देखा-देखी उन्हें भी कन्याओं को व्यायाम सिखाने की अभिलाषा उत्पन्न हो जाती है। फलतः "हाथ उठाओ, इस प्रकार घुमाओ, टाँगें बाँधकर इस प्रकार कूदो, रस्सी तानकर इधर-उधर घुमाओ और उछलकर इस प्रकार उसके बाहर निकल जाओ आदि ऐसी-ऐसी मनगढ़न्त व्यायाम की शिक्षा दी जाती है कि उस बेढंगी और बेतुकी शिक्षा से शरीर पुष्ट होने के स्थान पर बहुधा टूट-फूट जाता है। रस्सियों पर कूदनेवाली लड़कियों की बहुधा नसें उतरतीं, गर्भाशय उलटते और हड्डियाँ टूटती सुनी जाती हैं। मैंने काशी के स्वर्गीय प्रोफ़ेसर कालीदास जी माणिक द्वारा लिखित स्त्रियोचित व्यायाम की पुस्तक पढ़ी। परन्तु स्वयं आज तक एक-दो कन्या पाठशालाओं के अतिरिक्त और कहीं भी, वैसी व्यायाम-शिक्षा नहीं देखी। यदि कन्या पाठशालाओं में भी इस विषय की विशेष शिक्षा प्राप्त अध्यापिकाएँ इस कार्य के लिए नियुक्त की जावें तो सम्भव है व्यायाम का कुछ फल हो। व्यायाम कराने से ही शरीर पुष्ट नहीं होता। यदि लड़कियों के लिए एक घण्टा चक्की पीसने, चर्ख़ा कातने या किसी ऐसी अन्य गार्हस्थ्य-शिक्षा में व्यय किया जाये तो उससे दो कार्य सध सकते हैं, शरीर भी पुष्ट हो और गार्हस्थ्य जीवन भी श्रेयस्कर बने। जीवन को संयत तभी बनाया जा सकता है, जब बालक या बालिका को उचित शिक्षा की ओर लगाया जाये। किन्तु जब आधुनिक स्त्री-समाज की प्रकृति ही बदल गयी तो क्या किया जाये। अब उन्हें इन व्यायामों से घृणा हो तो कोई क्या करे। यह उनका नहीं, उनकी प्रकृति का दोष है। तभी तो मैं कहती हूँ कि प्रकृति ही उनकी इस विवशता का कारण है।

मैं इस अंक में केवल बाल्य-काल, अर्थात् शैशव और कुमारावस्था को ही लूँगी। इसलिए इस अवस्था में दी जानेवाली जो एकाध शिक्षाएँ रह गयी हैं, उनका उल्लेख और फिर कभी करूँगी।

अब रहा संगीत। एक तो संगीत की शिक्षा ही नाम-मात्र को दी जाती है और जो कुछ दी जाती है वह इस समय प्रारम्भिक होती है (माध्यमिक शिक्षा विवेचन स्थानानुसार आगामी अंकों में किया जायेगा)। अधिकांश बालिकाएँ, या यह कहिए कि लगभग सभी बालिकाएँ ठुमरी, दादरों, क़व्वालियों और ग़ज़लों की ओर अधिक आकृष्ट रहती हैं। कन्या-पाठशालाओं की अधिकांश अध्यापिकाएँ संगीत न जानने के बराबर जानती हैं और तनिक-सा हारमोनियम का अभ्यास होने पर अध्यापिकाएँ बन बैठती हैं। भारतीय स्त्रियाँ नब्बे प्रतिशत अशिक्षिता हैं और उनमें वही ढोलकी

के बन्ने, लाड़ी, सीठने आदि प्रचलित हैं। वह गाने केवल अज्ञान-वृद्धि ही करते हैं और ऐसी दशा में चारों ओर ऐसा वायुमण्डल पाने पर उन बेचारियों पर कहाँ तक असर न होगा? कलुषित और निरर्थक संगीत जिसमें श्रवणानन्द (Therapentic Value) न हो, संगीत ही कब कहा जा सकता है! यही कारण है कि वे इस शिक्षा से भी ज्ञान प्राप्त करने के स्थान पर अज्ञान ही प्राप्त करती हैं। परन्तु दोष इसमें भी उसी प्रकृति का है जिसने उन्हें उनकी विवशताओं के बन्धनों में इतना जकड़कर बाँध दिया है। आशा है, इन वाक्यों में कुछ सार हो तो पाठिकाएँ इन विवशताओं को दूर करने में प्रयत्नशील होंगी।

भारतीय नारी समाज

श्रीमती विमला देवी 'रमा'

परमात्मा ने मनुष्य जाति की सृष्टि करने कें पश्चात्, उनके शिक्षार्थ, अपने शुभ-आदेशों को, वेद नामक ग्रन्थ के रूप में भेजा। भगवान ने वेद में मनुष्यों को सम्बोधन करते हुए कहा है, "तुम स्त्री-पुरुष अभिन्न हो, सानन्द जीवन व्यतीत करो।" धर्मशास्त्रों ने स्त्रियों को देवी और पुरुषों को देव के नाम से सम्बोधित किया है। स्मृतियों ने तो साफ़-साफ़ शब्दों में कह दिया है कि स्त्रियाँ गृहलक्ष्मियां हैं। मनु भगवान् ने तो यहाँ तक कह दिया है कि, जिस घर में स्त्रियों का मान होता है, वह घर कभी भी विनष्ट नहीं हो सकता। स्त्रियों के अधिकार की चर्चा करते हुए, उन्होंने बतलाया है कि पुरुषों से स्त्रियों का किसी प्रकार अधिकार कम नहीं। उसी प्रकार अन्यान्य दूरदर्शी विद्वानों एवं उच्चकोटि के ग्रन्थों ने इन बातों का ख़ूब ज़ोर-शोर से मण्डन किया है।

यह बात कोई वाक्यपटुता या ग्रन्थकला प्रवीणता तक ही नहीं रही, बल्कि इसे हमारे पूर्वजों ने भली-भाँति कार्यरूप में परिणत कर प्रदर्शित कर दिया है। उन्होंने कभी भी स्त्रियों को कामतृप्ति का चलता पुर्ज़ा मशीन नहीं समझा, और न कभी स्वप्नों में भी, दुतकार बता, शीशे के ग्लास की भाँति चकनाचूर करने की हिम्मत बाँधी। वे सदा उन्हें जीवन का एकमात्र सहारा समझते रहे। तभी तो उन्हें अर्द्धाङ्गिनी की उपाधि देने में भी समर्थ हुए! क्यों नहीं? यदि स्त्रियां सिर्फ़ कामतृप्ति के लिए ही रखी जातीं, तो पुरुषोत्तमप्रकाश श्रीरामचन्द्र जी प्राणप्यारी सीता के लिए इतने व्याकुल होते दिखायी नहीं देते। उनके लिये शूर्पणखा तक भी वन-विहार के योग्य हो सकती थी। पर नहीं, वहाँ तो आदर्श प्रेम दिखलाना था। पति-पत्नी की एकता प्रदर्शित करनी थी। आह! कैसा बढ़िया आदर्श था हमारा! इधर पुरुष स्त्री के बिना अपने को पंगु समझता है, तो उधर हमारी देवियाँ पतिदेव के लिए कैसे शुभ शब्द उच्चरण करती हैं,

"जीव बिनु देह नदी बिनु बारी ।
तैसे ही नाथ पुरुष बिनु नारी ॥

भला इस दाम्पत्य प्रेम का फल क्या निकले? आयुर्वेद ने इस आदर्श दाम्पत्य प्रेम की बड़ी अच्छी महिमा गायी है। उसने अपने एक मन्त्र में बतलाया है कि, जिस

पति और पत्नी में प्रेम नहीं है, उसकी सन्तान कभी भी सुन्दर और योग्य नहीं हो सकती। सुन्दर, योग्य तथा प्रखर बुद्धिवाली सन्तान उत्पन्न करने के लिए यह आवश्यक है कि, पति-पत्नी में अटूट प्रेम संस्थापित रहे। हमारे पूर्वजों ने इसी सिद्धान्त को कारगर करने के लिए स्वयंवर की प्रथा चलायी थी। भगवान् रामचन्द्र ने सीता को स्वयंवर के द्वारा ही अपनाया। यही कारण था, कि उन दोनों पति-पत्नी के अन्दर ऐसा अटूट प्रेम संस्थापित हुआ कि, एक का दूसरे के बिना जीवन रखना असम्भव-सा प्रतीत होने लगा। उसी आदर्श दाम्पत्य क्षेत्र से लव और कुश जैसे महाबली और रण बाँकुड़ों का विशाल वंशवृक्ष उत्पन्न हुआ था। अर्जुन और सुभद्रा का अलौकिक दाम्पत्य प्रेम अभिमन्यु की ओर इशारा किये बिना नहीं रह सकता। "दाम्पत्य प्रेम क्या है?' उस कृतयुग के नर-नारी भली-भाँति जानते थे। क्यों? उस युग में उच्च कक्षीय शिक्षा का प्राधान्य था। सब जगह विद्वान् और विदुषी ही नज़र आती थीं। कहीं जगद्गुरु श्रीशंकराचार्य तर्क की मज़बूत कसौटी के साथ आध्यात्मिक क्षेत्र में पदार्पण कर रहे हैं, तो कहीं उन्हीं से मुठभेड़ करने के लिए मण्डल मिश्र की स्त्री अपनी तीक्ष्ण तर्क-तलवार चमकाती हुई आँखों से गुज़रने लगती है। फिर, भला ऐसे जाज्वल्य युग में स्त्रियाँ क्योंकर मूर्खा रह जायँ! भर्तृहरि के शासनकाल तक स्त्रियों को विशुद्ध संस्कृत भाषा में वार्त्तालाप करते हुए, देखा गया है। उनका वह भाषाबोध तक ही नहीं था; बल्कि वे उच्चतम शिक्षा की सर्वोत्कृष्ट पुजारिनी भी थीं। अपने भाग और गौरव के लिए अपने-आपको आहुति देने के लिए तैयार रहती थीं।

हमारा वह उन्नत युग समाप्त नहीं हुआ था कि मुसलमानों का ताण्डव नृत्य होना शुरू हुआ। उनके पैशाचिक काण्ड ने हिन्दू रमणियों के दिल दहला दिये। उस वक़्त उन भारतीय देवियों ने, अपने रक्षणार्थ, अपने को वीर रस में डुबो डाला। महारानी पद्मिनी के भुजदण्ड ने अलाउद्दीन के अभिमान को चकनाचूर कर दिया। महाराज पृथ्वीराज के समय, हज़ारों क्षत्राणियों ने संयोगिता के साथ, हर्षोन्मत्त हो, धकधक करती हुई अग्नि की लपटों को हृदय से लगा लिया। झाँसी की रानी लक्ष्मीबाई का अलौकिक जौहर आँखों को चकाचौंध कर देता है। ऐसी-ऐसी महान् गाथाएँ, ख़ून के अक्षरों से हमारे इतिहास के पन्नों में अंकित हैं।

पर अफ़सोस, वह दिल्ली दूरो-अस्त! हमारी वीर ललनाओं की इतिश्री के साथ-साथ हमारी भी इतिश्री हो गयी। हमने उनकी अवहेलना की, हम भी संसार के सामने अवहेलित किये गये। उनके लहलहाते जीवन पौधे को जो उन्नत पथ की ओर द्रुत वेग से बढ़ता जा रहा था, हमारे तीक्ष्ण कुठाराघात ने समूल नष्ट कर दिया। इससे वे पतन के गहरे गर्त्त में विलीन हो गयीं। फिर हम उन्नत की चरम सीमा पर क्योंकर सुदृढ़ रह सकें। हम भी गिरे, यहाँ तक गिरे कि पराकाष्ठा का ही दर्शन करना पड़ा। वह सुन्दर उत्थान युग हमसे कोसों दूर भाग गया।

मुसलमानों के डर से कहो, या भाग्य के फेर से पुरुषों ने स्त्रियों को परदे के कठिन साँकलों में कसकर रखना ही उचित समझा। बिचारी स्त्रियाँ परदे की चहारदीवारी के अन्दर ज़ोरों ज़ुर्म से ठूँस दी गयीं। उनके शरीर की झलकमात्र तक भी कोई नहीं देखने लगा। बिचारी ललनाएँ अबलाएँ कहलाने लगीं। उन्हें पशुवत् जीवन व्यतीत करने की आज्ञा दी गयी। इसलिए जिसमें वे अपने सतीत्व की रक्षा कर सकें। पर अफ़सोस तो यही है, कि इतनी जकड़बन्दियों के अन्दर रहने पर भी व्यभिचार और पापाचार का दौर-दौरा नहीं रुक सका। मुसलमानों के चंगुल में हिन्दू ललनाओं का फँसना फिर भी निश्चित ही रहा। शाहंशाह अकबर के शासनकाल का नौरोज़ी-मेला क्या बतलाता है? वहाँ किसका जमघट लगता था? नारियों का। क्या अकबर शाह ने, कितनी ही रमणियों का सतीत्व, उस मेल के द्वारा अपहरण नहीं किया था? देवी यशोदा पर अकबर का आक्रमण तथा उस देवी का चमचमाते छूरे से प्रतिकार करना क्या बतलाता है? सलीम शाहजादा, आलमगीर तथा नादिरशाह और नवाब वाजिद अलीशाह का ज़माना याद आते ही शरीर में प्रकम्पन हो जाता है। कितनी परदेनशीन स्त्रियों का जमघट उनके यहाँ लगा रहता था, इतिहास से प्रत्येक आदमी भली-भाँति पूछ सकता है।

पतन-युग अपना विकराल रूप धारण करता ही गया। हमारी विदुषियों की दशा दिनोंदिन शोचनीय होती ही गयी। हमने उनको परदे की जकड़बन्दियों में जकड़कर स्वास्थ्यविहीन बना डाला। आख़िर किसी बात की हद होती है क्या? हमारे स्वास्थ्य पर बन्द कोठरियों के दूषित वायु ने भयंकर छापा मारा। हम नारी-जाति थायसिस हिस्ट्रिया तथा प्रदर आदि रोगों से आक्रान्त रहने लगीं। आज बीसवीं शताब्दी की हालत और भयंकर प्रतीत होती है। बड़े-बड़े घरों की स्त्रियों में सैकड़े में पचास थायसिस से ग्रसित दिखायी देती हैं। हिस्ट्रिया और प्रदर का नम्बर, जो निन्यानबे तक भी पहुँच गया हो तो कोई आश्चर्य नहीं। डॉक्टरों ने इसका प्रधान कारण विशुद्ध वायु का न मिलना ही बताया है। परदे में भला ऐसा सुअवसर कैसे प्राप्त हो सकता है। फिर स्वास्थ्य बिगड़े न तो क्या हो?

पतन का यहीं तक अन्त नहीं होता। बल्कि दूसरा भयंकर दृश्य अविद्या, मूर्खता या शब्दशत्रुता का दिखायी देता है। इस परदे की चहारदीवारी के अन्दर रहते-रहते हमने अपने-आपके साथ-साथ अपनी संस्कृति का भी अन्त कर दिया। हमें कोई आवश्यकता नहीं प्रतीत होने लगी, कि हम भी गार्गी, अनुसूया, सीता और दमयन्ती का अनुकरण करें। हमने शब्दों से ऐसी शत्रुता कर ली कि "र, ट, प' का उच्चारण करना अपने रँड़ापे का साक्षात् चिह्न समझने लगीं। हमारे लिये काला अक्षर भैंस के बराबर हो गया। आज यदि बीसवीं शताब्दी के निकट भूत की सेन्सर रिपोर्ट उठाकर देखी जाये तो, शायद सैकड़े एक या दो ही पढ़ी-लिखी स्त्रियाँ मिल सकती हैं। अब भला पतन का दूसरा रास्ता क्या होता है? बिचारी निरीह स्त्रियाँ दिनोंदिन गिरती

गयीं, और किसी ने ख़याल तक भी नहीं दौड़ाया। लॉर्ड विलियम बेटिंग के सुधार काल में सती प्रथा का रक्तरंजित इतिहास विनष्ट किया गया सही, पर स्त्रियों की शिक्षा का कोई प्रबन्ध नहीं किया गया। वे विशाल खन्दक में दिनोंदिन गिरती ही गयीं। फिर, पराधीन देशों के लिए सुधार की आशा करना दुराशामात्र है भी। मार्ले-मिण्टो रिफ़ार्म हुआ, फिर भी स्त्रियों का कोई ज़िक्र नहीं किया गया। हाँ एक सुधार स्कीम ने कृपा दर्शायी है; उनका नाम है माण्टेग्यू चेम्सफोर्ड रिफ़ार्म। उन्हीं महाशयों ने कृपा दर्शाकर गर्ल्स स्कूल आदि को आवश्यक कार्यों में शुमार किया। पर वैसी कृपा ने हमारे लिये विष का ही काम किया। पुरुषवृन्द तो पाश्चात्य सभ्यता के पक्के पुजारी बन हैट, बूट, टाई की डाट लगाये हुए थे, कि इधर देवियों ने भी अपना पैर बढ़ाना शुरू किया। अँगरेज़ी रंगों में देवियाँ भी रँग-रँगकर मिस साहिबा बनने में सुख समझने लगीं। उन्होंने गृहस्थी के भार से कोसों दूर भागना ही श्रेयस्कर समझा। आज जितनी देवियाँ अँगरेज़ी स्कूलों की शिक्षिता देखने में आती है, सबकी प्रकृति आर्यमहिला प्रकृति से बिलकुल विपरीत, पाश्चात्य देशीय स्त्रियों की प्रकृति से बहुत-कुछ मिलती जुलती नज़र आ रही है—वे गृहस्थी का भार वहन करने के लिए किसी प्रकार से तैयार नहीं हैं। शिशुप्रसव के बाद उन्हें शिशु को छूने में गन्दगी मालूम होती है। शील और लज्जा का उनके हाथों गला घुट चुका है। उनके दिल में हमेशा "कार्ट शिप' करने की उत्सुकता प्रकट होती है। दिनोंदिन अनाचार का बाज़ार गर्म होता जा रहा है।

एक जमात मूर्ख महिलाओं की है। उन लोगों का कहना ही क्या? वे तो मरी हुई हैं ही। उन पर जो चाहे मनमानी कर ले उन्हें क्या परवाह! आज जहाँ इच्छा होती है, गुण्डे उन बेचारी अबलाओं का निशाना कर लिया करते हैं। राह चलते इज़्ज़त लूट ली जाती है। गंगा स्नान करते-करते लापता कर दी जाती हैं। अब भला इससे बढ़कर और दुर्गति क्या हो सकती है।

आधुनिक काल में स्त्री-शिक्षा की दशा

श्रीमती जुगुलादेवी भूषण

इस देश में बड़े-बड़े गगनचुम्बी पर्वत तथा उनसे निकलनेवाली स्वच्छसलिला नदियाँ, उपजाऊ भूमि के समतल मैदान और हर प्रकार के जलवायु होने के कारण प्रत्येक वस्तु की पर्याप्त उपज है, फिर भी देश भिखारी जिधर। देखिये उधर इसी प्रकार की चर्चा कि निर्वाह नहीं होता, तन को वस्त्र नहीं, उदर को भोजन नहीं बहुत-कुछ सिर धुनते हैं तो भी 17 करोड़ मनुष्यों को एक समय भी पेट-भर भोजन प्राप्त नहीं होता। बहुत-से तो स्त्री तथा पुरुष तारे ही गिनते-गिनते रात्रि काटा करते हैं और दैव तथा भाग्य को कोसा करते हैं। दुःख के साथ कहना पड़ता है कि जिस देश में स्त्री-पुरुषों की संख्या 33 करोड़ हो उस देश के मनुष्य दासता की ज़ंजीरों में जकड़े हों और उससे छूटने के हेतु कुछ पुरुषार्थ तथा उपाय न सोच सकें इससे अधिक अभाग्य एक देश के लिए क्या हो सकता है। जहाँ तक दृष्टिगोचर होता है ऐसी दशा स्त्री तथा पुरुषों में उचित शिक्षा के अभाव के कारण ही है। उनकी शिक्षा के संचालन में हमारी गवर्नमेण्ट का ध्यान बहुत ही कम है। होता तो शिक्षित अध्यापक तथा अध्यापिकाओं की कमी न होती। जो कुछ है उसका प्रबन्ध ठीक नहीं। योग्य पाठक तथा पाठिकाओं का मिलना बहुत ही कठिन है। इसका कारण यह है कि जितना वेतन शिक्षा विभाग में दिया जाता है उतना कम किसी भी अन्य विभाग में नहीं। यही कारण है कि उत्साही तथा उन्नतशील पुरुष इस विभाग की ओर ताकते भी नहीं। जिस किसी को सब ओर फाटक बन्द मिलता है वही इसकी शरण लेता है। थोड़े-से प्रोफ़ेसरों को छोड़कर कोई भी सुखपूर्वक समय बिताता नहीं दिखायी पड़ता। सबसे हीन दशा प्राइमरी शिक्षावालों की है। एक इंजीनियर जो अच्छा नक़्शा (नक़्शा) बनाकर मकान की नींव डलवाता है और एक अध्यापक जो बच्चों के जीवन की नींव डालता है इन दोनों में कितना अन्तर है? दीवार की ईंटों तथा मकान का दर्वाज़ा (दरवाज़ा) यदि उचित रीति से न लगाया जाये तो कितना भद्दा प्रतीत होगा, उसी भाँति यदि बच्चों की शिक्षा बचपन ही में उचित ढंग से आरम्भ नहीं की गयी है तो उनका जीवन ही भद्दा हो जाता है। शोक की बात है कि मकानों

के लिए तो योग्य इंजीनियरों का प्रबन्ध किया जाता है किन्तु बालक-बालिकाओं की शिक्षा के लिए योग्य अध्यापक तथा अध्यापिकाओं की खोज नहीं की जाती है, यह है हमारी शिक्षा-प्रणाली।

जब बालकों की शिक्षा की यह दशा है तो बालिकाओं की शिक्षा कैसे परिपूर्ण हो सकती है। क्योंकि स्त्री-शिक्षा के मार्ग में तो विघ्न-बाधाओं की कमी नहीं है। हर नगर में लड़कों के लिए हाईस्कूल कॉलेजों का बहुत-कुछ प्रबन्ध है। किन्तु कन्याओं के लिए ऐसा नहीं। उनकी पाठशालाओं के मकानों तक का प्रबन्ध पूरा नहीं किया जाता। अध्यापिकाओं की बड़ी भारी कमी रहती है। सामान भी पूरा नहीं मिलता और ध्यान भी पूरा नहीं जाता। कार्यकर्त्तागण पाठशालाओं का निरीक्षण उचित ढंग से नहीं करते। निरीक्षण भी हुआ तो उसका कोई परिणाम नहीं। थोड़े-थोड़े सुधारों में वर्षों लग जाते हैं और कन्याओं की दशा में अधिक परिवर्तन नहीं होता। बेचारी अध्यापिकाएँ इस विभाग में केवल इस विचार से पैर रखती हैं कि इस ढंग से उनकी जीविका चल जावेगी। वास्तव में वे उसी दशा में इसमें प्रवेश करती हैं, जब उन्हें अपने भरण-पोषण का कोई अन्य उपाय नहीं सूझता। किसी प्रकार परीक्षा पास करके वे पुस्तकों से पीछा छुड़ाती हैं फिर पुस्तकावलोकन की इतिश्री हो जाती है। ऐसी अध्यापिकाओं में जाति उन्नति तथा कर्त्तव्य का प्रेम कहाँ पाया जा सकता है वे केवल लालच तथा भय के कारण ही कुछ करती हैं। ऐसी कर्त्तव्यशून्य अध्यापिकाओं को पाकर बड़े-से-बड़े सुधारकों को भी साहसहीन होना पड़ता है। यह दशा प्राइमरी स्कूलों में सर्वत्र पायी जाती है। चाहे वे म्यूनिसिपलिटी के अधीन हों चाहे डिस्ट्रिक्ट बोर्ड के। सरकारी स्कूलों की दशा कुछ अच्छी है। इस अज्ञानतावश उन अध्यापिकाओं के मध्य जो पारस्परिक ईर्ष्या तथा द्वेष होता है, उसका प्रभाव बालिकाओं पर बहुत बुरा पड़ता है। अध्यापिकाओं को रहने के लिए उचित प्रबन्ध न करने के कारण ही यह दोष उनमें आ जाते हैं। क्योंकि यदि वे निकट-निकट रखी जावें तो उनमें स्नेह की मात्रा बढ़ायी जा सकती है। धार्मिक शिक्षा का अभाव भी इसका एक प्रधान कारण है।

घरेलू झगड़ों के कारण भी कन्याओं की शिक्षा में बड़ी हानि होती है। प्रथम तो कन्या के जन्म ही के समय से कुटुम्बवाले शोक-सागर में डूब जाते हैं और उसके लालन-पालन में भी कमी पायी जाती है। बड़े होने पर पुत्रियों की शिक्षा पुत्रों के समान नहीं होती, उनकी ओर पूर्ण ध्यान नहीं दिया जाता है, न उनको पूरा समय ही दिया जाता है और न पूरी सामग्री ही। केवल इतना ही ध्यान रखा जाता है कि चिट्ठी का लिखना-पढ़ना आ जावे और विवाह हो जाये। शिक्षा के स्थान पर दहेज़ की सामग्री ही एकत्रित की जाती है। माता-पिता इसे ही मुख्य कर्त्तव्य समझते हैं। ऐसी कुप्रथाओं से कैसे देश का कल्याण हो सकता है। ऐसी दशा के कारण स्त्रियों का हृदय क्यों न चूर्ण हो जाये क्योंकि उनके हृदयों पर ऐसे अन्यायों के पत्थर नित्यप्रति ही तोड़े जाते हैं। ईश्वरीय नियम के विपरीत कार्य करके कैसे सिद्धि प्राप्त

हो सकती है। यही कारण है कि जितना ही पुरुष आगे बढ़ने का प्रयत्न करते हैं उतना ही उनके पैर पीछे पड़ते हैं। क्योंकि स्त्रियों की सहायता के बिना शक्तिहीन ही रहते हैं। जब स्त्रियाँ इनकी अर्द्धाङ्गिनी हैं और यदि उनका आधा अंग निकम्मा है तो आधे अंग से उनको क्या सफलता मिल सकती है। इस देश में विधवाओं की एक बड़ी संख्या है यदि वे सुशिक्षिता होतीं तो उपदेशों द्वारा अपनी अन्य बहनों का कल्याण कर सकतीं और अपने भ्राताओं के कार्य्य (कार्य) में हाथ बँटा सकतीं।

यदि शिक्षा का प्रचार होता तो जिन बहनों के पति पर्य्याप्त (पर्याप्त) धन का उपार्जन नहीं कर पाते वे धनोपार्जन में उनका बहुत-कुछ हाथ बँटा सकतीं। स्त्री-शिक्षा की कमी के कारण करोड़ों रुपये व्यर्थ के कार्य्यों (कार्य) में व्यय हो जाया करते हैं। देशी वस्तुओं के प्रचार में स्त्रियों ही के कारण अड़चन पड़ती है। स्त्रियों के विदेशी वस्त्र के प्रेम के ही कारण देश का करोड़ों रुपया प्रतिवर्ष अन्य देशों को चला जाता है। यदि इन्हें तनिक भी ज्ञान होता तो यह देश को निर्धन होने से बचाने का अवश्य प्रयत्न करतीं। उस दशा में यह अमूल्य तथा चटकीली-भड़कीली वस्तुओं का प्रयोग करके तथा स्वयं सुशोभित बनकर अनाथ बच्चों का रोदन न देख सकतीं। यदि यही सदाचारिणी तथा ब्रह्मज्ञानिनी होतीं तो पुरुषों का सदाचार इस भाँति लोप न हो जाता। सदाचार की न्यूनता के कारण ईश्वर की उपासना में लोगों की अश्रद्धा हो गयी है। जिन मुखारविन्दों द्वारा वेदों का उच्चारण किया जाता था आजकल उन्हीं में से बीड़ी तथा सिगारों के धुएँ का प्रवाह दृष्टि आता है। क्या उन अमृतमय शब्दों का कार्य्य (कार्य) यह धूम्रप्रवाह करके दिखा सकता है।

जिन देवियों के मुखारविन्द तथा ललाट उनके तेज़ के कारण चमका करते थे वही पाउडर मल-मलकर चमक तथा शोभा बढ़ाने का प्रयत्न करती हैं किन्तु वह शोभा नहीं पातीं। प्राचीन काल की देवियों के हाथों में समय पड़ने पर कृपाण सुशोभित होती थी, वही अब "मनीबैगों' से अपने हाथों की शोभा समझती हैं। उपर्युक्त दशा स्त्रियों की उचित शिक्षा ही न मिलने के कारण है। उत्तरदायित्व अधिकतर पुरुषों के ऊपर ही है क्योंकि उनके हृदयों की संकीर्णता ही ने स्त्री समाज को इस अवस्था को पहुँचा दिया है।

न्यायकारी परमेश्वर को धन्यवाद है कि जिसने पुरुष-स्त्री को समान ही बनाया है। क्योंकि पुरुष तथा प्रकृति ही से संसार की रचना की गयी है। परन्तु स्त्रियों को इतना समय नहीं दिया जाता कि वे अपने विषय में कुछ निर्णय करके किसी परिणाम को पहुँच सकें कि वे किस प्रकार संसार-रूपी रंगमंच पर पैर रखकर और किस लक्ष्य को पकड़कर अपना जीवन व्यतीत करेंगी। पुरुषों ने उनके विषय में केवल इतना ही निर्णय किया है कि तीनों अवस्थाओं का समय वे उनकी ही अधीनता में बितावें, और उनके साथ में इतना ही उपकार किया है कि अपना विवाह करके वे पति पुत्र की अधीनता ही में अपना जीवन समाप्त करें। बचपन माता-पिता के अधीन,

युवावस्था पति के अधीन, जरावस्था पुत्र के अधीन इस भाँति उनकी जीवनलीला अधीनता ही में समाप्त हो जाती है। यही पुरुषों का न्यायशास्त्र है। कार्य तो उनको एक राज्य के समान सौंपा जाता है और शिक्षा कुछ दी नहीं जाती और यदि भूल होती है तो लांछन लगाये जाते हैं। यदि राजा धर्मशास्त्र का ज्ञान नहीं रखता है, नीतिज्ञ, वीर तथा कार्यकुशल नहीं तो भला क्या वह अपने राज्य का उचित प्रबन्ध कर सकता है कदापि नहीं। यही दशा स्त्रियों की है। यदि उनको पूर्ण शिक्षा न दी जावेगी तो उनका दोष क्या? दोष तो उस अवस्था में दिया जा सकता है जब बालक-बालिकाओं को प्रारम्भ ही से समानशिक्षा तथा व्यवहार से रक्खा (रखा) जावे और तब निर्णय किया जावे कि स्त्रियाँ क्या कर सकती हैं "क्या हैं" उनके विचार क्या हैं और क्या सहायता दे सकती हैं। केवल प्राचीन स्त्रियों के गुण की गाथा गाने ही से कि वे "देवी थीं" "तथा शक्ति थीं" लक्ष्मी थीं, अन्नदात्री थीं, सुखदायिनी थीं, वीरांगना थीं, कार्य सिद्ध नहीं होगा। किसी अन्य लोक से ऐसी स्त्रियाँ नहीं आ जायेंगी। उन्हें तो इसी लोक में प्रयत्न द्वारा बनाना पड़ेगा। तभी उनके सुशिक्षिता होने पर ही आपको वीर, धीर, साहसी, मानी, ज्ञानी तथा सदाचारी सन्तान प्राप्त हो सकेगी। यही सन्तान नवीन भारतवर्ष की नींव डालनेवाली होगी। इसलिए पुरुषों का परम धर्म्म (धर्म) है कि स्त्री-शिक्षा का पूर्ण प्रबन्ध करें। स्त्री-जाति के साथ न्याय करके कार्य्य (कार्य) संचालन में विलम्ब न करें, और इस विषैली शिक्षा-प्रणाली को दूर करके देश की परिस्थिति के अनुकूल उचित शिक्षा का प्रबन्ध करें। जब पुरुष तथा स्त्री, प्रकृति और ईश्वरीय नियम पर चलने लगते हैं तब उनसे भूल नहीं होती और विश्वास के पात्र बन जाते हैं। क्योंकि ऐसे पुरुषों से किसी समाज को हानि नहीं पहुँचती। उन्हीं से देश का कल्याण होता है और वही देव-देवियों के नाम से विख्यात हो जाते हैं।

मनुस्मृति में स्त्रियों का स्थान

श्री रत्नाकुमारी देवी 'काव्यतीर्थ'

तस्य कर्म विवेकार्थं शेषाणामनुपूर्वशः ।
स्वायंभुवो मनुर्धीमानिदं शास्त्रमकल्पयत् ।। अ. 1 श्लो.102 ।
अस्मिन्धर्मोऽखिलेनोक्तो गुणदोषौ च कर्मणाम् ।
चतुर्णामपि वर्णानामाचारश्चैव शाश्वतः ।। अ. 1 श्लो. 107 ।।

[स्वायंभुव मनु ने इस शास्त्र (मनुस्मृति) का निर्माण, उसके (ब्राह्मणों के) तथा अवशिष्ट वर्णों (क्षत्रिय, वैश्य, शूद्र) के भी कर्त्तव्यों की ज्ञानप्राप्ति के लिए किया है। इस शास्त्र में कर्मों के गुणावगुण तथा चारों वर्णों का सनातन आचार सम्पूर्णरूपेण बतलाया गया है]

मनुस्मृति का स्थान

यह कहने की आवश्यकता नहीं है कि मनुस्मृति का स्थान हिन्दुओं के सर्वश्रेष्ठ धर्मग्रन्थों में है। यह भारतीय वर्णव्यवस्था तथा आश्रमकर्त्तव्यों के निर्णय का आधार थी और अब भी अधिकांश में है, यह कहना अनुचित न होगा। अब भी धार्मिक विवादों के निर्णय की आवश्यकता पड़ने पर हमें इसी की शरण में जाना पड़ता है और इसका प्रमाण हम बिना नाक-भौं सिकोड़े मान लेते हैं। यह हमारे धार्मिक विवादों के निर्णय के लिए 'प्रिवी काउन्सिल' समझी जाती हैं। वर्तमान हिन्दू-क़ानून अधिकांश में इसी के आधार पर निर्मित है। इस ग्रन्थ में सनातन आचारों का विवेचन है। प्रश्न उठता है कि सनातन माने क्या? सनातन का अर्थ सदा से चला आनेवाला होता है और सदा का अर्थ हमें यहाँ आर्यागमन ही मानना पड़ेगा। यह नहीं माना जा सकता कि यह ग्रन्थ उन आचारों और कर्त्तव्यों का वर्णन करता है, जो आदि-आर्यों में प्रचलित थे; क्योंकि–

तस्मिन्देशे य आचारः पारम्पर्यक्रमागतः ।
वर्णानां सान्तरालानां स सदाचार उच्यते ।। अ. 2 श्लो. 18
एतद्देशप्रसूतस्य सकाशादग्रजन्मनः ।
स्वं स्वं चरित्रं शिक्षेरन् पृथिव्यां सर्वमानवाः ।। अ- 2 श्लो. 20

उस (ब्रह्मावर्त्त) देश में चारों वर्णों तथा उनके बीचवाली संकीर्ण जातियों का जो परम्परागत आचार है, वह सदाचार कहलाता है। इस (ब्रह्मर्षि देश) में उत्पन्न हुए ब्राह्मणादि से पृथ्वी के सब मनुष्य अपने-अपने चरित्र सीखें।

मनुस्मृति में किस देश के आचारों का वर्णन है?

मनु जी ने ब्रह्मावर्त्तवासियों के आचार को सदाचार माना है और ब्रह्मर्षिदेशवासियों से चरित्र का ज्ञान प्राप्त करने की आज्ञा दी है। ब्रह्मावर्त्त सरस्वती तथा दृषद्वती के बीच के भूभाग को तथा ब्रह्मर्षिदेश कुरुक्षेत्र, मत्स्य, पांचाल और शौरसैनिक को कहते थे, जो आधुनिक काल में पंजाब और संयुक्तप्रान्त का उत्तरार्द्ध है। आर्यों का ख़ैबर की घाटी से मथुरा तक फैलना दो-चार दिन, मास अथवा वर्ष का कार्य नहीं है। इसमें शताब्दियाँ व्यतीत हो गयी होंगी। इसके कालान्तर तथा स्थानान्तर के कारण आदि-आर्यों के चरित्रों और आचरणों में कुछ ही नहीं, वरन् महान् अन्तर पड़ जाने की सम्भावना है।

मनु जी ने ब्रह्मर्षिदेशवासियों का चरित्र आदर्श माना है। इस प्रकार यह सिद्ध होता है कि उनका अभिप्राय सनातन आचारों तथा कर्त्तव्यों से उन्हीं सामाजिक परिस्थितियों से है, जो उस समय आर्यों में दृष्टिगत होती थी जबकि वे मथुरा तक फैल गये थे। मनु भगवान् के पश्चात् आर्य लोग भारतवर्ष के लगभग सभी भागों में फैल गये। जैसे-जैसे उनका फैलाव हुआ, वैसे-वैसे अन्य स्मृतिकार उत्पन्न हुए, जिन्होंने भारत के विशेष-विशेष भागों के निवासियों की आवश्यकताओं को विशेषतः दृष्टि में रखकर स्मृतियाँ बनायीं। यही कारण है कि आज हम हिन्दूधर्मशास्त्र के मिताक्षरा, दायभाग, मिथिला, महाराष्ट्र, गुर्जर तथा दाक्षिणात्य अनेक भेद पाते हैं। यह कहना अत्युक्ति न होगी कि हिन्दूसमाज ने अपने सुदीर्घ जीवनकाल में सभी प्रकार के नियमों, कानूनों तथा सामाजिक आचार-विचारों की परीक्षा कर डाली है।

मनुस्मृति का काल

मनुस्मृति का निर्माणकाल विवादग्रस्त है। कोई इसे 2,000 वर्ष सं. पूर्व का और कोई केवल 100 वर्ष सं. पूर्व का सिद्ध करते हैं। सर विलियम जोन्स इसका निर्माणकाल 1,250 वर्ष सं. पूर्व, ब्यूलर केवल 200 वर्ष सं. पूर्व, विल्सन 800 वर्ष सं-पूर्व और हण्टर 500 वर्ष सं. पूर्व का मानते हैं। परन्तु इसके इससे भी अधिक प्राचीन होने के कम प्रमाण नहीं मिलते। जो भी हो, यह तो अवश्य ही मानना पड़ेगा कि यह शास्त्र आजकल का नहीं है, इसकी प्राचीनता पूवी तथा पश्चिमी दोनों ही विद्वत्समाज स्वीकार करते हैं।

मनुस्मृति निर्माण का उद्देश्य

अब विषयप्रवेश-स्वरूप में एक बात का विचार और करना आवश्यक प्रतीत होता है। मनुस्मृति के समान क़ानूनी शास्त्र की रचना का कारण क्या हो सकता है। उसके सम्पादन का विशेष लक्ष्य क्या ठहरता है। उसका निर्माण किस उद्देश्य की पूर्ति के लिए हो सकता है।

हमने देख ही लिया है कि मनुस्मृति सनातन आर्य आचारों तथा कर्त्तव्यों का विवेचन करती है। दूसरे शब्दों में यह भी कहा जा सकता है कि वह तात्कालिक समाज की समालोचना कर उसके आदर्श रूप की कल्पना करती है। उसका लक्ष्य तात्कालिक सामाजिक पापों को दूर कर ऐसे गुणों का समावेश करना है, जिनसे समाज आदर्शत्व को प्राप्त हो अन्य समाजों का शिरोमणि हो जाय। इस प्रकार यह कहा जा सकता है कि मनु जी स्वकालीन समाज के अंग-प्रत्यंगों पर प्रकाश डालते हुए उसके गुण-दोषों का विवेचन कर एक ऐसा मार्ग निर्दिष्ट करते हैं, जो उनकी दृष्टि में समाज को उच्चतम पद पर स्थापित करने की क्षमता रखता है।

हमारा उद्देश्य यहाँ सम्पूर्ण मनुस्मृति पर विचार करना नहीं है; हमको केवल उसके उसी अंश पर ध्यान देना है जिसका सम्बन्ध स्त्री-समाज से है, तथा यह देखना है कि मनु जी ने तात्कालिक नारी-समाज की समालोचना करने में उसके किन-किन गुण-दोषों का अनुभव किया तथा उसे आदर्शत्व के पद पर आरूढ़ करने के लिए किस मार्ग के अवलम्बन का विधान किया है। मनुस्मृति के स्त्री-समाज पर विचार करते समय कुछ ऐसे सिद्धान्त स्पष्ट भासित होने लगते हैं, जिनका प्रतिपादन मनु जी का लक्ष्य है और उन्हीं की सिद्धि के लिए उन्होंने भिन्न-भिन्न नियम तथा उपनियमों की रचना की है। वे सिद्धान्त तीन हैं—(1) सन्तति की शुद्धता, (2) स्त्री-रक्षा, (3) व्यभिचार-प्रतिरोध।

अन्तिम दो सिद्धान्त पहले के अन्तर्गत माने जा सकते हैं, परन्तु भिन्न रखने में विषय अधिक स्पष्ट हो जाता है।

अब यह देखना है कि मनुस्मृति के प्रत्यक्ष उदाहरणों में इन सिद्धान्तों की झलक कहाँ तक प्रतीत होती है और उनको ध्यान में रखते हुए मनु जी ने अपने आदर्श समाज में स्त्रियों का क्या स्थान रखा है और उनको कितने अधिकार देना स्वीकार किया है।

स्त्री-पुरुष की समानता

द्विधा कृत्वात्मनो देहमर्धेन पुरुषोऽभवत् ।
अर्धेन नारी तस्यां च विराजमसृजत्प्रभुः ॥ अ. 1 श्लो. 32

[(हिरण्यगर्भ) अपने शरीर को दो भागों में विभक्त कर आधे से पुरुष और आधे से स्त्री बन गया और दोनों के संयोग से विराट् पुरुष की उत्पत्ति की।]

सृष्टि के आविर्भाव का यह सिद्धान्त भगवान् मनु को भी मान्य था। और, उनके काल में यह सर्वमान्य तथा अकाट्य अवश्य ही समझा जाता होगा, अन्यथा इसका उल्लेख मनुस्मृति में कैसे होता।

इससे यह प्रतीत होता है कि तत्कालीन भारतीय समाज स्त्री और पुरुष के समानाधिकार स्वीकार करता था और उन्हें अन्योन्याश्रित समझता था। परन्तु आगे चलकर इस सिद्धान्त का अक्षरशः प्रयोग हमें कार्यरूप में नहीं मिलता-दोनों के अधिकारों में अन्तर दृष्टिगत होता है—एक का दूसरे की अपेक्षा श्रेष्ठत्व प्रतिपादित

किया जाता है। जैसा कि आगे चलकर हमारे सम्मुख आवेगा।

विवाह योग्य स्त्री-पुरुष

गुरुणामनुमतो स्नात्वा समावृत्तो यथाविधि ।
उद्वहेत द्विजो भार्यां सवर्णां लक्षणान्विताम् ॥ अ. 3 श्लो. 4
हीनक्रियं निष्पुरुषं निश्छदो रोमशार्शसम् ।
क्षय्यामयाव्यपस्मारिश्वित्रिकुष्ठिकुलानि च ॥ अ. 3 श्लो. 7
नोद्वहेत्कपिलां कन्यां नाविकांगीं न रोगिणीम् ।
नालोमिकां नातिलोमां न वाचाटां न पिंगलाम्। अ. 3 श्लोक. 8
यस्यास्तु न भवेदभ्राता न विज्ञायेत वा पिता।
नोपयच्छेत तां प्राज्ञः पुत्रिकाधर्मशंकया ॥ अ. 3 श्लो. 11

[गुरु की आज्ञानुसार विधिपूर्वक स्नानादि समावर्त्तनक्रिया को समाप्त करके, शुभ लक्षणयुक्त सजातीय कन्या से विवाह करे। क्रियाहीन, केवल कन्याओं को जन्म देनेवाला, वेद के अध्ययन से रहित, अधिक लोभयुक्त तथा अर्श, क्षय, मन्दाग्नि, मृगी, श्वेतकुष्ठ, गलितकुष्ठ रोग जिस कुल में हो, उस कुल की लड़की के साथ विवाह न करे। जिस कन्या के बाल भूरे हों, जो अधिकांगी हो, जिसके रोम न हों या बहुत हों, जो सदैव रोग पीड़िता रहे, जो बहुत बोलती हो, जिसकी आँखें पीली हों, उसके साथ विवाह न करे। जिसके भाई न हो या जिसके पिता को कोई न जानता हो, तो पुत्रिका धर्म की आशंका से उस लड़की के साथ विवाह न करे।]

यह हो गयी पूरी डाक्टरी। अब और बचा क्या? केवल लड़की ही कहाँ रही, उसके कुल-भर की डाक्टरी हो चुकी। इन नियमों से यही अभिप्राय जान पड़ता है कि सन्तति निर्दोष हो। परन्तु क्या मनु जी ने केवल कन्या के बापदादों की डाक्टरी की, वर की ओर उँगली भी नहीं उठायी, उसका नाम तक नहीं लिया? क्या उनकी दृष्टि में पुरुष स्वभाव से ही दोषशून्य हैं? अथवा उनके दोषों का विवेचन करना वे अनावश्यक समझते हैं? ऐसा नहीं है। यहाँ पर वह अवश्य ही पक्षपातरहित हैं। जिस प्रकार वह विवाहार्थ कन्या की पूर्ण परीक्षा करते हैं, उसी प्रकार वर को भी परीक्षारहित नहीं छोड़ते। हाँ, इतना अवश्य है कि मनु जी कन्या के बाह्य गुणों पर विशेष ध्यान देते हैं और वर के विषय में अन्तःगुणों की ओर उनका विशेष लक्ष्य दिखता है-

यादृग्गुणेन भर्ता स्त्री संयुज्येत यथाविधि ।
तादृग्गुणा सा भवति समुद्रेणेव निम्नगा ॥ अ. 9 श्लो. 22
उत्कृष्टायानिरूपाय वराय सदृशाय च ।
अप्राप्तामपि तां तस्मै कन्यां दद्याद्यथाविधि ॥ अ. 9 श्लो. 88
त्रीणि वर्षाण्युदीक्षेत कुमार्यृतुमती सती ।
ऊर्ध्वं तु कालादेतस्माद्विन्देत सदृशं पतिम् ॥ अ. 9 श्लो. 90

काममामरणं तिष्ठेद्गृहे कन्यर्तुमत्यपि ।
न चैवैनां प्रयच्छेतु गुणहीनाय कर्हिचित् ॥ अ. 9 श्लो. 89

[स्त्री विवाह आदि विधि से जैसे पति से संयुक्त होती है, समुद्र में मिलकर नदी के समान वह वैसे ही गुणवाली हो जाती है। कुल तथा आचार आदि से श्रेष्ठ, सुन्दर और सदृश वर मिलने पर विवाह के योग्य अवस्था न होने पर भी कन्या का विवाह कर दे। यदि पिता आदि विवाह न करें, तो ऋतुमती होने पर कन्या तीन वर्ष प्रतीक्षा करे। इसके पश्चात् सदृश वर को स्वयं चुन ले। कन्या ऋतुमती होने पर भी भले ही मरणपर्यन्त पिता के घर रहे, परन्तु गुणहीन वर को पिता आदि कभी न दें।]

इससे स्पष्ट है कि मनु जी समगुण वर कन्या के पक्षपाती हैं। ऐसा नहीं है कि उन्होंने कन्या के श्रेष्ठत्व के पीछे पड़कर वर की उपेक्षा ही कर दी हो। उत्कृष्ट वर प्राप्ति के लिए वह असामयिक विवाह तक करने के लिए उद्यत हैं, क्योंकि उनका उद्देश्य ही समगुण संयोग है। इतना ही नहीं, यदि कन्या को उत्कृष्ट वर की प्राप्ति न हो, तो वह यथावसर तीन वर्ष पश्चात् तक कन्या को अविवाहिता देखने को राजी हैं, और कम-से-कम समान गुणवाले को ही कन्या देने के पक्ष में हैं, नीच को नहीं। यहाँ तक कि वह नीच वर को कन्या देने की अपेक्षा उसका कुमारी रहते हुए ही मर जाना श्रेष्ठतर समझते हैं। विवाह-कार्य में अन्यायकर्त्ता को दण्ड भी देने की व्यवस्था करते हैं—

यस्तु दोषवतीं कन्यामनाख्याय प्रयच्छति ।
तस्य कुर्यान्नृपो दण्डं स्वयं षण्णवतिं पणान् ॥ अ. 8 श्लो. 224 ॥

जो मनुष्य दोषयुक्त कन्या का दान बिना दोष प्रकट किये ही कर दे, राजा उस पर 96 पण जुर्माना करे।

हीनजातिस्त्रियं मोहादुद्वहन्तो द्विजातयः ।
कुलान्येव नयन्त्याशु ससन्तानानि शूद्रताम् ॥ अ. 3 श्लो. 15
शूद्रावेदी पतत्यत्रेरुतथ्यतनयस्य च ।
शौनकस्य सुतोत्पत्या तदपत्यतया भृगोः ॥ अ. 3 श्लो. 16

असवर्ण-संयोग-निषेध

शूद्रां शयनमारोप्य ब्राह्मणो यात्यधोगतिम् ।
जनयित्वा सुतं तस्यां ब्राह्मण्यादेव हीयते ॥ अ. 3 श्लो. 17
दैवपित्र्यातिथे यानि तत्प्रधानानि यस्य तु ।
नाश्नन्ति पितृदेवास्तन्न च स्वर्गं स गच्छति ॥ अ. 3 श्लो. 18
वृषलीफेनपीतस्य निश्वासोपहतस्य च ।
तस्यां चैव प्रसूतस्य निष्कृतिर्न विधीयते ॥ अ. 3 श्लो. 19

[जो द्विज अज्ञानवश हीन जाति की कन्या से विवाह करते हैं, वे सन्तानसहित

अपने वंश को ही शीघ्र शूद्र बना डालते हैं। शूद्रा से विवाह करनेवाला ब्राह्मण पतित के तुल्य हो जाता है, यह अत्रि और गौतम का मत है। शूद्रा से सन्तानोत्पत्ति होने पर वह पतित होता है, यह भृगु कहते हैं। शूद्रा के साथ शयन कर ब्राह्मण अधोगति को प्राप्त होता है और उससे सन्तानोत्पत्ति होने पर तो ब्राह्मणत्व से ही रहित हो जाता है। जिस ब्राह्मण की विवाहिता शूद्रा होम, श्राद्ध, अतिथिभोजनादि कराती है, उसके हव्यकव्य को देवता पितर ग्रहण नहीं करते और वह ब्राह्मण स्वर्ग को नहीं जाता। जो ब्राह्मण शूद्रा के थूक के संयोग से अपने को दूषित करते हैं, उनके निःश्वास से अपने प्राणों को मलिन बनाते हैं और जो उसकी सन्तति से सन्ततिवान् होते हैं, उनके उद्धार के उपाय नहीं हैं।]

इससे तो वही सन्तानशुद्धता का प्रतिपादन झलकता है। समाज में वर्णसंकरता का प्रवेश न हो, इसी उद्देश्य की सिद्धि के लिए इन नियमों की रचना की गयी है, ऐसा भासित होता है। अस्तु, यहाँ तो अजातिसम्बन्ध का निषेध होता है, पर साथ ही मनु जी यह भी कहते हैं कि—

श्रद्दधानः शुभां विद्यामाददीत वरादपि ।
अन्त्यादपि परं धर्मं स्त्रीरत्नं दुष्कुलादपि ॥ अ. 2 श्लो. 238
स्त्रियो रत्नान्यथो विद्या धर्मः शौचं सुभाषितम्।
विविधानि च रत्नानि समादेयानि सर्वतः ॥ अ. 2 श्लो. 240
शूद्रैव भार्या शूद्रस्य सा च स्वा च विशः स्मृते।
ते च स्वा चौव राज्ञश्च ताश्च स्वा चाग्रजन्मनः ॥ अ. 3 श्लो. 13

[शुभविद्या को श्रद्धापूर्वक नीच से भी ग्रहण कर ले। मोक्ष के द्वारभूत तत्त्वज्ञान को चाण्डाल से भी सीखे तथा नीच कुल से भी स्त्रीरत्न को ले ले। स्त्री, रत्न, विद्या, धर्म, शौच, सुन्दर वचन और अनेक प्रकार के शिल्प जहाँ से भी प्राप्त हों, वहीं से उन्हें ले लेना चाहिए। शूद्र की शूद्रा ही स्त्री होती है— वैश्य की शूद्रा और वैश्या दोनों हो सकती हैं, क्षत्रिय की शूद्रा, वैश्या और क्षत्राणी ये तीन हो सकती हैं— तथा ब्राह्मण को शूद्रा, वैश्या, क्षत्राणी और ब्राह्मणी चारों ही से विवाह करने का अधिकार है।]

इन श्लोकों में तो पक्ष ही उलटा दिया है। सरसरी दृष्टि से देखने पर तो ज्ञात होता है कि मनु जी स्वयं अपना ही विरोध कर रहे हैं, परन्तु ऐसा नहीं है। वह आगे कहते हैं—

सवर्णाग्रे द्विजातीनां प्रशस्ता दारकर्मणि ।
कामतस्तु प्रवृत्तानामिमाः स्युः क्रमशोवराः ॥ अ. 3 श्लो. 12
न ब्राह्मणक्षत्रिययोरापद्यपि हि तिष्ठतोः ।
कस्मिंश्चिदपि वृत्तान्ते शूद्रा भार्योपदिश्यते ॥ अ. 3 श्लो. 14

[यथार्थतः (पहले तो) ब्राह्मण, क्षत्रिय और वैश्यों को सवर्णा से ही विवाह करना

चाहिए; परन्तु कामियों के लिए ब्राह्मणी, क्षत्राणी, वैश्या और शूद्रा; क्षत्राणी, वैश्या और शूद्रा; वैश्या और शूद्रा भी स्वीकृत (प्रशस्त) हैं। विपत्ति पड़े हुए भी (सवर्णा स्त्री न मिलने पर भी) ब्राह्मण और क्षत्रिय को शूद्रा को, भार्या बनाने का उपदेश किसी भी इतिहास में नहीं पाया जाता।]

इन श्लोकों से यह स्पष्ट है कि मनु जी का हृदय पूर्वकथित श्लोकों का अनुमोदन नहीं करता। समाज की आवश्यकतानुसार उन्हें यह अपवाद बनाने पड़े हैं। इससे यह भासित होता है कि मनु जी के समय में भारतीय आर्यसमाज कुछ पतित हो चला था, अथवा यों कहिये कि वह मनु जी के आदर्श नियमों को मानने के लिए पूर्णतः तैयार नहीं था। वह कामपाश में अधिकाधिक ग्रसित होने के कारण धार्मिक नियमों में कुछ स्वेच्छानुकूल परिवर्तन कराना चाहता था। इस प्रकार के विवाह सम्बन्ध समाज में प्रचलित थे, पर मनु जी उन्हें रोकना चाहते थे। अन्य अनेक स्थलों पर भी मनु जी ने असवर्णा स्त्री से विवाह का परोक्ष रीति से निषेध किया है। उसे अधिकार कम दिये हैं, उसे सवर्णा से प्रत्येक दशा में हीन ठहराया है, उसकी सन्तति को भी सवर्णा की सन्तति की अपेक्षा निम्नतर कहा है।

वर-कन्या की वैवाहिक स्वतन्त्रता

मनु जी ने सम्पूर्ण वैवाहिक अधिकार वर और कन्या के पिता आदि के लिए सुरक्षित रखे हैं, परन्तु उन्होंने इस कार्य के लिए वर-कन्या को भी कुछ स्वतन्त्रता अवश्य दी है। देखिये–

अदीयमाना भर्तारमधिगच्छेद्यदि स्वयम् ।
नैनः किञ्चदवाप्नोति न च यं साधिगच्छति।। अ. 9 श्लो. 91

[यदि पिता आदि के न देने पर कुमारी स्वयं ही अपना पति चुन ले, तो उसे कुछ भी पाप नहीं होता। उसका पति भी पापमुक्त रहता है।]

और भी-

त्रीणि वर्षाण्युदीक्षेत कुमार्यृतुमती सती ।
ऊर्ध्वं तु कालादेतस्माद्विन्देत सदृशं पतिम् ।। अ. 9 श्लो- 90

[यदि पिता आदि विवाह न करे, तो ऋतुमती होने पर कन्या तीन वर्ष प्रतीक्षा करे, इसके पश्यात् सदृश वर को स्वयं चुन ले।]

विवाह में धन का प्रश्न

यहाँ वे वयःप्राप्त कन्या के स्वयं पति चुन लेने पर उसे केवल निरपराधिनी ही नहीं ठहराते, वरन् उसे आज्ञा देते हैं कि वह सदृश पति को चुन ले।

न कन्यायाः पिता विद्वान् गृह्णीयाच्छुल्कमण्वपि ।
गृह्णन् शुल्कं हि लोभेन स्यान्नरोऽपत्यविक्रयी ।। अ. 3 श्लो. 51
आर्षे गोमिथुनं शुल्कं केचिदाहुर्मृषैव तत् ।

अल्पोऽप्येवं महान्वापि विक्रयस्तावदेव सः // अ. 3 श्लो. 53

[कन्या का विद्वान् पिता वर से ज़रा भी धन न ले, यदि लोभवश थोड़ा धन ले भी ले, तो उसे सन्तान बेचने का पाप होता है। कोई कहते हैं कि आर्ष-विवाह में वर से गो का एक जोड़ा लेना चाहिए। यह मिथ्या है; क्योंकि थोड़ा अथवा अधिक लेना बेचना ही है।]

यदि कन्या के सम्बन्धी तनिक भी धन ले लेवें, तो वे सन्तति बेचनेवाले हो जाये। दहेज़ आदि का मनुस्मृति में स्पष्टरूपेण परिमाण नहीं बतलाया गया है। कन्या को वस्त्रालंकारों से भूषित करके उसका दान करने का एक-दो स्थलों में उल्लेख मिलता है—

आच्छाद्य चार्चयित्वा च श्रुतशीलवते स्वयम् ।
आहूय दानं कन्याया ब्राह्मो धर्मः प्रकीर्तितः // अ. 3 श्लो. 27
यज्ञे तु वितते सम्यगृत्विजे कर्म कुर्वते ।
अलङ्कृत्य सुतादानं दैवं धर्मं प्रकीर्त्तितम् // अ. 3 श्लो. 28

[जिस विवाह में विद्या और आचारवाले वर को बुलाकर उत्तम वस्त्रालंकारों से कन्या को भूषित कर उसका दान किया जाता है, उसे ब्राह्मविवाह कहते हैं। यज्ञ के कर्म के विस्तृत होने पर तथा ऋत्विज के यज्ञ का कर्म कराने पर कन्या को अलंकारों से भूषित कर जिस विवाह में कन्या का दान किया जाता है, वह दैवविवाह कहलाता है।]

बालविवाह

त्रिंशद्वर्षोद्वहेत्कन्यां हृद्यां द्वादशवार्षिकीम्।
त्र्यष्टवर्षोष्टवर्षां वा धर्मे सीदति सत्वरः // अ. 9 श्लो. 94

[30 वर्ष का वर बारह वर्ष की सुन्दरी से विवाह करे और 24 वर्ष का वर 8 वर्ष की कन्या को स्त्री बनावे। इससे शीघ्र विवाह करने में धर्म की हानि है।]

यहाँ पर एक बात खटकती है। 30 वर्ष का वर तथा बारह वर्ष की कन्या और 24 वर्ष का वर तथा 8 वर्ष की कन्या का सम्बन्ध मनु जी ने किस सिद्धान्त पर निश्चित किया है? वर की अवस्था बहुत-कुछ अनुचित दिखती है। भला इस जोड़ी का मिलान कहाँ तक ठीक हो सकता है।

मनुस्मृति में विवाह-बन्धन-विच्छेद

मनु जी भी किन्हीं विशेष अवसरों पर विवाह-बन्धन विच्छेद के पक्षपाती दिखते हैं—

विधिवत् प्रतिगृह्यापि त्यजेत्कन्यां विगर्हिताम् ।
व्याधितां विप्रदुष्टां वा छद्मना चोपपादिताम् // अ. 9 श्लो. 72
अधिविन्ना तु या नारी निर्गच्छेद्रुपिता गृहात् ।

सा सद्यः सन्निरोद्धन्या त्याज्या वा कुलसन्निधौ। अ. 9 श्लो. 83

[विधि से ग्रहण की हुई स्त्री को भी पुरुष, यदि वह कलंकित निकले तो त्याग दे; जो रोगिणी हो, दूषित हो अथवा जो अधिक या हीन अंगों को छिपाकर ब्याही गयी हो, उसें भी त्याग दे। जो स्त्री घर से कुपित होकर निकल भागे, उसे उसी समय रोकना चाहिए, अथवा पिता आदि के पास छोड़ देना चाहिए।]

परन्तु उनके मत से इस क़ानून का उपयोग पुरुष ही कर सकता है, न कि स्त्री। दुर्गुणा दुष्टा स्त्री को पति त्याग सकता है; परन्तु वे ही दुर्गुण पति में हों, तो स्त्री को उसे त्यागने का अधिकार नहीं दिया गया। यहाँ पर भी वही सामाजिक आवश्यकता की झलक प्रतीत होती है। आदर्शरूप से वे इस प्रथा से सहमत नहीं दिखते। उनका यथार्थ कथन तो यह है—

न माता न पिता न स्त्री न पुत्रस्त्यागमर्हति । अ. 8 श्लो. 389
न निष्क्रियविसर्गाभ्यां भर्तुर्भार्या विमुच्यते ।
एवं धर्मं विजानीमः प्रजापतिविनिर्मितम् । अ. 9 श्लो. 46

[माता, पिता, पुत्र तथा स्त्री त्यागने योग्य नहीं होते। बेचने अथवा किसी को देने पर भी पति से स्त्री छूट नहीं सकती। ऐसे आदि-प्रजापति के कहे हुए धर्म को हम मानते हैं।]

मनुस्मृति में विधवा तथा विधुर-विवाह

कामं तु क्षपयेद्देह पुष्पमूलफलैः शुभैः ।
न तु नामापि गृहायात्पत्यौ प्रेते परस्य तु ।। अ. 5 श्लो. 157
आसीतामरणात्क्षान्ता नियता ब्रह्मचारिणी ।
यो धर्म एकपत्नीनां काङ्क्षन्ती तमनुत्तमम् ।। अ. 5 श्लो. 158
मृते भर्तरि साध्वी स्त्री ब्रह्मचर्ये व्यवस्थिता ।
स्वर्ग गच्छत्वपुत्रापि यथा ते ब्रह्मचारिणः ।। अ. 5 श्लो. 160
न विवाहावेवाकुलं विधवावेदनं पुनः ।। अ. 9 श्लो. 65
सकृदंशो निपतति सकृत्कन्या प्रदीयते ।
सकृदाह ददामीति त्रीण्मेतानि सतां सकृत् ।। अ. 9 श्लो. 47

[स्त्री शुभ फूल, मूल फलों से, थोड़ा आहार करके, भले ही शरीर को क्षीण बना ले, परन्तु पति की मृत्यु के बाद दूसरे का नाम भी ग्रहण न करे। क्षमाशीला, नियमयुक्ता ब्रह्मचारिणी, पतिव्रता के सर्वश्रेष्ठधर्म की इच्छा रखती हुई विधवा स्त्री मरणपर्यन्त स्थिर रहे। पति के मर जाने पर साध्वी स्त्री ब्रह्मचारिणी रहती हुई अपुत्रा भी स्वर्ग चली जाती है, जैसे वे ब्रह्मचारी गये थे। विवाह की विधि में विधवा-विवाह नहीं कहा गया। धन का विभाग एक ही बार होता है, कन्यादान एक ही बार होता है और कोई वस्तु किसी को एक ही बार दी जाती है। ये तीनों कार्य सज्जन एक ही बार करते हैं।]

इन श्लोकों से ज्ञात होता है कि मनु जी विधवा स्त्री को संन्यासिनी ही बनाना चाहते हैं। वह विधवा-विवाह के पक्षपाती नहीं हैं। परन्तु आप विधवाओं के समान विधुरों को भी संन्यासी बनने का उपदेश नहीं देते—

एवं वृत्तां सवर्णा स्त्री द्विजातिः पूर्वमारिणीम् ।
दाहयेदग्निहोत्रेण यज्ञपात्रैश्च धर्मवित् ।। अ. 5 श्लो. 167
भार्या वै पूर्वमारिण्ये दत्वाग्नीनन्त्यकर्मणि ।
पुनर्दारक्रियां कुर्यात्पुनराधानमेव च ।। अ. 5 श्लो. 168

[इस प्रकार की पतिव्रता स्त्री को यदि वह पहले मर जाये, तो धर्म का जाननेवाला पुरुष श्रौत तथा स्मार्त अग्नि से तथा यज्ञपात्रों से दग्ध कर दे। अन्त्य कर्म में पहले मरी हुई स्त्री का दाहकर्म करके पुरुष फिर से विवाह कर ले।]

इतना ही नहीं, मनु जी एक स्त्री के जीवित रहते हुए भी कुछ विशेष स्थितियों में पुरुषों को दूसरा विवाह करने की आज्ञा देते हैं—

मद्यपासाधुवृत्ता च प्रतिकूला च या भवेत् ।
व्याधिता वाधिवेत्तव्या हिंसार्थध्नी च सर्वदा ।। अ. 9 श्लो. 80
वन्ध्याष्टमेधिवेद्याब्दे दशमे तु मृतप्रजा ।
एकादशे स्त्री जननी सद्यस्त्वा प्रियवादिनी ।। अ. 9 श्लो. 81
या रोगिणी स्यात्तु हिता सम्पन्ना चैव शीलतः ।
सानुज्ञाप्याधिवेत्तव्या नावमान्या च कर्हिचित् ।। अ. 9 श्लो. 82

[जो स्त्री मद्य पीनेवाली, दुष्टाचारिणी, प्रतिकूल आचरण करने वाली, रोगिणी, हिंसा करनेवाली तथा व्यर्थ धन व्यय करनेवाली हो, तो उसके जीवित रहते हुए भी पुरुष को दूसरा विवाह कर लेना चाहिए। यदि स्त्री वन्ध्या हो तो आठवें वर्ष में, सन्तान मर जाती हो तो दसवें वर्ष में, लड़की-ही-लड़की होती हों तो ग्यारहवें वर्ष में और कटुभाषिणी हो तो उसी समय दूसरा विवाह कर लेना चाहिए। जो रोगिणी हो परन्तु हितैषिणी हो, तो उसकी आज्ञा लेकर दूसरा विवाह करे और कभी उसका अपमान न करे।] हाँ, वह दूसरा विवाह कर लेने पर भी पहली स्त्री का, यदि वह सुशीला हो तो, तिरस्कार करने की आज्ञा नहीं देते।

मनुस्मृति में नियोगक्रिया

देवराद्वा सपिण्डाद्वा स्त्रिया सम्यङ् नियुक्तया।
प्रजेप्सिताधिगन्तव्या सन्तानस्य परिक्षये ।। अ. 9 श्लो. 59
विधवायां नियुक्तस्तु घृताक्तो वाग्यतो निशि।
एकमुत्पादयेत्पुत्रं न द्वितीयं कथञ्चन ।। अ. 9 श्लो. 60
द्वितीयमेके प्रजनं मन्यन्ते स्त्रीषु तद्विदः ।

अनिवृत्तं नियोगार्थं पश्यन्तो धर्मतस्तयोः ।। अ. 9 श्लो. 61
विधवायां नियोगार्थे निवृत्ते तु यथाविधि ।
गुरुवच्च स्नुषावच्च वर्तयेतां परस्परम् ।। अ. 9 श्लो. 62

[स्त्री को चाहिए कि सन्तान के न होने पर देवर या अन्य किसी सपिण्ड से नियुक्त होकर अभिलषित सन्तान उत्पन्न करा ले। विधवा में नियुक्त पुरुष को चाहिए कि वह घृतान्क होकर तथा मौन का आश्रय लेकर केवल एक ही पुत्रोत्पत्ति करे। इस विषय के जाननेवाले दूसरे आचार्यों का मत है कि एक पुत्र का होना न होने के समान है, अतएव वह पुरुष धर्मपूर्वक नियुक्त होकर दूसरा पुत्र उत्पन्न करे। विधवा में यथाविधि नियोगकार्य समाप्त हो जाने पर वे दोनों परस्पर गुरु और वधू के समान व्यवहार करें।]

इससे यह ज्ञात होता है कि मनु जी के समय में यह क्रिया प्रचलित थी। कभी एक पुत्र के लिए और कभी अधिक के लिए भी इसका उपयोग किया जाता था। नियोगकाल के पश्चात् नियुक्ति का सम्बन्ध उच्च धार्मिक हो जाता था। कोई-कोई कहते हैं कि यह क्रिया सन्ततिवृद्धि के लिए थी। समाज की जनसंख्या कदाचित् कम रही होगी, अतएव उसकी वृद्धि का उपाय निकालना अनिवार्य हो गया होगा, जैसा कि अन्य समाजों में पाया जाता है परन्तु इस युक्ति से सन्तोष नहीं होता। यदि ऐसा ही था, तो एक अथवा दो सन्तान के लिए ही इसका उपयोग क्यों किया गया, सदा के लिए पुनर्विवाह क्यों न करा दिया गया? मनु जी ने विधवा विवाह का खण्डन क्यों किया? किसी का कथन है कि अपत्या विधवा के दुःख को दूर करने और अवशिष्ट आयु में उसकी रक्षा के लिए इस युक्ति का आविष्कार हुआ होगा, परन्तु वह भी अनुपयुक्त ही दीखता है; क्योंकि इस दशा में भी वही विधवा-विवाह अधिक उपयुक्त दीखता है। और अग्रसर होने पर हमें ज्ञात हो जाता है कि यह तात्कालिक समाज में एक भीषण दोष था। मनु जी स्वयं ही इसका विरोध करते हैं। इसकी उत्पत्ति के सम्बन्ध में वह कहते हैं-

अयं द्विजैर्हि विद्वद्भिः पशुधर्मो विगर्हितः ।
मनुष्याणामपि प्रोक्तो वेने राज्यं प्रशासति ।। अ. 9 श्लो. 66
स महीमखिलां भुञ्जन् राजर्षिप्रवरः पुरा ।
वर्णानां संकरं चक्रे कामोपहतचेतनः ।। अ. 9 श्लो. 67
ततः प्रभृति यो मोहात्प्रमीतपतिकां स्त्रियम् ।
नियोजयत्यपत्यार्थं तं विगर्हन्ति साधवः ।। अ- 9 श्लो. 68

[विद्वान् ब्राह्मणों ने इस पशुधर्म की बड़ी निन्दा की है। लोगों में इसका प्रचार वेन के शासनकाल में हुआ था। उस राजा ने सारी पृथ्वी का उपभोग करते हुए काम से हतज्ञान होकर वर्णों को संकर कर डाला था। तब से जो मनुष्य अज्ञानवश होकर विधवा स्त्री को सन्तान आदि के लिए नियुक्त करता है, उसकी साधुमण्डली में

निन्दा होती है।]

इस प्रकार इस प्रथा को चलानेवाला राजा वेन था। उसने स्वेच्छावश इसे चलाया। सत्पुरुष इसे निन्ध समझते हैं। इससे सिद्ध हुआ कि यह जनसंख्या-वृद्धि या विधवासुख के लिए नहीं बनायी गयी थी। और भी-

नान्यस्मिन्विधवा नारी नियोक्तव्या द्विजातिभिः।
अन्यस्मिन्हि नियुञ्जाना धर्मं हन्युः सनातनम्।। अ- 9 श्लो. 64
नोद्वाहिकेषु मन्त्रेषु नियोगः कीर्त्य क्वचित्।
न विवाहविधावुक्तं विधवावेदनं पुनः।। अ. 9 श्लो. 35

[द्विजों को चाहिए कि वे विधवा स्त्री को दूसरे से नियुक्त न करावें, क्योंकि ऐसा करने पर सनातन-धर्म नष्ट हो जाता है। वैवाहिक मन्त्रों में कहीं भी नियोग का उल्लेख नहीं है और विवाहविधायक शास्त्र में कहीं भी विधवा-विवाह का कथन नहीं है।]

इस प्रकार मनु जी इस प्रथा को निन्ध समझते हैं तथा उसके निषेध का उपदेश देते हैं।

स्त्रियों के साम्पत्तिक अधिकार

स्वेभ्योंशेन्यस्तु कन्याभ्यः प्रदद्युर्भ्रातरः पृथक् ।
स्वात्स्वादंशाच्चतुर्भागं पतितात्स्युरदित्सवः ।। अ. 9 श्लो. 118
मातुस्तु यौतुकं यत्स्यात् कुमारीभाग एव सः ।
दौहितृ एव च हरेदपुत्रस्याखिलं धनम् ।। अ. 9 श्लो. 131
अध्यग्न्यध्यावाहनिकं दत्तं च प्रीति कर्मणि ।
भ्रातृमातृपितृप्राप्तं षड्विधं स्त्रीधनं स्मृतम् ।। अ. 9 श्लो. 194
पत्यौ जीवति यः स्त्रीभिरलंकारो धृतो भवेत् ।
न तं भजेरन्दायादा भजमाना पतन्ति ते ।। अ. 9 श्लो. 200
अनपत्यस्य पुत्रस्य माता दायमवाप्नुयात् ।
मातर्यपि च वृत्तायां पितुर्माता हरेद्धनम् ।। अ. 9 श्लो. 217

[भाई अपने-अपने अंश का चतुर्थ भाग कन्याओं को दें। यदि किसी कारण से न दें, तो पतित समझे जायें। माता का धन उसकी मृत्यु के बाद कुमारी का ही होता है। (अपुत्र नाना का सारा धन लड़की का लड़का ही ले)। विवाह के समय अग्नि के समीप जो धन मिले, पिता के घर से पतिगृह-गमन के समय जो धन मिले, प्रसन्नता के लिए जो धन पति आदि दें तथा भाई, माता और पिता से मिला हुआ धन "स्त्रीधन' कहलाता है। पति के जीवित रहते हुए जो अंलकार स्त्री धरण करती हो, (उसकी मृत्यु के उपरान्त) उसे बन्धु-बान्धव स्त्री से न ले- यदि ले लें तो पतित हो जायँ। यदि किसी स्त्री का पुत्र अनपत्य ही मर जाय, तो वह धन उसी स्त्री (माता)

का हो और माता के मरने पर पिता की माता को वह प्राप्त हो।]

स्त्रियों के नैयायिक अधिकार

ख़ैर, साम्पत्तिक अधिकार तो जो हैं सो हैं ही। संसार के प्रायः बिरले ही समाज में उन्हें इससे अधिक साम्पत्तिक अधिकार दिये गये होंगे। परन्तु मनु जी ने उन्हें नैयायिक अधिकारों से सर्वथा ही वंचित रक्खा है।

एको लुब्धस्तु साक्षी स्यात् बह्व्यः शुच्योऽपि न स्त्रियः ।
स्त्रीबुद्धेरस्थिरत्वात्तु दोषैश्चान्यैश्च ये वृताः ।। अ. 8 श्लो. 77

[लोभरहित एक ही पुरुष साक्षी हो सकता है, परन्तु पवित्र होने पर भी बहुत-सी स्त्रियाँ नहीं हो सकतीं- क्योंकि उनकी बुद्धि अस्थिर रहती है और दूसरे बहुत-से दोषों से ये व्याप्त रहती हैं।]

और तो और, न्यायालय में साक्षी देने तक का उन्हें अधिकार नहीं दिया गया। आश्चर्य यह है कि एक साधारण पुरुष के सामने, जो केवल निर्लोभी हो, बहुत-सी स्त्रियाँ, जो पूर्णतः पवित्र हों, कोई चीज नहीं हैं। इसका कारण क्या हो सकता है, यह तो मनु जी ही पूर्णरूपेण जान सकते हैं। कदाचित् उनके समय में स्त्रियों की बुद्धि इतनी चपल रही हो कि उस पर तनिक भी विश्वास न किया जाता हो। किन्तु आजकल मनु जी के इस सिद्धान्त को लोग कहाँ तक मान सकते हैं, यह सन्देहास्पद है।

इस प्रकार स्त्रियों से सम्बन्ध रखनेवाली मनु महाराज की लगभग सभी बातों का दिग्दर्शन हो गया। अब प्रश्न यह उपस्थित होता है कि मनुस्मृतिकार ने स्त्री समाज के साथ सदृव्यवहार किया या दुर्व्यवहार; न्याय किया है अथवा अन्याय। हमारे आधुनिक समाज में इस प्रश्न को लेकर गहरा मतभेद हो गया है। एक समुदाय भगवान् मनु को स्त्री-समाज का शत्रु मानता है और अपने समर्थन में उनके निम्नलिखित वाक्यों को उद्धृत करता है-

बालया वा युवत्या वा वृद्धया वापि योषिता ।
न स्वातन्त्रेण कर्त्तव्यं किञ्चत्कार्यं गृहेष्वपि ।। अ. 5 श्लो. 147
बाल्ये पितुर्वशे तिष्ठेत्पाणिग्राहस्य यौवने ।
पुत्राणां भर्तरि प्रेते न भजेत्स्त्री स्वतन्त्रताम् ।। अ. 5 श्लो. 148
पित्रा भर्त्रा सुतैर्वापि नेच्छेद्विरहमात्मनः ।
तेषां हि विरहेण स्त्री गह्ये कुर्यादुभे कुले ।। अ. 5 श्लो. 149
यस्मै दद्यात्पिता त्वेनां भ्राता चानुमते पितुः ।
तं शुश्रूषेत जीवन्तं संस्थितं न च लंघयेत् ।। अ. 5 श्लो. 151
विशीलः कामवृत्तो वा गुणैर्वा परिवर्जितः ।
उपचर्यः स्त्रियाँ साध्व्या सततं देववत्पतिः ।। अ. 4 श्लो. 154
नास्ति स्त्रीणा पृथग्यज्ञौ न व्रतं नाप्युपोषितम्।

पतिं शुश्रूषते येन तेन स्वर्गे महीयते।। अ. 5 श्लो. 155

[बालिका, युवती अथवा वृद्धा स्त्री को घर में भी कोई कार्य स्वतन्त्रता से न करना चाहिए। स्त्री को बाल्यावस्था में पिता के, युवावस्था में पति के तथा स्वामी की मृत्यु के पश्चात् पुत्रों के अधीन रहना चाहिए। किसी भी दशा में उसके लिए स्वतन्त्रता का विधान नहीं है। पिता, पति तथा पुत्रों से पृथक् नहीं रहना चाहिए; क्योंकि ऐसा होने पर स्त्री, पिता तथा पति दोनों के कुलों को कलंकित कर देती है। जिस पुरुष को पिता या पिता की आज्ञा से भाई दे देवे, उसी की जीते जी स्त्री सेवा करे और उसके मर जाने पर भी उसका उल्लंघन न करे। पति के आचरणरहित, कामी अथवा निर्गुण होने पर भी साध्वी स्त्री को देवता के समान उसकी सेवा करनी चाहिए। स्त्रियों के लिए किसी भी यज्ञ का विधान नहीं है, कोई व्रत अथवा उपवास उन्हें न करना चाहिए, वे केवल पति की ही सेवा द्वारा स्वर्ग में उच्च स्थान प्राप्त कर सकती हैं।]

परन्तु भगवान् मनु स्त्री-जाति के शत्रु नहीं थे, यह सिद्ध करना कठिन नहीं है। उनके इन श्लोकों को भी पढ़ना ही होगा-

यत्र नार्यस्तु पूज्यन्ते रमन्ते तत्र देवताः ।
यत्रैतास्तु न पूज्यन्ते तत्र सर्वाफलाः क्रिया ।। अ. 3 श्लो. 56
शोचन्ति जामयो यत्र विनश्यत्याशु तत्कुलम् ।
न शोचन्ति तु यत्रैता वर्द्धते तद्धि सर्वदा ।। अ. 3 श्लो. 57
जामयो यानि गेहानि शपन्त्यप्रतिपूजिताः ।
तानि कृत्या हतानीव विनश्यन्ति समन्ततः ।। अ. 3 श्लो. 58
तस्मादेताः सदा पूज्या भूषणाच्छादनाशनैः ।
भूतिकामैनरैर्नित्यं सत्कारे सूत्सवेषुच ।। अ. 3 श्लो. 59
सन्तुष्टो भार्यया भर्ता भर्त्र भार्या तथैव च ।
यस्मिन्नेव कुले नित्यं कल्याणं तत्र वै ध्रुवम् ।। अ. 3 श्लो. 60
स्त्रियाँ तु रोचमानायां सर्वं तद्रोचते कुलम् ।
तस्यां त्वरोचमानायां सर्वमेव न रोचते ।। अ. 3 श्लो. 62

[जहाँ स्त्रियाँ सम्मानित की जाती हैं, वहाँ देवता प्रसन्न रहते हैं, और जहाँ इनका अनादर होता है, वहाँ सारे शुभ कृत्य शीघ्र विफल हो जाते हैं। स्त्रियाँ जहाँ दुःखित रहती हैं, वह कुल शीघ्र ही नष्ट हो जाता है और जहाँ ये प्रसन्न रहती हैं वह सदा वृद्धि को प्राप्त करता रहता है। अपमानित होकर स्त्रियाँ जिस कुल को कोसती हैं, वह कृत्यादल के समान चारों ओर से नष्ट होने लगते हैं। अतः ये स्त्रियाँ उत्सवादिकों के समय भूषणवसन तथा भोजनादि से, उन्नति की इच्छा रखनेवाले मनुष्यों द्वारा सदा सम्मानित की जानी चाहिएँ। जिस कुल में पति पत्नी से तथा पत्नी पति से सन्तुष्ट

रहते हैं, वह कुल सर्वदा कल्याण का भागी रहता है। स्त्री यदि प्रसन्न रहे, तो सारा कुल प्रसन्न रहता है, यदि वह दुःखित रहती है, तो सब-कुछ बुरा लगता है।]

पुरानी लकीर को पीटनेवाला एक दूसरा समुदाय मनुस्मृति के प्रत्येक वाक्य को ब्रह्मवाक्य मानता है और उससे तिल-भर भी हटने की सम्मति देनेवालों को भरपेट कोसता है। हमारी तुच्छ बुद्धि में ये दोनों समुदाय भ्रम में हैं। मनुस्मृति के स्त्री सम्बन्धी कई नियमोपनियम वर्तमान स्त्री-समाज के लिए नितान्त अनिष्टकर हैं। इसी प्रकार यूरोप से उधार ली हुई बीसवीं शताब्दी की स्त्रियों के अधिकारों की सूची को सामने रख मनुस्मृतिकाल को स्त्री-जाति का शत्रु सिद्ध करना अन्याय की पराकाष्ठा है। भगवान् मनु न तो स्त्री-समाज के शत्रु थे और न विशेष पक्षपाती ही। आज स्त्री-समाज तथा पुरुष-समाज के अधिकारों में पृथक्त्व स्थापित कर जो एक प्रकार का अप्राकृतिक युद्ध छेड़ दिया गया है, उसकी या तो मनुकालीन समाज में कल्पना ही नहीं की गयी थी अथवा स्वयं मनु को उस पर विचार करना अभीष्ट न था। उन्होंने अपने युग के मनुष्य-समाज के लिए और उसमें भी विशेषकर भारतीय मनुष्य-समाज के लिए—खासकर गंगा-यमुना से सिंचित आर्यावर्त्त में बसनेवाले मनुष्य-समाज के हित के लिए—अपने नियमोपनियम बनाये हैं। यदि हम भगवान् मनु तथा उनके ग्रन्थ मनुस्मृति की निष्पक्ष आलोचना करना चाहते हैं, तो हमें तात्कालिक समाज की आवश्यकताओं का ज्ञान होना अनिवार्य है। ज़रा अनुमान कीजिये कि शारीरिक, मानसिक तथा आत्मिक, तीनों प्रकार के गुणों से विशेषतः सम्पन्न और तात्कालिक मानव-सभ्यता के लगभग उच्चतम शिखर पर आरूढ़ मुट्ठी-भर आर्यों का समूह भारत के सबसे अधिक उर्वर पंजाब तथा गंगा-यमुना के दोआब पर आकर क़ब्जा कर लेता है। उस समूह के लगभग सभी ओर या तो नितान्त बर्बर अथवा अर्द्धसभ्य जातियों के लोग बसे हैं या अन्य लोग, जो पशुबल से तो युक्त हैं, किन्तु अन्यान्य गुणों से न्यूनाधिक शून्य हैं। इस परिस्थिति में आर्यजाति के नेताओं को क्या करना चाहिए? वे अपने समाज को चारों ओर से उमड़नेवाले अनार्यों के सागर में डुबोकर सदा के लिए अपना अस्तित्व मिटा सकते हैं अथवा यदि वे चाहें, तो अपने श्रेष्ठत्व की रक्षा के नाम पर कमर कसकर खड़े हो सकते हैं और अपने बुद्धिबल से आवश्यक उपायों का अवलम्बन कर न केवल अपनी रक्षा कर सकते हैं, वरन् मानव-सभ्यता की उन्नति में विशेष सफलता प्राप्त कर सकते हैं। यदि उन्होंने प्रथम मार्ग का अवलम्बन किया होता, तो आज भारतीय इतिहास कैसा होता, इसकी कल्पना भी असम्भव है। किन्तु उन्होंने इसी द्वितीय पथ का अनुसरण किया और भारतीय इतिहास में संसार-भर के लिए जो आदरणीय बाते हैं, उनका श्रेय उनके इसी निश्चय को है। इस निश्चय को कार्यरूप में परिणत करने का भार तत्कालीन जिन महापुरुषों पर था, उनमें भगवान् मनु का स्थान बहुत ऊँचा

है। सम्पूर्ण भारतीय इतिहास के प्रत्येक पृष्ठ को काला किये बिना हम मनु जी के मुख पर कालिख नहीं लगा सकते। मनुकालीन समाज के सामने सबसे बड़ा प्रश्न आत्मरक्षा का था। मुट्‌ठी-भर आर्यों की सन्तति विशुद्ध आर्य रहेगी अथवा धीरे-धीरे वर्णसंकरों की वृद्धि हो जायगी, यह कठिन समस्या उपस्थित थी। आत्मरक्षा का प्रश्न था। आर्यरक्त की शुद्धता का प्रश्न था और वह निर्भर था अनार्यों के साथ वैवाहिक सम्बन्ध से बचने पर। इस वैवाहिक सम्बन्ध से आर्य-स्त्री-समाज का विशेष सम्बन्ध था; क्योंकि किसी भी पुरुष का अनार्य-स्त्री के साथ सम्बन्ध करना-न-करना उसकी इच्छा पर निर्भर हो सकता था। किन्तु स्त्री-समाज के शारीरिक शक्ति में हीन होने के कारण अनार्य उन पर बल प्रयोग भी कर सकते थे। संक्षेप में अनार्यों से आर्यस्त्रियों की रक्षा करने पर आर्यजाति के पृथक् अस्तित्व का प्रश्न अवलम्बित था। हमारी यह कोरी कल्पना नहीं है। इसे सिद्ध करने के लिए मनुस्मृति के दो श्लोक उद्धृत किये जाते हैं-

स्वां प्रसूतिं चरित्रं च कुलमात्मानमेव च ।
स्वं च धर्मं प्रयत्नेन भार्यां रक्षन्हि रक्षति ।। अ. 9 श्लो. 7
यादृशं भजते हि स्त्री सुतं सूते तथाविधम ।
तस्मात्प्रजाविशुद्ध्यर्थे स्त्रियं रक्षेत्प्रयत्नतः ।। अ. 9 श्लो. 9

[मनुष्य अपनी सन्तति, चरित्र, वंश, स्वयं और अपने धर्म की रक्षा, स्त्री की रक्षा करते हुए ही कर सकता है। स्त्री जैसे पुरुष का सेवन करती है, सन्तति भी वैसी ही होती है। अतः पवित्र सन्तति के लिए स्त्री की रक्षा करे।]

यदि हम इस सिद्धान्त को सामने रखकर मनुस्मृति का अध्ययन नहीं कर सकते, तो उसके तथा मनु भगवान् के साथ न्याय करना हमारे लिए असम्भव है। मनु जी ने स्त्रियों को देवी कहकर ही सन्तोष नहीं किया, वरन् उन्हें गृह में सभी प्रकार के अधिकार देकर गृहदेवी बना दिया। यदि उन्होंने "न स्त्री स्वातन्त्र्यमर्हति" नियम बनाया, तो उसका अर्थ केवल यही है कि गृह के बाहर के जीवनसंग्राम में उसे स्वतन्त्रता नहीं है। जहाँ तक गृह का सम्बन्ध है, वह केवल स्वतन्त्र ही नहीं, वरन् गृहस्वामिनी है। यदि वह घर और बाहर, दोनों जगह परतन्त्र कर दी गयी होती, तो भारतीय इतिहास में हमें राम, कृष्ण, भीम और अर्जुन आदि महापुरुषों के दर्शन ही न होते।

हमारा निज का मत यह है कि मनु महाराज ने अपने युग की आवश्यकताओं को ध्यान में रखते हुए स्त्री-समाज के साथ न्याय किया है। आज समय के परिवर्तन से हम स्त्री-समाज के अधिकारों में परिवर्तन कर सकते हैं, पर मेरी तुच्छ बुद्धि में यह परिवर्तन सोच विचार के बाद होना चाहिए। इस समय तो पाश्चात्य समाज के अन्धअनुकरण की ही विशेष धूम दिखायी देती है। "पुरुषों से स्त्रियाँ किसी भी प्रकार कम नहीं हैं, इसलिए उन्हें समान अधिकार मिलने चाहिए" इसी प्रकार का तर्क चारों

ओर सुनायी पड़ता है। मेरे विचार में यह तर्कशैली दोषयुक्त है। स्त्री-पुरुष न तो समान ही हैं और न असमान ही। न कोई छोटा है और न कोई बढ़ा। प्रकृति ने जिसे जैसा निर्मित किया है, वह वैसा ही रहेगा। प्रकृति के बन्धन को तोड़ना नितान्त असम्भव है। इसमें स्त्री-जाति का लाभ नहीं- क्योंकि इससे वह अपने व्यक्तित्व को खो बैठेगी।

चाँद-दिसम्बर 1932

स्त्रियों की बढ़ती हुई स्वतन्त्रता

श्रीमती सरलाबाई नायक

प्रचलित युग को कलियुग कहने की अपेक्षा क्रान्तियुग कहना अधिक उपयुक्त होगा। जो बातें पहले नहीं हुई थीं, वे ही आज मनुष्य को चकित कर रही हैं। कालचक्र के अनुसार संसार के सब क्षेत्रों में परिवर्तन हुआ है, या यों कहिये कि बड़े वेग के साथ परिवर्तन हो रहा है और हर जगह क्रान्ति के चिह्न दिखलायी दे रहे हैं। राजनैतिक, धार्मिक, सामाजिक आदि सभी आचार-विचार में क्रान्ति दिखलायी देती है। चीन, जापान, रशिया, टर्की इत्यादि राष्ट्रों ने अपनी-अपनी शासन-पद्धति में आश्यर्यजनक परिवर्तन कर दिखलाया है। जिस सिद्धान्त के लिए यह परिवर्तन हो रहा है, वह यह है कि सत्ता और स्वातन्त्र्य किसी एक व्यक्ति अथवा चन्द ख़ास व्यक्तियों के अधिकार में न होना चाहिए। इतना ही नहीं, बल्कि सब लोगों को या कम से कम जितने अधिक लोगों को हो सके, स्वातन्त्र्य और सत्ता दी जानी चाहिए। एक या दो शताब्दी पहले फ्रान्स और इंग्लैण्ड में जो क्रान्ति हुई थी, उसका भी ध्येय "समानता और स्वातन्त्र्य' था। इसी सिद्धान्त के पालनार्थ अनेक आन्दोलन हुए और अनेक भयंकर घटनाएँ घटीं। अपने आस-पास की इस हलचल के कारण हमारा हिन्दुस्तान देश भी आज अपनी कुम्भकर्णी निद्रा से जाग रहा है और बड़े दुःख तथा आश्चर्य के साथ आँख मलते-मलते यह देख रहा है कि सब लोग जाग्रत होकर अपने परिश्रम से भिन्न-भिन्न मार्गों द्वारा बहुत आगे बढ़ गये हैं, परन्तु हम अवनति, दुर्बलता और परतन्त्रता की स्थिति में पड़े हुए हैं।

ऐसी संसारव्यापी क्रान्ति से स्त्रियों का अलग रहना कदापि सम्भव नहीं है। या यों कहना बेहतर होगा कि स्त्रियाँ इस क्रान्ति से बची नहीं हैं। बल्कि यह क्रान्तियुग स्त्रियों की ही स्थिति में अधिक क्रान्ति पैदा करेगा, इस बात के चिह्न दिन-प्रतिदिन अधिक प्रमाण में दृष्टिगोचर हो रहे हैं। आज तक चन्द लोगों ने या जातियों ने सत्ता और स्वातन्त्र्य को अपना जन्मसिद्ध अधिकार बतलाकर अपने क़ब्ज़े में रक्खा था। आज वही सत्ता और स्वातन्त्र्य इन लोगों से या जातियों से छीना जाकर सब लोगों में बाँटा जा रहा है। "सबसे प्यारी जान है" यह एक कहावत है। परन्तु अनेक जगह

यह देखने में आया है कि लोग सत्ता को जान से भी प्यारी समझते हैं और इसलिए ही अनेक शताब्दियों से अपना माल समझकर, जतन करके रक्खी हुई सत्ता उन लोगों से छीनना इतना आसान काम नहीं है, जितना कि ऊपर से दिखलायी देता है। परन्तु जब एक बार स्वातन्त्र्य-प्रेम और परतन्त्रता का तिरस्कार जाग्रत हो जाता है, तब दुर्बल-से-दुर्बल व्यक्ति में भी इस अत्यन्त कठिन काम को करने का साहस और सामर्थ्य आ जाता है। अनेक स्त्री-पुरुषों ने इस कार्य का बोझ अपने सिर पर लेकर इसे सफलतापूर्वक समाप्त करने का निश्चय किया है और बड़ा-बड़ा आन्दोलन भी खड़ा किया है। यह आन्दोलन हितकर है या अहितकर, इस सम्बन्ध में विचार करना ज़रूरी है। परन्तु इस प्रश्न के हर एक पहलू पर विचार करना असम्भव है और इसलिए आज हम एक ही पहलू पर विचार करते हैं, अर्थात् स्त्रियों की अवस्था में जो क्रान्ति हो रही है, उसी के बारे में अपने विचार प्रकट करते हैं। यह क्रान्ति केवल हिन्दुस्तान में ही दिखलायी नहीं देती, पश्यिमी देशों में यह विशेष रूप से दृष्टिगोचर है। स्त्रियों की इस क्रान्ति का महत्त्व या परिणाम पूर्णतया समझने के लिए स्त्री की उत्पत्ति सम्बन्धी भिन्न-भिन्न कल्पनाएँ, स्त्रियों की भूतकालिक स्थिति, उनकी वर्तमान स्थिति आदि बातें मालूम कर लेना बहुत ज़रूरी है। ईसाई लोगों में स्त्री की उत्पत्ति के बारे में यह कल्पना है कि पहले-पहल परमेश्वर ने एडम् नाम का एक मनुष्य उत्पन्न किया। उसे सब प्रकार का सुख, अमरत्व वगैरह देकर रहने के लिए इडन् नाम का एक बाग दिया। इन सब बातों के रहते हुए भी एडम् एक प्रकार की उदासीनता अनुभव करने लगा, इसलिए परमात्मा ने एडम् के समाधान और मनोरञ्जन के लिए "ईव्ह' नाम की स्त्री उत्पन्न की। कुछ दिनों के बाद एडम् ने ईव्ह के बहकावे में आकर इडन् के बगीचे के उस फल को चख लिया, जिसे चखना ईश्वर ने मना किया था और इस तरह ईश्वर के क्रोध का कारण बना और मृत्यु, रोगादि के चक्कर में पड़ा। इस तरह ईसाई लोगों की कल्पना के अनुसार स्त्री को केवल मनुष्य के सुख का साधन और मनुष्य की अपेक्षा कम महत्त्वपूर्ण व्यक्ति ईश्वर ने पैदा किया है। स्त्री की उत्पत्ति सम्बन्धी पौर्वात्य कल्पना इस प्रकार की एकपक्षीय नहीं है। स्त्री व पुरुष ये परब्रह्म के भिन्न-भिन्न स्वरूप हैं। इनमें कोई मुख्य नहीं और कोई दोयम नहीं। परन्तु पौर्वात्य उदात्त कल्पनाओं के कारण पाश्चात्य स्त्रियों की स्थिति की अपेक्षा पूवीय स्त्रियों की स्थिति अधिक अच्छी है, यह कहना ग़लत होगा। हमारे शास्त्र कितने ही उदार विचारों से परिपूर्ण क्यों न हों, परन्तु वास्तविक स्थिति बिलकुल विपरीत अर्थात् अनुदार और अवनत दिखलायी देती है। स्त्रियों की स्थिति के इतिहास से यह साफ मालूम होता है कि वे कुत्ते-बिल्ली के समान पालतू जानवरों की योग्यता की, बैलों के समान काम के लिए आवश्यक और योग्य, गुलाम, नौकर या ज़्यादा-से-ज़्यादा एक उपभोग्य वस्तु समझी जाती थीं। बिलकुल जंगली जातियों के इतिहास पर दृष्टि डालने से पता चलता है कि वे लोग स्त्रियों को अपनी

जायदाद का एक भाग समझते थे। अनेक जंगली लोगों में स्त्रियों की जो स्थिति थी, उसका वर्णन अत्यन्त रोमाञ्जकारी है। इस जंगली लोगों को जब कभी कोई शिकार नहीं मिलता था और खाने को कोई पदार्थ न रहता था, तब क्षुधा शान्त करने के लिए अपने घर की वृद्धा स्त्रियों को मारकर खा जाते थे। इनता ही नहीं, बल्कि कुत्तों को मारने के पहले वृद्ध स्त्रियों को मारते थे और कहते थे कि कुत्ते तो शिकार के समय काम आते हैं, परन्तु वृद्ध स्त्रियाँ तो बैठे-बैठे खाती हैं!! "जबरदस्त का ठेंगा सिर पर' यह तत्त्व इन लोगों में प्रचलित था। इन जंगली लोगों की बात ध्यान से थोड़ी देर के लिए हटा भी दें, जिस पर भी उतने ही प्रमाण में नहीं तो उसी प्रकार की और उसी सिद्धान्त के अनुसार स्त्रियों की स्थिति बिलकुल गिरी हुई दिखलायी देती है।

आज तक स्त्रियों ने किस स्थिति में अपना जीवन व्यतीत किया है और उनकी उन्नति के मार्ग में कैसी-कैसी रुकावटें आयी हैं, इस विषय पर अब हम विचार करते हैं। भिन्न-भिन्न देश के राजनैतिक इतिहास या क्रान्ति की ओर ध्यान देने से पता चलता है कि स्त्रियों ने राजनैतिक क्षेत्र में बहुत कम मौक़ों पर किसी ख़ास काम का भार अपने सिर पर लिया है या प्रत्यक्ष अथवा अप्रत्यक्ष रीति से राजनैतिक मामलों में मदद दी है। इसका कारण यह नहीं है कि यह सब कार्य करने की योग्यता स्त्रियों में नहीं थी, बल्कि यह कारण है कि इन स्त्रियों को काम करने का मौका ही नहीं दिया गया। दूरदृष्टि, धूर्तता, शौर्य, धैर्य इत्यादि जिन गुणों की राजनैतिक मामलों में जरूरत होती है, वे सब गुण स्त्रियों में पाये जाते हैं। केवल इतना ही नहीं, बल्कि अनेक स्त्रियों में ये गुण इतने प्रदीप्त होते हैं कि अपने मार्ग की अनेक रुकावटों को ठुकराकर अपने पराक्रम और प्रवीणता का प्रमाण संसार को दिखलाकर यह स्त्रियाँ पुरुषों को लज्जित किया करती हैं। इस प्रकार के उदाहरणों से संसार का इतिहास भरा पड़ा है। एस्पेशिया, जीजाबाई, अहिल्याबाई, लक्ष्मीबाई, रानी पद्मिनी, चाँदबीबी, रज़िया, इलिज़ाबेथ, क्वीन विक्टोरिया इत्यादि प्रसिद्ध स्त्रियों के कार्यों से अनेक पाठिकाएँ परिचित होंगी। ग्रीस की राजधानी एथेन्स में पैरीक्लीज़ ने प्राचीन काल में बहुत-से सुधार किये थे। परन्तु ये सब सुधार पैरीक्लीज़, ने एस्पेशिया नामक एक स्त्री की सलाह के अनुसार किये थे। एस्पेशिया का पेरीक्लीज़ पर बहुत प्रभाव था। अर्थात् यद्यपि अपनी होशियारी और सामर्थ्य के जोर पर एस्पेशिया स्वयं इन सुधारों को कार्यरूप में परिणत करा सकती थी, तथापि अधिकार न रहने के कारण उसे ये सब काम पेरीक्लीज़ द्वारा करवाने पड़े। यदि हम अहिल्याबाई, जीजाबाई और इलिजाबेथ को अपवाद मान लें, तिस पर भी यह स्पष्ट है कि राजनीति के लिए आवश्यक गुण कम या अधिक मात्रा में स्त्रियों में अवश्य पाये जाते थे। परन्तु इन गुणों के विकास तथा लोक-निदर्शन के लिए अवसर नहीं दिया जाता था। तेजस्वी गुण के विकास में रुकावट डालने से इस गुण का दुरुपयोग होने लगता है अर्थात्

आनन्दीबाई, या फ्रान्स की केथेराईन के समान लोकनाशक स्त्रियाँ उत्पन्न होती हैं। तात्पर्य यह है कि स्त्रियों के मार्ग में रुकावटें डालने के कारण और एकपक्षीय कायदे के कारण स्त्रियों का सामर्थ्य नष्ट किया गया है और नष्ट किया जा रहा है।

अब हम धार्मिक इतिहास पर विचार करना आवश्यक समझती हैं। दुनिया के परदे पर जितने भिन्न-भिन्न धर्म हैं, क्या उनमें से एक भी धर्म स्त्रियोत्पादित है? क्या एक भी स्त्री ऐसी हुई है, जिसे ईसा मसीह, मुहम्मद, श्रीकृष्ण या बुद्ध की श्रेणी में रख सकें? धर्म-प्रचारकों में एक भी स्त्री का नाम प्रसिद्ध नहीं है। प्रसिद्ध कैसे हो? धर्म के गहन तत्त्वों का ज्ञान प्राप्त करना, उन पर विचार करके उन तत्त्वों की योग्यता ठहराना, धर्म सम्बन्धी विचारों का प्रसार करना, इत्यादि बातें स्त्रियों के लिए निषिद्ध बतलायी गयी हैं। धर्मोपदेशक हमेशा से ही यह कहते आये हैं कि धर्म-सम्बन्धी विचार करने की स्त्रियों को कोई आवश्यकता नहीं है; उन्हें जैसा बतलाया जावे उसी प्रकार धर्मानुसार आचरण करना चाहिए। अँगरेज़ कवि मिल्टन ने तो परमेश्वर की भक्ति और पूजा करने का निसर्गसिद्ध अधिकार भी स्त्रियों से छीन लिया है और कहा है He to God and she through him, अर्थात्-"यदि स्त्री ईश्वर को प्रसन्न करना चाहती है, तो उसे पुरुष के मार्फ़त ही करना चाहिए। स्त्री को आत्मा नहीं होती, ऐसा कहनेवाले बहादुर भी इस संसार में कम नहीं हैं। हम हिन्दू लोगों में यह कहने का एक फ़ैशन हो गया है कि स्त्रियाँ ही धर्म की रक्षा करती हैं। इस बात का हिन्दू स्त्रियों को अभिमान भी होता है। परन्तु धर्म की यह रक्षा बिगड़े हुए सरदार के ख़ज़ाने की रक्षा के समान है। क्योंकि जैसे उस ख़ज़ाने में क्या-क्या जवाहिरात हैं, यह देखने का या इन जवाहिरातों का सुखोपभोग करने का उस ख़ज़ाने की रक्षा करनेवाले पहरेदार को अधिकार नहीं है, उसी प्रकार धर्म के गहन तत्व समझने का और अपनी बुद्धि के अनुसार इन तत्त्वों का उपयोग करने का हम स्त्रियों को भी अधिकार प्राप्त नहीं है। धर्म-सम्बन्धी विचारों का अंकुर जमते ही यदि वह नष्ट किया जावे, तो स्त्रियों का नाम धर्मोत्पादकों में कैसे दिखलायी देगा?

कुटुम्ब में स्त्री की योग्यता क्या समझी जाती है, इस बात पर विचार करना भी ज़रूरी है। इतिहास के पढ़ने से पता चलता है कि स्त्री और पुरुष दोनों बराबरी के दर्जे और योग्यता के हैं, पर यह कल्पना कभी भी कार्य रूप में परिणत नहीं हुई। स्त्री, पुरुष की अपेक्षा हलके दर्जे की, उस पर अवलम्बित रहनेवाली, उसके आधार पर चलनेवाली उसका खिलौना, नौकर और गुलाम है, यही कल्पना जहाँ-तहाँ प्रचलित है। स्त्री का शिकार करना, पशु के समान उसे पकड़कर भगा ले जाना, उसका क्रय-विक्रय करना, उसे गिरवी रखना, जिस वक़्त जैसी ज़रूरत पड़े, उस वक़्त उसका वैसा उपयोग करना, इन बातों से हम लोग पूर्णतया परिचित हैं।

संसार के अनेक देशों की स्त्रियों ने इसी स्थिति में अपने दिन काटे हैं। इंग्लैण्ड के समान सभ्यता और स्वातन्त्र्य-प्रेम की डींग मारनेवाले देश के स्त्री-सम्बन्धी क़ायदे

पढ़ने से पता चल जाता है कि इस राष्ट्र को स्वातन्त्र्य-प्रेमी कहना चाहिए या सत्ता-प्रेमी? इंग्लैण्ड में राज-कन्याओं की शादी उनकी इच्छा पर निर्भर नहीं होती, बल्कि उस समय की राजनैतिक स्थिति के अनुसार करायी जाती है। तलाक, जायदाद, इन सब बातों को यदि दृष्टि से हटा दें तो भी इन देशों की स्त्रियों का हाल शोकजनक है। स्वयं अपने पुत्र पर भी स्त्री का कोई अधिकार नहीं होता। बहुतेक सब देशों में यही कल्पना पायी जाती है कि स्त्री को जो कुछ दिया जावे उसी से उसे सन्तुष्ट रहना चाहिए। पति अथवा पुत्र यदि सुस्वभावी रहा, तो स्त्री की हालत कुछ हद तक ठीक रहती है, अन्यथा उसकी हालत अवर्णनीय हो जाती है। पति और पुत्र का उस पर पूर्ण अधिकार होता है। कुटुम्ब में भी स्त्री को स्वतः की इच्छा-बुद्धि या मन होता है, ऐसी कल्पना बहुत कम दिखलायी देती है। मेहनत करनेवाले किसान, तेली वगैरह लोगों के बारे में छोटे-छोटे लड़कों को जो कहानियाँ बतलायी जाती हैं, उनमें कई बार यह कहा जाता है कि एक दूसरे से कहता है-"पत्नी दे नहीं तो बैल दे।" अर्थात् स्त्री और बैल दोनों की क़ीमत या दोनों का महत्त्व एक ही है।

इन सब बातों का यह जवाब दिया जाता है कि स्त्रियों में ज्ञान और सामर्थ्य का जब तक पूर्ण अभाव है, तब तक इनका दर्जा ऊँचा कैसे रहेगा। परन्तु स्वाभाविक होशियारी अथवा अन्य गुणों को बढ़ाने के लिए यदि उन्हें कोई मौका ही नहीं दिया जाता, तो वे अपनी होशियारी किस तरह दिखला सकती हैं और अपनी बुद्धि को तेजस्वी कैसे बना सकती हैं? चारों तरफ से जकड़ा हुआ मनुष्य दौड़ता नहीं, इस कथन में क्या अर्थ है? अनेक लोगों के दिलों में यह कल्पना कि स्त्रियों को भी शिक्षा देने की ज़रूरत है, बहुत काल तक पैदा ही नहीं हुई। स्त्रियाँ केवल प्रजोत्पादन के लिए हैं, इसलिए उन्हें शिक्षा देने की कोई ज़रूरत नहीं; यही कल्पना हर जगह प्रचलित थी और बहुत जगह अब भी है। पुरुष के समान पढ़ना-लिखना सीखकर स्वतन्त्र लेख या पुस्तक प्रकाशित करना, स्त्री के लिए लाञ्छनीय समझा जाता था। इसलिए ही इंग्लैण्ड में जेन ऑस्टन के समान तीव्र बुद्धि की उपन्यास-लेखिका अनेक वर्षों तक अपने उपन्यास प्रकाशित न करा सकी। सर्वसाधारण स्त्रियों का ध्येय और उनकी कर्तृत्व-शक्ति अपने मकान की दीवारों के अन्दर ही होनी चाहिए, यह कल्पना आज भी अनेक जगह प्रचलित है। परन्तु कालगति के अनुसार इन सब मतों और कल्पनाओं में परिवर्तन हो रहा है। नये-नये आविष्कार हो रहे हैं और प्रकृति पर, जहाँ तक सम्भव हो, अधिकार जमाने के प्रयत्न भी किये जा रहे हैं। विचार-शक्ति का पुनरुज्जीवन हुआ है और बहुत काल से प्रचलित बातों और मतों का नवीन परिस्थिति से मेल करने का उद्योग भी हो रहा है। इस क्रान्ति के कारण स्त्रियों की स्थिति भी वेग के साथ सुधर रही है। स्त्रियों को शिक्षा देने की आवश्यकता भी लोग अनुभव करने लगे हैं। शिक्षा प्राप्त करके, थोड़ा-सा अवसर मिलने पर स्त्रियों की तीव्र बुद्धि और उनका सामर्थ्य भी भिन्न-भिन्न मार्गों से अपना प्रताप दिखला रहा है।

उनमें अपने अधिकारों का ज्ञान भी पैदा हो चला है। उनके कर्त्तव्य-क्षेत्र का आरम्भ यद्यपि घर के अन्दर होता है, तथापि वह क्षेत्र सारे देश भर में फैला हुआ है। इस प्रकार की भावना प्रचलित हो रही है। स्त्रियों के कन्धे पर पुरुषों के समान राननैतिक, धार्मिक और कौटुम्बिक ज़िम्मेदारी है और अधिकार भी हैं। गुलामी के दिन अब खतम हो चले। हर एक मामले में स्त्री को स्वतन्त्रता दी जा रही है और जिस मात्रा में यह स्वतंत्रता दी जा रही है, उसी मात्रा में वह इसका उपयोग कुटुम्ब और देश के कल्याण के लिए करके दिखला रही है। स्त्री-स्वातन्त्र्य का आन्दोलन बहुत ही धीमी गति से बढ़ रहा है। परन्तु एक दृष्टि से इसका धीमी गति से बढ़ना अच्छा भी है। क्योंकि धीमी गति से बढ़नेवाली चीज अक्सर बहुत काल तक टिकने वाली होती है। गत युद्ध के समय पश्चिमी राष्ट्रों में स्त्रियों ने अपना प्रावीण्य दिखलाया है और इस तरह हमारे समान अवनत जाति की स्त्रियों को आगे बढ़ने की उत्तेजना दी है और हमारे सामने एक उदाहरण रक्खा है। स्त्री-स्वातन्त्र्य का यह आन्दोलन देश के लिए हितकर होगा अथवा नहीं, इस सम्बन्ध में अभी एकमत नहीं हुआ है और एकमत होना अभी बहुत काल तक सम्भव भी नहीं है। परन्तु यह बात निस्सन्देह है कि यह आन्दोलन दिन-प्रतिदिन बढ़ता जा रहा है और पुराने मतों को विध्वंस कर रहा है। इसके परिणाम आगे चलकर कुछ भी हों, परन्तु फ़िलहाल तो हानिकारक नहीं दिखलायी देते। अमेरिका के समान स्वातन्त्र्य-प्रेमी राष्ट्र ने यह सिद्ध करके दिखला दिया है कि स्त्री-स्वातन्त्र्य राष्ट्र के लिए हितकर होता है। स्त्री-स्वातन्त्र्य से लोग मुख्यकर इसलिए डरते हैं कि उससे कुटुम्ब-हानि की सम्भावना है। कुछ लोगों को डर है कि स्वतन्त्र होने के बाद स्त्रियाँ शादी करना, लड़कों का पालन करना, कुटुम्ब की योग्य व्यवस्था करना इत्यादि काम तुच्छ समझने लगेंगी। परन्तु यह डर निराधार है। स्त्री-जाति कितनी ही स्वतन्त्र क्यों न हो जावे, वह सदा प्रेममय ही रहेगी। निरपेक्ष प्रेम स्त्री का एक उज्ज्वल और स्वाभाविक गुण है। स्वातन्त्र्य और स्त्री-शिक्षा से यह गुण और भी अधिक चमकने लगेगा। इसमें कुछ सन्देह नहीं है कि स्त्रियाँ पति और पुत्र की ग़ुलाम बनकर उनकी सेवा-शुश्रूषा नहीं करेंगी। पुरुषों की एकपक्षीय सत्ता वह स्वीकार न करेंगी। परन्तु यही सब काम वे उत्साह और चाव के साथ करेंगी। स्त्रियों को जबरदस्ती अपने अधीन रखने की अपेक्षा उन्हें अपने प्रेम के अधीन रखना अधिक श्रेयस्कर है। इस बात को ध्यान में रखकर स्त्रियों को स्वतन्त्रता देना प्रत्येक पुरुष का कर्त्तव्य है।

युगान्तर : मार्च 1933

महिला समाज की वास्तविक उन्नति

श्रीमती कौशल्या देवी

इस क्रान्ति और परिवर्तन के युग में भारतवर्ष बड़े वेग से आगे बढ़ रहा है, यह कौन न मानेगा। इस देश के पुरुष-स्त्री और बच्चे सभी अपने-अपने क्षेत्रों में कुछ-न-कुछ करते दिखायी देते हैं। पिछले चार-पाँच वर्षों से स्त्री-समाज में विशेष रूप से खलबली मची हुई है। जिधर देखो उन्हीं की चर्चा सुन पड़ती है। क्या समाचार-पत्रें में, क्या प्लेटफ़ार्मो पर और क्या सभा-समाजों में सभी जगह उनकी उन्नति के उपायों पर विचार किया जाता है। सैकड़ों पुस्तकें छप रही हैं, प्रस्ताव पास किये जा रहे हैं और अन्यान्य सुधारों द्वारा जननी-समाज के गुण और गौरव को फिर से स्थापित करने के प्रयत्न हो रहे हैं। बहुत-से युवकों ने तो उनकी उन्नति के निमित्त अपना सर्वस्व खोने पर कमर कस रक्खी है। उनके लिए शिक्षा आदि का प्रबन्ध बड़े उत्साह से किया जा रहा है। उनके लिए अधिकारों के लिए बड़ी धारा सभा तक में बिल पेश किये जानेवाले हैं। उन्हें देश के शासन में पूरा भाग दिलाने का आन्दोलन भी हो रहा है। कहाँ तक लिखें, ऐसा प्रतीत होता है कि स्त्री-समाज जिस संकट की अवस्था में से गुज़रा है जो-जो इसने आज तक कष्ट सहन किये हैं, सम्भवतः भगवान् स्त्री-समाज को उन सबका बदला दिया चाहता है। आज अगर कोई स्त्री थोड़ा भी पढ़ लिख जाती है तो सब ओर से उसकी प्रशंसा होने लगती है। पत्र-सम्पादकों से लेख और कविता आदि के लिए उसके पास प्रार्थना-पत्र आने लगते हैं। अगर कोई देवी बोलना जानती है तो उसे हर सभा-समाज में बड़े आदर से प्लेटफ़ार्म पर जगह दी जाती है और बोलने का आग्रह किया जाता है इत्यादि। अस्तु यह सब-कुछ देखकर बहुतों का ऐसा विचार हो गया है कि स्त्री-जाति वास्तविक उन्नति की ओर बढ़ रही है और अगर यही हाल रहा तो इस देश के स्त्री-समाज को अपनी पुरानी अवस्था प्राप्त करने में अब अधिक देर न लगेगी। यह देश एक बार फिर से धन-धान्य से सम्पन्न होगा और यहाँ सरस्वती और लक्ष्मी की वास्तविक पूजा होने लग जायगी।

मेरा हृदय भी इन्हीं विचारों का समर्थन करना चाहता है। परन्तु जब मैं विचार-दृष्टि से काम लेती हूँ तो मेरा हृदय मुझे उनका समर्थन करने से रोकता है।

मैं सोचने लगती हूँ कि क्या स्त्री-जाति का वास्तविक उन्नति इन्हीं बातों पर निर्भर है कि स्त्रियाँ विरोध करना छोड़ दें, उनको सब अधिकार मिल जायेगा, पढ़ना (लिखना आ जाये, वे पुरुषों की भाँति सब कामों में अपने पग फैला लें, कौन्सिलों और एसेम्बली की सदस्या चुनी जाने लगें, विधवा-विवाह और पुर्नर्विवाह आदि सुधारों द्वारा अपना कल्याण होता देखने लगें, क्या इसके अतिरिक्त उसकी वास्तविक उन्नति की जाँच किन्हीं और बातों पर भी की जा सकती है। तब मुझे यह विश्वास होने लगता है कि स्त्री-जाति की वास्तविक उन्नति का निर्णय इन्हीं बातों पर लेना सिवाय भूल के और कुछ नहीं।

ईश्वर ने मानव-समाज में स्त्री और पुरुष की उत्पत्ति कर उनका भिन्न भिन्न कार्य सौंपे हैं और इन्हीं के अनुसार उनके शरीर आदि की रचना भी की है। किसी भी स्थान अथवा समय में मानव-समाज के अन्दर सुख अथवा शान्ति का राज्य स्थापन करने के लिए इन दोनों अङ्गों का अपने भिन्न-भिन्न कार्यों को भलीभाँति समझकर करना अनिवार्य है। आज अगर इन दोनों अंगों में से एक भी अपने निर्धारित कर्मों को करना छोड़ता है अथवा उनको करने में अपनी अरुचि प्रकट करता है तो उसका प्रभाव समस्त समाज पर पड़ता दिखायी देता है। घरों में सुख-शान्ति की जगह क्लेश और दुःख अपना स्थान जमाने लगते हैं।

अगर हम आँख उठाकर अपने चारों ओर देखें तो हमें पता लगेगा कि इस समय स्त्री-समाज की प्रवृत्ति जहाँ उसे एक ओर उपर्युक्त उन्नायक कार्यों में लगा रही है वहीं दूसरी ओर उसकी रुचि उसके उन निर्धारित कर्मों से हटती जा रही है। अर्थात् स्त्रियों में उन सभी गुणों का शनैः-शनैः लोप होता जा रहा है कि जिन पर सारे समाज का भविष्य अवलम्बित है, अथवा जिनके कारण इस देश में उनका सदा से मान होता आया है। देखिये, गृह-कार्य और बालकों का लालन-पालन यह दोनों ही कार्य स्त्रियाँ सदा से करती चली आयी हैं। परन्तु आजकल की देवियाँ इन दोनों कार्यों को करने से सकुचाती दीख पड़ेंगी। पढ़ी-लिखी स्त्रियाँ तो प्रायः ऐसे कार्यों को करना नीचपन और ओछा समझती हैं। इसी कारण उनके घरों का काम प्रायः नौकर ही करते पाये जायेंगे और बालक धावों द्वारा पलते दिखायी देंगे। परन्तु अब यह दोष बढ़कर अनपढ़ स्त्रियों में भी आता जा रहा है। इसके भयंकर परिणाम का अनुमान पाठक स्वयं कर सकते हैं।

इसके अतिरिक्त बहुत-सी बातें है जो आज से सौ वर्ष पहले की देवियों में पायी जाती थीं और जो आजकल की स्त्रियों से नहीं दिखायी देतीं। अगर हम उन पर विचार करने बैठें तो यह कहे बिना नहीं रह सकते कि हमारे घरों में आज अगर अशान्ति है तो उन गुणों का अभाव ही इसका सब से प्रधान कारण है।

निस्सन्देह मैं यह बात मानती हूँ कि मनुष्य को सदा अपने उत्थान के हेतु परिवर्तन करते रहना चाहिए। इसलिए अगर हमारा स्त्री-समाज आधुनिक समाजों में

सभ्य कहलाने की इच्छा रखता है तो उसके लिए इन सभी उन्नायक कामों को अपने जीवन का अंग बनाना परम आवश्यक है। परन्तु हमारा इन्हीं कार्यो को उन्नति का एकमात्र साधन जान लेना और इसी ओर ध्यान देना मेरी समझ में हमारी वास्तविक उन्नति का कारण कदापि नहीं हो सकता। उसके लिये तो हमारे समाज को लज्जा, शील, मिष्ठभाषण, सदाचार, गृह-प्रबन्ध, पति-सेवा बालको के पालन-पोषण तथा शिक्षण का पूरा ज्ञान और उसकी ओर सच्चा प्रेम आदि गुण भी उनसे अधिक नहीं तो कम-से-कम उतने ही आवश्यक तो अवश्य समझने चाहिए, क्योंकि वास्तव में सारे मनुष्य समाज की उन्नति स्त्री-जाति के इन गुणो पर ही आश्रित दिखायी देती है। मुझे विश्वास है कि सभी समझदार स्त्री-पुरुष मेरे इस विचार से सहमत होंगे।

चाँद : सितम्बर 1936

आर्य संस्कृति और स्त्रियाँ

श्रीमती सुशीला देवी विद्यालंकृता

"भारतवर्ष का धर्म उसके पुत्रों से नहीं, अपितु पुत्रियों के प्रताप से ही स्थिर है। भारतीय देवियों ने यदि अपना धर्म छोड़ दिया होता तो देश कब का नष्ट हो चुका होता।" -महर्षि दयानन्द

पुरुष और प्रकृति, ब्रह्म और माया, नर और नारी, ये युगल हैं ब्रह्माण्ड के सृजनहार। प्रखर तेजस्वी मूर्धा समान प्रकाशमान् और द्युलोक के दिनमणि के समान पुरुष हैं, तथा शीतोष्ण एवं सुख-दुःखों के द्वन्द्वों में अचल रहकर चन्द्र की चन्द्रिका की भाँति उरोदधि को उछालती हुई, छलकाती हुई सर्वसहा पृथ्वी की तरह विशालहृदया और क्षमाशीला है स्त्री। "द्यौरहं पृथ्वीत्वम्" पुरुष प्राण है तो स्त्री वाणी है। "अमोऽहमस्मि सात्वम्" पुरुष सूर्य है तो नारी है चन्द्रमा, पुरुष साम है तो नारी ऋचा है। "सामाऽहमस्मि ऋक् त्वम्" पुरुष गान है तो नारी उसका ध्रुवपद है। इस प्रकार ये दोनों एक-दूसरे के पूरक हैं, अन्योन्य आश्रित हैं और एक दूसरे के साथ सम्बद्ध हैं।

इन सब प्राकृतिक गुणों के होते हुए भी अपने-अपने क्षेत्रों में दोनों शक्तियों का महान और स्वर्गीय महत्त्व होते हुए भी समय-समय पर स्त्री-पुरुष-सम्बन्धी भावनाओं में बड़े ही विचित्र और असह्य परिवर्तन होते गये हैं। समाज का दृष्टिकोण बदलता गया, असाधारण भाव साधारण हो गये, आध्यात्मिकता का भाव उत्तरोत्त अवनत होता गया। राष्ट्र के पतन के साथ ही इतिहास का पतन भी प्रारम्भ हो गया। स्त्री के दैवी अधिकार छीन लिये गये। स्त्री की कोमलता पुरुष के उच्छृङ्खल होने का साधन बन गयी। मध्य-युग के कठोर इतिहास के पृष्ठ पलटते हुए तो रोंगटे खड़े हो जाते हैं। मनुस्मृति के पवित्र भावमय निम्न श्लोक का विपरीत अर्थ करके महान् अनर्थ किये श्लोक कितना सुन्दर और भावमय है। देखिये-

पिता रक्षति कौमारे, भर्त्ता रक्षति यौवने ।
रक्षन्ति स्थविरे पुत्राः न स्त्री स्वातन्त्र्यमर्हति ।।

अर्थात्-कुमार अवस्था में कन्या पिता से रक्षित होती है, यौवन अवस्था में या विवाहित होकर पति से, वृद्धावस्था में पुत्र रक्षा करते हैं। स्त्री कभी अलग अकेली स्वतन्त्र अरक्षित होकर न रहे।

इस श्लोक से स्त्री की कोमलता का तथा उसके मूल्य का आभास होता है। मूल्यवान् वस्तु को ही ख़ूब सुरक्षित, गोप्य रखना पड़ता है। परन्तु बड़े-बड़े विद्वानों ने इसके वास्तविक अर्थ को न समझकर उसकी पवित्रता का अपमान किया, उसके मूल्य को पैरों से ठुकराया, उसको अविश्वसनीय समझा, उसकी स्वतन्त्रता छीन ली, उसके पुरुषों के बराबर अधिकारों के उपयुक्त न समझा। उसके आत्मिक व मानसिक विकास के विशाल द्वार पर ताला ठोंक दिया। उपनयन संस्कार से वंचित रखकर सदा के लिए अविद्या के अन्धकूप में ढकेल दिया। "स्त्री शूद्रौ नाधीयताम् इति श्रुतिः" की मनगढ़न्त रचना करके वेदों के नाम से भी भ्रम उत्पन्न करने लगे, बौद्धकालीन स्थिति तो बड़ी दर्दनाक थी। बौद्ध-संघ में स्त्री जैसी पवित्र वस्तु को दाख़िल करने की मनाही थी। बुद्ध भगवान् ने अपने ही श्रीमुख से आनन्द से जो शब्द कहे थे, उससे उस समय के बड़े-से-बड़े विद्वानों के अन्तःप्रदेशों में देवियों के प्रति कितना सम्मान का भाव था, इसका भली-भाँति अनुमान हो सकेगा। भगवान् कहते हैं और बिलकुल स्पष्ट कहते हैं कि-

"हे आनन्द! यदि तथागत बुद्ध द्वारा प्रतिपादित धर्म विषय में स्त्रियाँ प्रव्रज्या न पातीं तो यह धर्म चिरस्थायी होता, सद्धर्म सहस्र वर्ष तक ठहरता। लेकिन क्योंकि आनन्द! स्त्रियाँ भिक्षुणी हुईं, अतः अब यह धर्म चिरस्थायी न होकर 500 वर्ष तक ही ठहरेगा।"

औरों की तो बात जाने दीजिये, सर्वप्रथम उनकी माता महाप्रजापति गौतमी ने संघ में प्रविष्ट होने के लिए तीन बार आज्ञा माँगी, परन्तु तीनों बार उनको निराश होना पड़ा, बहुत-कुछ अनुनय-विनय के उपरान्त जब कृपा की तो उनके लिए भिक्षुओं की अपेक्षा कहीं अधिक कड़े नियम निर्माण किये गये, उनमें से एक यह भी था कि चाहे कोई भिक्षुणी देवी कितनी ही वयोवृद्ध क्यों न हो, चाहे 100 वर्ष की आयुवाली भी हो तो भी उसे उसी दिन के नवदीक्षित भिक्षु के लिए सम्मानसूचक अभ्युत्थान, अभिवादन आदि शिष्टाचार प्रदर्शित करने पड़ेंगे। इतने पर भी लाखों भिक्षु पुरुषों में भिक्षुणियों किंवा स्त्रियों की संख्या अधिक-से-अधिक 500 ही थी। बौद्ध-साहित्य के अन्तरनुशीलन से यह भी विदित होता है कि उस समय एक पत्नीव्रत का आदर्श लुप्त हो चुका था। बड़े-बड़े राजाधिराज बहुविवाह करते थे। राजा बिम्बसार की 16,000 रानियों का जातक ग्रन्थों में वर्णन आता है।

यह तो हुआ मध्ययुग के पूर्वार्द्ध के या बौद्धकालीन इतिहास के कुछ थोड़े पृष्ठों का दिग्दर्शन। यदि उत्तरार्द्ध के पन्ने पलटाये जायँ तो हृदय क्रान्ति की ज्वाला से जल उठता है, बल उठता है, उबल उठता है। स्त्रियों पर समाज के अत्याचार और

अन्याओं ने इस समय के इतिहास को इतना कलुषित कर दिया है कि इतिहास के पन्ने समाज की स्वेच्छाचारिता की कालिमा से सदा काले ही रहेंगे। इस समय भारतीय रमणी को मनुष्य की कोटि में नहीं गिना जाता था, पशु-वर्ग में भी उसका स्थान सुरक्षित था या नहीं, इसमें भी सन्देह रहता है। जहाँ समाज में उसकी कोई स्थिति न थी, वहाँ परिवार में भी गिनती न थी। उसका स्वतन्त्र व्यक्तित्व ही नष्ट हो गया था। शंकराचार्य जैसे प्रगाढ़ पण्डित ने भी निःसंकोच ही कह दिया। प्रश्न-द्वारं किमेकं नरकस्य? उत्तर-नारी। नरक का द्वार यदि देखना है तो नारी को देख लो। कितना रोमाञ्चकारी पतन था। और, तो तुलसीदास - जैसे भक्त सन्त भी कितना स्पष्ट कहते हैं-"ढोल, गँवार, शूद्र, पशु, नारी, यह सब ताड़न के अधिकारी" स्त्रियों ने विश्व में केवल मार खाने के लिए, ठोकरें खाने के लिए, लातें खाने के लिए, तथा गालियाँ सुनने के लिए ही शायद जन्म धारण किया था। मानव-जन्म धारण करते हुए भी स्त्रियाँ पशुओं से भी अधिक पतित मानी गयी थीं। वे पैर की जूती के समान समझी जाती थीं। जिस प्रकार पैर की जूती जीर्ण-शीर्ण हो जाने पर या पुरानी हो जाने पर बदल दी जाती है, इसी प्रकार स्त्री को भी बदला जाता था। सारांश यह कि दुनिया का कूड़ा-करकट स्त्री को समझा जाता था।

हिन्दू रमणी का जीवन तो देख लिया, अब आइये सैमेटिक धर्म में स्त्री का कैसा स्थान है, उसे देखें। इस मत में भी देवियों के विषय में बड़ी विचित्र मान्यता रक्खी है। यहूदियों की मान्य पुस्तक बाइबिल के पुराने अहदना में यह लिखा है कि ख़ुदा ने मिट्टी से गाय, भैंस, बकरी, भेड़ें आदि को बना दिया, परन्तु उसमें रूह नहीं फूँकी। इसी प्रकार स्त्री को भी बनाया, किन्तु उसमें भी रूह नहीं फूँकी। अर्थात् आत्मा नहीं डाली, उसे जड़वत् बनाया, अन्ततः आदम को बनाकर उसमें रूह फूँकी। इसीलिए पक्के ईसाई, मुसाई और मुहम्मदी पशुओं और स्त्रियों को समान मानते हैं। दोनों को अनात्मा या जड़ मानते हैं। स्त्री की उत्पत्ति ही कितनी विषम मानते हैं? मुस्लिमों का सिद्धान्त है कि दो स्त्रियों की गवाही एक पुरुष के बराबर है अर्थात् दो स्त्रियों के बराबर एक पुरुष की बुद्धि होती है। स्त्रियाँ अविश्वसनीय तथा बुद्धिहीन होती हैं। चीन के एक धुरन्धर सुधारक कन्फ़्यूशस का कथन है कि स्त्रियों का उचित स्थान घर ही है, उसे घर के सिवा अन्य कहीं बाहर नहीं जाना चाहिए, उसे अधिक परिचय भी नहीं बढ़ाना चाहिए। पारसीधर्म तो उसे पद-पद का गुलाम बनाना चाहता है। वह कहता है कि प्रातः उठकर एक-एक काम के लिये स्त्री को चाहिए कि दस-दस बार अपने पति को पूछे, अपनी स्वतन्त्र इच्छा से कुछ न करे। कहने का अभिप्राय यही हुआ कि एक समय पारसी-रमणी, सैमेटिक नारी तथा हिन्दू-देवी सब की लगभग समान ही स्थिति थी। सभी समाजों ने स्त्रियों का यथाशक्ति-मति अपमान किया, पददलित करने में कोई कसर नहीं छोड़ी।

परन्तु "अति' का सदा विनाश हो जाता है, जब कोई कुप्रथा या दुश्चरण अपनी पराकाष्ठा पर पहुँच जाता है, जब किसी भी प्रकार का पतन सीमातीत हो जाता है, हद लाँघ जाता है, तब उसमें प्रतिक्रिया की भावना जागृत होती है। प्रतिकार या बदला भयकंर रूप धारण करता है। जब पाप का घड़ा छलाछल भर जाता है, तब आखिरकार वह स्वयमेव फूट पड़ता है। एक रबर जैसी निश्चेतन वस्तु भी यदि उसकी सीमा से अधिक खींची जाती है तो वह भी टूट पड़ती है। तो यह तो समाज है। विश्व का एक प्रधान अङ्ग है। संसृति का आदि स्रोत है। उसकी सीमातीत अधोगति का भी उचित रूप परिणाम निकलना ही था। ईश्वरीय नियमानुसार इस "अति' के अनन्तर प्रतिक्रिया की भावना उद्‌बुद्ध हुई। सत्य ने अपना शिव और सुन्दर स्वरूप धारण किया और प्रकाशित हो उठा।

वह समय भी आया, जब स्त्रियाँ अपने अधिकारों को समझने लगीं। उन्हें भी आत्मज्ञान होने लगा। पाश्चात्य देशों में तो स्त्रियों के अधिकारों के लिए प्रथम आन्दोलन 1792 में मेरी वोल्स्टन ने प्रारम्भ किया (सबसे पहिले इंग्लैण्ड में) और इसके लगभग 50 वर्षों के अनन्तर जेम्स स्टुअर्ट मिल ने स्त्रियों के व्यक्तित्व पर ज़ोर-शोर से अपनी क़लम चलायी और इस आन्दोलन को दार्शनिक सहारा दिया। इस समय पश्चिम की बहनें अधिकांश अपने अधिकारों में सफल हो गयी हैं, उन्हें नागरिकता के अधिकार मिल गये हैं और वे वोट भी दे सकती हैं। टर्की तथा अफ़ग़ानिस्तान जैसे देशों में भी देवियों ने बुरके उतार फेंके हैं। वे अपने अधिकारों की, अपने व्यक्तित्व की एवं अपने स्त्रियोचित आदर्शों का विचार करने लगी हैं। आज हमारे देश में भी देवियों ने कांग्रेस में अपने स्थान की भली-भाँति पूर्ति की है। आज तो जिधर ही दृष्टिपात करें उधर ही स्त्रियों के समानाधिकार, स्वतन्त्रता आदि की ख़ूब चर्चा सुनायी दे रही है। यह आन्दोलन या स्त्रियों को देने की महत्ता का विचार कोई आज का नहीं है। वैदिक साहित्य में स्त्रियों के माहात्म्य के विषय में अनेक वर्णन आते हैं, परन्तु इस युग में देवियों को पददलन से बचाने के सर्वप्रथम विचारक महर्षि श्री स्वामी दयानन्द जी थे। उन्होंने स्त्रियों की गिरती हुई दशा को सम्हाल लिया। वे ही उनकी डूबती हुई नैया के कर्णधार बने। वे ही उनका वास्तविक स्वरूप और महत्ता पहचान सके। उन्होंने मार्ग खोल दिया, ईश्वरीय आदेश सुनाकर मृतप्राय स्त्री जाति को पुनर्जीवित किया। मातृ-शक्ति की वन्दना करनेवाले वे ही एक सच्चे मातृ-भक्त निकले। एक पाँच वर्ष की बाला के सामने भी श्रद्धा व भक्ति से वे अपना मस्तक नवा देते थे, क्योंकि भविष्य में उन्हें माता बनना है। पुरुष को जन्म देना है। उस विश्व निर्मातृ शक्ति की दुर्दशा उनके नेत्रों को सदा सजल रखती थी और उनके अन्तर में एक तमन्ना पैदा हो गयी थी। स्त्री-जाति के उत्थान की, पददलित जाति की उन्नति का श्रीगणेश करने की। उनके विचारों का स्रोत वेद है। इस लेख

में हम अति संक्षेप से वेदों में स्त्रियों के सम्बन्ध में कैसे-कैसे विचार हैं, उनका दो शब्दों में वर्णन करने का प्रयत्न करते हैं।

अब हम मध्ययुग में आर्य रमणियों, सैमेटिक मतावलम्बी देवियों, मुस्लिम तथा पारसी स्त्रियों के लिए उनके समाज में जो भाव थे और उन्हीं के विरुद्ध या उसी सम्बन्ध में हमारे वेदों में क्या विचार आते हैं, उन्हें देखने का यत्न करेंगे। सेमेटिक मत कहता है कि स्त्रियों में आत्मा नहीं, वे जड़वत् हैं, परन्तु क्या पुरुषों की भाँति स्त्रियों को अनुभव नहीं होता? विचार-शक्ति नहीं होती? क्या ये सब आत्मा के विषय नहीं! आत्मिक बल के बिना वह माता बन ही नहीं सकती। आत्मन्वती हुए बिना वह आत्मावाले पुरुषों को उत्पन्न कर ही नहीं सकतीं। यदि स्त्री आत्महीन है तो उसकी सन्तति में आत्मा कहाँ से आ सकती है? तो फिर पुरुष भी आत्माहीन होंगे, परन्तु हमें इन तर्कों में नहीं पड़ना। अथर्ववेद का एक मन्त्र इस विषय में क्या ही सुन्दर ध्वनि करता है-

"आत्मन्वत्युर्वरा नारीयमौगन
तस्यां नरो वपत बीजमस्याम"

अर्थात् (आत्मन्वती) आत्मिक बल से युक्त (उर्वरा) उत्तम सन्तान उत्पन्न करनेवाली यह (नारी) स्त्री (आग) आ गयी है। (हेनरः) हे मनुष्य! इस स्त्री में (बीजं वपत) बीज बोवो।

इससे स्पष्ट है कि स्त्री में आत्मा है, "रूह' है, अनात्मवस्तु आत्मा को उत्पन्न नहीं कर सकती। आत्मा की सर्जक शक्ति "अनात्म' नहीं हो सकती। स्त्री "आत्मदा' है। आत्मा को देनेवाली है। जो वस्तु स्वयं अपने पास न हो, वह दूसरे को कैसे दी जा सकती है। स्त्री के बिना तो पुरुष आधा है। तथैव पुरुष के बिना स्त्री आधी है। दोनों मिलकर ही पूर्णाङ्ग बन सकते हैं। दोनों ही एक-दूसरे के बिना अधूरे हैं और दोनों ही एक-दूसरे के पूरक हैं। शतपथ ब्राह्मण में आता है-

"आत्मैवेदमग्रआसीत् पुरुषविधः सोऽहमस्मि इत्यग्रे"

व्याहरत ततः अहं नामाभवत्। स वै न रेमे। तस्मादेकाकी न रमते स द्वितीयमैच्छत्। सहैतानासं यथा स्त्री पुंमासौ संपरिष्वक्तौ। स इममात्मानं द्वेधापातयत्। ततः पतिश्च पत्नी चाभवताम्"

इस प्रकार पति और पत्नी एक-दूसरे के बिना अपूर्ण हैं। इस बात को यह सन्दर्भ कितने सुन्दर अलङ्कार से वर्णन कर रहा है। इसलिए जो अधिकार पति के अर्थात् पुरुष के हैं, वे स्त्री के भी होने चाहिए। जब वह अनाम वस्तु नहीं है, पुरुष की भाँति आत्मावाली तथा उसकी पूरक भी है तो उसे भी मनुष्यता का, उसके स्वतन्त्र व्यक्तित्व का तथा अपने क्षेत्र में पुरुष के बराबर ही अधिकार है। वैसे तो स्त्री और पुरुष की प्राकृतिक उत्पत्ति में ही विभेद है। उस विभेद के अनुसार स्त्री को गृह के अन्तर्विभाग का तथा पुरुष को बाह्य विभाग का क्षेत्र सम्हाल लेना चाहिए। परन्तु हम देखते हैं कि स्त्रियों को पशु के समान–दासी के समान–समझा जाता है।

वस्तुतः वह तो घर की रानी है, दासी नहीं। अथर्ववेद में इस सम्बन्ध में एक मन्त्र आता है कि-

यथा सिन्धुर्नदीनां साम्राज्यं सुषुवे वृषा।
एवा त्वं सम्राज्येधि पत्युरस्तं परेत्य ।।

(यथा) जिस प्रकार (वृषा सिन्धु) बलवान समुद्र ने (नदीनां साम्राज्य) नदियों का साम्राज्य (सुषुवे) उत्पन्न किया है (एव) इसी प्रकार (पत्यु अस्तं परा इत्य) पति के घर जाकर (त्वं सम्राज्ञी एधि) तू सम्राज्ञी बनकर रह।

न केवल पति के ऊपर ही, अपितु-

"सम्राज्येधि श्वशुरेषु सम्राज्युत देवृषु
ननान्दुः सम्राज्येधि सम्राज्युत खश्रुवाः।।"

अर्थात्-अपने श्वशुर के साथ, देवर पर तथा ननदों के ऊपर भी तेरा ही साम्राज्य हो, शासन हो, राज्य हो। इतना महत्त्व घर में या परिवार में स्त्रियों का है। अतः पुरुष तथा स्त्री दोनों के अपने-अपने क्षेत्र हैं। पुरुष अपने क्षेत्र का राजा है, तो स्त्री अपने घर की महारानी है। वह रक्षणीया है- पोष्या है। अतः पुरुष उसकी रक्षा करे, न कि उसकी कोमलता पर अपनी परुषता या कठोरता का लाभ उठाये। घर की रानी कहने से भी केवल घर की चहारदीवारों में ही उसे "असूर्यम्पश्या राजदारा' बनकर, बैठे रहना ऐसा अभिप्राय नहीं है, जैसे ऊपर एक चीन के सुधारक कन्फ्यूशस का मत उद्धृत कर आयी हूँ। ऋग्वेद का एक मन्त्र बड़ी ही सुन्दर भावना में कहता है कि–"अहं केतुरहं मूर्धाहमुग्रा विवाचनी" (अहंकेतु) मैं ज्ञानवती हूँ (अहंमूधी) मैं घर में मुख्य हूँ तथा (अहंउग्रा विवाचनी) मैं धैर्यशाली वक्तृत्व करनेवाली वकील भी हूँ। इससे विदित होता है कि स्त्री भी विदुषी तथा बाहर के कामों से अभिज्ञ होनी चाहिए। तभी वह अपने पति को प्रत्येक काम में सम्मति दे सकती है। "कामेषु मन्त्री' बन सकती है।

हमारे पूर्वज ऋषि कहा करते थे कि "विष्णुरिवेह सरस्वती' अर्थात् स्त्री सरस्वती है तथा संसार की वैष्णवी महामाया है। यदि सचमुच विश्व में आयुष्य की वृद्धि करनी हो, वस्तुतः जीवन-रस विकसित करना हो, यदि सच्ची प्रेरणा की शक्ति सिंचित करनी हो, तो वैष्णवी महामाया की अर्चना करना, पूजा करना हमारा परम धर्म है। "यत्र नार्यस्तु पूज्यन्ते रमन्ते तत्र देवताः" द्रौपदी की मान-रक्षा करते हुए भारत ने महाभारत देखा, और सीता के पतिव्रतानल में आर्यावर्त्त ने रामायण के इतिहास का अवलोकन किया। वस्तुतः अबला अबला नहीं है, वह तो देवाधिदेव की दिव्य कृति है। शक्ति की पुंज है। बल की साकार सबला प्रतिमा है। ज्योतिपरायणा कोई लोकोत्तर मूर्तिमन्त साधना है। तपस्या की देवी है। विश्व के निर्माण मन्त्र घोषा, विश्ववारा, अरुन्धती और लोपामुद्राओं द्वारा निर्मित हैं। पुण्यात्मा और सती साध्वी सुशीला स्त्री के समान दुनिया में अन्य कोई वस्तु सुन्दर नहीं है, शोभन नहीं है और मंगलमयी नहीं है। तभी तो भगवान् कृष्ण ने भी गीता में कहा है-

"स्त्रीषु दुष्टासु कौन्तेय जायते वर्णसंकरः।"

स्त्रियों के बिगड़ने से वर्णसंकर प्रजा पैदा होती है और स्त्रियों के उत्थान से जातियों का अभ्युदय हुआ करता है। अतः इस दिव्य शक्ति को पूर्णतः पहचान कर उसका आदर करना चाहिए। उसके दैवी गुणों का मूल्य आँकना चाहिए।

स्त्रियाँ तो साक्षात् क्षमा, दया और स्नेह की प्रतिमाएँ हैं। कई दृष्टियों से तो उनका महत्त्व पुरुषों से भी अधिक है। वेद इस बात को बड़ी सुन्दरता से स्पष्ट करते हैं।

"उतत्वा स्त्री शारायसी पुन्सो भवति वस्यसी।"

अर्थात्-यह विषय प्रसिद्ध है कि बहुत-सी पतिव्रता स्त्रियाँ धर्म में पुरुषों से अधिक दृढ़तरा और प्रशंसनीया होती हैं। यह आदर्श या माहात्म्य केवल मात्र वेदमन्त्रों में ही नहीं निहित रह गये। आइये प्राचीन इतिहास पर इन आदर्शों के अनुसार देवियों ने कितनी प्रगति की थी, कहाँ तक गति प्राप्त की थी, इस पर कुछ दृष्टिपात करके इस लेख को समाप्त करें। गार्गी और मैत्रेयी जैसी दिव्य ब्रह्मवादिनियों ने तो ब्रह्मज्ञान में ऋषियों को भी चकित कर दिया था। हज़ारों वेदज्ञ ब्राह्मणों की परिषद् में गार्गी ने याज्ञवल्क्य को ब्रह्मज्ञान में आवाहन किया था और याज्ञवल्क्य ने "गागार्गि माति पराक्षी" कहकर उसकी विद्वत्ता को मुक्तकण्ठ से स्वीकारा था, शिरोधार्य किया था। उभय-भारती ने मण्डन मिश्र और शंकराचार्य के शास्त्रार्थ में मध्यस्थ होकर अपने पति के पक्ष को पुष्ट करने के लिए कहा था-"शंकर! अर्द्ध देह पर विजयी होकर गर्व न कीजियेगा, सच्चे विजयी होना हो तो पूरे देह के साथ अर्थात् मेरे साथ भी शास्त्रार्थ करियेगा।" शंकर स्तब्ध हो जाते हैं। कहने का अभिप्राय यही है कि यदि स्त्रियों को भी पुरुषों के बराबर विकसित होने का अवसर दिया जाय तो वे उनसे किसी प्रकार भी पीछे नहीं रह सकतीं। उनमें भी मन, बुद्धि, आत्मा पुरुषों के बराबर ही है। हमारा प्राचीन इतिहास इन देवियों के उज्ज्वल चरित्रों से चमक रहा है। देखिये, आप भी वे पृष्ठ जिन पर गार्गी, मैत्रेयी, कात्यायनी, उभय-भारती, विद्याधरी, ब्रह्मवादिनी, सुलभा आदि के सुवर्णाक्षरों में नाम खुदे हुए हैं, गर्व से मस्तक ऊँचा कर देते हैं। आज भी सती सीता, पार्वती, दमयन्ती, सती सावित्री, साध्वी सेण्ट हेरीसा और केथेराइन की त्याग और तपस्यामय जीवन-ज्योतियाँ हरेक भारतीय नारी के हृदय में द्योतित हो रही हैं। आज भी महारानी लक्ष्मीबाई, विमला, उत्तरा, कुन्ती, जोन ऑफ आर्क, विदुला, कैकेयी आदि वीरांगनाएँ एक भारतीय के रोम-रोम में वीरता का सञ्चार कर रही हैं। आज भी उस सिंहनी, रणचण्डिका, दुर्गा के शूरता से भीगे हुए शब्दा मेरे कानों में गूँज रहे हैं–

यो मां जयति संग्रामे, यो मे दर्पं व्यपोहति।
यो से प्रतिबलोलोके, सो मे भर्ता भविष्यति।।

कैसा सुन्दर चैलेंज है। किस रमणी के हृदय में नस-नाड़ियों में ये शब्द नवीन

रक्त का सञ्चार न करेंगे, वन-शक्ति जागृत न करेंगे और अपनी दीन दशा के बदलने के लिए प्रतिक्रिया की ज्वाला न जला देंगे।

इसलिए आओ मातृ-शक्ति के उपासको! आओ। और बड़ी श्रद्धा से आकर अपनी जनपितृ शक्ति की वन्दना करो।। उस वैदिक युग का आवह्वान करो। देवाधिदेव के चरणों में हृदयाञ्चल पसार कर उन रमणीरत्नों की भिक्षा माँगो जिनके नाम से आज तक हमारा गौरव स्थिर है। यदि इस गुलाम दशा में भी आशा की झाँकी करनी है तो झाँको, अपनी मताओं के हृदयों में। उनका उद्धार करो। उनकी शिक्षा के लिए, उनकी मानसिक उन्नति के लिए कमर कसो, उन्हें ठुकराओ मत; फिर देखो वह दिन दूर नहीं जब उस प्राचीन युग का पुनः दर्शन हो जायगा। स्वर्गीयता हमारे देश में छा जायगी।

चाँद – नवम्बर 1933

स्त्री-शिक्षा के उद्देश्य पर एक दृष्टि

श्रीमती चन्द्रावती लखनपाल

प्राचीन समय में भारतवर्ष में स्त्री-शिक्षा का क्या उद्देश्य रहा होगा, इस विषय में निश्चित रूप से कुछ नहीं कहा जा सकता। इतना तो प्राचीन इतिहासादि के पढ़ने से अवश्य ज्ञात हो जाता है कि उस समय स्त्री को ऊँची-से-ऊँची शिक्षा दी जाती थी। स्त्री और पुरुष मानसिक विकास की दृष्टि से एक ही क्षेत्र में विचरते थे। उनमें सामाजिक दृष्टि से कोई भेदभाव न था। दोनों स्वतन्त्रतापूर्वक रहने और आत्मिक उन्नति करने के समान रूप से साधन प्राप्त थे। स्त्री और पुरुष की स्थिति में वह विषमता न थी, जो आज पायी जाती है। इसलिए उस समय स्त्री की स्वतन्त्रता व अधिकारों का तो प्रश्न ही नहीं उठ सकता था। इसीलिए स्त्री-शिक्षा का उद्देश्य भी अधिकारों की प्राप्ति जैसा कि इस समय है तब न रहा होगा। उस समय स्त्री का सारा ध्यान घर पर ही केन्द्रित रहा होगा और स्त्री-शिक्षा का लक्ष्य सम्भवतः सद्गृहिणी बनना ही रहा होगा। किन्तु प्राचीन काल की गृहिणी का कार्य-क्षेत्र घर की चहारदीवारी तक ही सीमित रहा होगा, ऐसा नहीं कहा जा सकता। गृहिणी के रूप में भोजन बनानेवाली स्त्री समय पड़ने पर देश का शासन-कार्य सँभाल सकती थी, बच्चों को पालनेवाली माता समाज, जाति तथा देश-सम्बन्धी महत्त्वपूर्ण प्रश्नों पर अपनी राय प्रकट कर सकती थी।

किन्तु काल की गति अद्भुत है। एक समय आया जबकि गार्गी, मैत्रेयी, सुलभा, सावित्री की सन्तान बिल्कुल निरक्षरा बन गयी। भारत से स्त्री-शिक्षा का लोप हो गया। इस समय न स्त्री-शिक्षा रही न उसका उद्देश्य। सदियाँ बीत गयीं, स्त्री निरक्षरा बनी अविद्या के अन्धकार में व्यर्थ ही रास्ता टटोलती रही। अब से आधी सदी पूर्व तक स्त्री की यही हालत थी।

अन्त में कुछ तो स्वामी दयानन्द और राजा राममोहन जैसे सुधारकों के प्रयत्न से और कुछ पश्चिम के सम्पर्क से फिर भारत में स्त्री-शिक्षा का आरम्भ हुआ। शुरू

में बहुत वर्षों तक स्त्री शिक्षा का उद्देश्य चिट्ठी-पत्री लिखना बना रहा। माता-पिता अपनी लड़की को केवल इस उद्देश्य से पढ़ाते थे कि वह चिट्ठी लिख सके और ससुराल जाकर अपनी कुशलता की दो-चार टूटी-फूटी लाइनें लिखकर माता-पिता को भेज सके। लड़की के लिए चिट्ठी लिखना-पढ़ना उस समय बड़ी बात समझी जाती थी, यह लड़की की एक बड़ी विशेषता मानी जाती थी। यदि कोई बहू लिखना-पढ़ना जानती तो मुहल्ले भर की स्त्रियाँ उसके पास चिट्ठी लिखवाने-पढ़वाने आती थीं और इस प्रकार मुहल्ले की स्त्रियों पर उसकी धाक जम जाती थी।

किन्तु स्त्री-शिक्षा, विकास की इस पहली सीढ़ी पर देर तक न रुकी। आर्थिक तथा अन्य कारणों से नवयुवकों में शिक्षा का प्रचार अति तीव्र गति से बढ़ रहा था। नवयुवकों में शिक्षा की वृद्धि का प्रभाव स्त्री-शिक्षा पर भी पड़े बिना न रह सका। शिक्षित नवयुवक चाहता था कि वह कन्या भी, जिससे उसका विवाह हो, शिक्षिता होनी चाहिए। अभी तक एक होनहार युवक की अपनी भावी पत्नी के सम्बन्ध में ऊँची से ऊँची कल्पना होती थी कि वह धनी घर की बेटी हो, किन्तु अब उसकी अभिलाषा हो गयी कि उसकी पत्नी धनी हो या न हो किन्तु वह शिक्षिता अवश्य हो। नवयुवक-जगत् की इस एक-सुरी माँग का प्रभाव कन्याओं की शिक्षा पर यह पड़ा कि उनकी शिक्षा माता-पिता के लिए एक आवश्यक विषय बन गया। स्वभावतः माता-पिता की यह इच्छा रहती है कि उनकी लड़की को अच्छा घर-वर मिले। जब अच्छा घर और योग्य वर मिलने की शर्त शिक्षा बन गयी तो विवश हो माता-पिता को अपनी लड़कियाँ पढ़ानी पड़ीं। इस प्रकार नवयुवकों की शिक्षा से जहाँ स्त्री-शिक्षा को एक प्रोत्साहन मिला वहाँ उसने स्त्री-शिक्षा का उद्देश्य भी कुछ वर्षों के लिए निश्चित कर दिया। पहले स्त्री-शिक्षा का लक्ष्य केवल चिट्ठी-पत्री लिखने की योग्यता पैदा करना रहा था, किन्तु अब यह न रहा। इस समय स्त्री-शिक्षा का उद्देश्य विवाह-क्षेत्र में कन्याओं के मूल्य को बढ़ा देना हो गया। जो माता-पिता अपनी लड़की को मिडिल तक भी पढ़ा देते, ग़रीब होते हुए भी उन्हें अपनी लड़कियों के लिए लड़कियों के लिए पढ़े-लिखे कमाऊ लड़के आसानी से मिल जाते थे।

अभी कहा गया था कि नवयुवक-संसार में शिक्षा का प्रचार होने से स्त्री-शिक्षा में भी अत्यन्त वृद्धि हुई। भारतवर्ष में इस समय जो शिक्षा की लहर आयी थी, वह पश्चिम से आई थी। यह पश्चिम शिक्षा भारतीय नवयुवक तथा युवतियों के लिए उपयुक्त थी या नहीं, इस पर विचार करना इस लेख का विषय नहीं। किन्तु स्वतन्त्र देश से आयी हुई इस शिक्षा का प्रभाव यह अवश्य हुआ कि भारतीय नवयुवकों और विशेषकर नवयुवतियों में स्वतन्त्रता की भावनाएँ आगृत हो गयीं। अभी तक पुरुष के लिए जीना ही स्त्री का एकमात्र धर्म था और पुरुष के अत्याचारों को सहते जाना ही उसका एकमात्र कर्त्तव्य। समाज के अन्दर न उसको कोई अलग स्थान था और

न पुरुष से पृथक् उसकी कोई सत्ता ही थी। किन्तु यह सब होते हुए भी न तो स्त्री को अपनी अधोगति का ज्ञान था और न उस पतितावस्था से छुटकारा पाने की इच्छा ही थी। किन्तु शिक्षा पाने पर नारी का हृदय अपने ही पूर्व स्वभाव के विरुद्ध विद्रोही हो उठा। माता का उच्च स्थान रखते हुए जाति-निर्माण का भारी उत्तरदायित्व अपने ऊपर लेते हुए भी समाज में उसका कोई स्थान नहीं, मनुष्य होते हुए भी उसकी कोई पृथक् सत्ता नहीं—क्या यह उचित है? अपनी स्थिति के औचित्य तथा अपनौचित्य सम्बन्धी इस प्रकार के सन्देहों से उसका मन निक्षुब्ध हो उठा। उसको अपनी वास्तविक अवस्था का एक क्षण में भान हो गया। सहिष्णुता की चरम सीमा का उल्लंघन करके भी वह अपने दुःखों का अन्त क्यों नहीं देखती, पाषाण-प्रतिमा बनकर भी उसे अत्याचारों से छुटकारा क्यों नहीं मिलता, मनुष्यता के दिव्य गुणों से युक्त होने पर भी आज उसकी गणना मनुष्यों में क्यों नहीं की जाती है, स्वतन्त्र होने की योग्यता रखते हुए भी आज वह परतन्त्र क्यों है—ये प्रश्न शिक्षित महिला के हृदय में उठे और अपना हल ढूँढ़ने लगे। स्त्री ने अपनी स्वतन्त्रता का प्रश्न हल करने के लिये ज़मीन-आसमान ढूँढ़ डाला। उसे ऐसा प्रतीत हुआ कि पराधीनता का मुख्य कारण उसका आर्थिक दृष्टि से पुरुष पर अवलम्बन है।

शिक्षित महिला अब किसी-न-किसी प्रकार अपनी वर्तमान दुरवस्था का अन्त कर देना चाहती थी। जब विचार करने पर वह इस परिणाम पर पहुँचती कि आर्थिक दृष्टि से पुरुष का आश्रित रहना ही उसकी पराधीनता का मुख्य कारण है, तो आर्थिक स्वतन्त्रता प्राप्त करना ही उसके जीवन का लक्ष्य बन गया। जिस कारण से उसके विशिष्ट-से-विशिष्ट गुण पुरुष की दृष्टि में अवगुण बन जाते हैं, जिस कारण उसका महान् उत्तरदायित्व ही उसकी निर्बलता का कारण बन जाता है, वह कारण क्या है? वह कारण यही तो है न कि पुरुष पैसा कमाकर लाता है, और स्त्री पैसा नहीं कमाती। वैसे तो यदि पुरुष बाहर काम करता है तो स्त्री घर में काम करती है, और उसका काम किसी दृष्टि से भी कम महत्त्व का नहीं कहा जा सकता। भेद केवल इतना ही है कि पुरुष को अपनी कमाई का पैसे के रूप में पुरस्कार मिल जाता है और स्त्री को अपनी कमाई का कोई ऐसा पुरस्कार नहीं मिलता। यदि इस पैसे में ही यह सिफ़त है कि यह अवगुणों को गुण बना सकता है, कमजोरियों को शक्तियों का रूप दे सकता है, अनाचार को सदाचार में पलट सकता है, कर्त्तव्यों को अधिकारों में परिणत कर सकता है, तो अवश्य यह वांञ्छनीय है। इस प्रकार के तर्क-वितर्क जब शिक्षित महिला के मन में उठे, तो उसके जीवन का एक ही लक्ष्य बन गया—और वह था किसी-न-किसी प्रकार आर्थिक दृष्टि से पुरुष से स्वतन्त्र हो जाना, अपने-आप पैसा कमाना या कम-से-कम अपने अन्दर पैसा कमाने की योग्यता प्राप्त कर लेना। इस लक्ष्य तक पहुँचने का साधन बन गई-"शिक्षा।' स्त्री-शिक्षा द्वारा आर्थिक

स्वतन्त्रता प्राप्त करना चाहती थी। स्त्री-शिक्षा का लक्ष्य अब विवाह-सम्बन्धी समस्या हल करना न रहकर स्वतन्त्रता की प्राप्ति बन गया। दोनों लक्ष्यों में कितना भारी अन्तर था। एक से प्रेरित होकर कन्या अभीष्ट वर की प्राप्ति में ही अपनी शिक्षा का अन्त समझ लेती थी, किन्तु दूसरे की प्रेरणा से वह विवाह के नाम से ही घृणा करने लगी, वैवाहिक जीवन से ही उसे नफरत हो गयी, क्योंकि यह जीवन उसे अपने स्वतन्त्रता-प्राप्ति के लक्ष्य पर आघात जान पड़ता था।

स्त्री ने सोचा था कि यदि वह धनोपार्जन करने लगेगी और अपनी आवश्यकताएँ स्वयं पूरी करने लगेगी, तो उसके दुःखों का अन्त हो जायेगा, उसको मनुष्यता के सब अधिकार प्राप्त हो जायेंगे, वह स्वतन्त्रता जिसकी वह भूखी थी स्वयं उसको मिल जायेगी। आर्थिक दृष्टि से स्वतन्त्र होकर उसने अपने जीवन के हर क्षेत्र में स्वतन्त्र होने की आशा की थी, अपने को शिक्षा तथा धन से सम्मानित करके पुरुष का सम्मान प्राप्त करने का स्वप्न देखा था। किन्तु उसकी आशा पूरी न हुई, उसका स्वप्न स्वप्न ही रहा! इतना सब-कुछ होने पर भी स्त्री देख रही है कि उसने पुरुष जैसी शिक्षा चाहे क्यों न प्राप्त कर ली हो, वह पुरुष के समान धनोपार्जन चाहे क्यों न करने लगी हो, किन्तु फिर भी वह स्त्री ही है। आज भी वह पिता के लिए "पराये घर का धन' है- पति के लिए उसकी आँखों के इशारे पर नाचनेवाली पत्नी है, पुत्र के लिए उसके सहारे रहनेवाली वृद्धा माता है। वह शिक्षिता है तो क्या! समाज की आँखों में आज भी वह परतन्त्रता में ही पनपनेवाली अबला है- घर के अन्दर पति की इच्छा पालन करनेवाली कठपुतली और बच्चों का लालन-पालन करनेवाली परिचारिका है। मनु के वह वाक्य "स्त्री स्वातन्त्र्यमार्हति' आज भी सजीव होकर उसके कानों में गूँज रहे हैं; जीवन के हर क्षेत्र में वह इन्हीं की छाप देख रही है। ऐसी अवस्था में उसे अपने ध्येय की प्राप्ति का केवल एक मार्ग दीखता है और वह है-स्त्रीत्व को ही अपने अन्दर से नष्ट कर देना! वर्तमान समय में शिक्षिता नारी स्वतन्त्र होने के लिए उत्सुक हो रही है। स्त्रीत्व उसके मार्ग में एक रुकावट है, विघ्न है। इसलिए अपनी स्वतन्त्रता की ख़ातिर आज वह अपने स्त्रीत्व को मिटा देगी, स्वतन्त्रता की वेदी पर आज वह स्त्रीत्व को बलिदान कर देगी, किन्तु संसार की आँखों में नीची बनकर न रहेगी—यही आज की शिक्षिता नारी का संकल्प दिखायी देता है। स्त्री के जीवन का लक्ष्य बहुत अंशों तक उसकी शिक्षा का लक्ष्य भी रहा है, और आज भी वही उसकी शिक्षा का उद्देश्य है। अब आर्थिक स्वतन्त्रता प्राप्त करना स्त्री-शिक्षा का उद्देश्य नहीं रहा, जैसा कि अब से कुछ वर्षों पूर्व था। अब तो पुरुष के बराबर हो जाना, हर क्षेत्र में पुरुष की बराबरी करना स्त्री-शिक्षा का लक्ष्य बन गया है।

आज शिक्षिता स्त्री के हृदय में क्या विचार उठ रहे हैं? वह सोचती है—घर के अन्दर रहकर, कोल्हू के बैल की तरह पिसकर उसके क्या हाथ आया—अपमान और पराधीनता। जिस घर में रहकर उसे आत्मसम्मान और आज़ादी से हाथ धोना पड़ा हो उसका कार्यक्षेत्र अब उस घर में नहीं, उस घर से बाहर होगा। उसका कार्यक्षेत्र अदालतों, दफ़्तरों, कारख़ानों और सिनेमाघरों में होगा-पुरुष का कार्यक्षेत्र ही उसका कार्यक्षेत्र होगा। जब स्त्री के अन्दर मनुष्यता से दिव्यता की ओर ले जानेवाले गुण मौजूद थे तब उसकी गिनती मनुष्यों से नीची होती थी, अब जबकि स्त्री ने पुरुष की श्रेणी में बैठने की शपथ ले ली है तब क्या उसे उन दिव्य गुणों को ठुकरा न देना पड़ेगा। शिक्षिता स्त्री की दृष्टि में अपने गुणों की अपेक्षा पुरुष के अवगुण अधिक अच्छे हैं; मानवीयता को चकित कर देनेवाले स्त्रीत्व की विशेषताओं की अपेक्षा पुरुष की निर्बलताएँ अधिक ग्राह्य हैं। उसके लिए "स्त्रीत्व' और "दासत्व' दोनों समानार्थक वस्तु हैं, इसलिए स्त्रीत्व के चिह्न उसके दासत्व के चिह्न हैं। वह उन सब चिह्नों को मिटा देना चाहती है, जिन्हें वह मिटा सकती है। यही कारण है कि बीसवीं शताब्दी की नारी की वेष-भूषा, रहन-सहन, आमोद-प्रमोद के तरीक़े सब पुरुष-जैसे होते जा रहे हैं। वह स्त्रीत्व को मिटाने और पुरुषत्व को अपनाने में बहुत अंशों तक सफल हो रही है। स्त्रीत्व को खोकर भी वह समाज में पुरुष के बराबर स्थान प्राप्त कर सकेगी या नहीं, जिस स्वतन्त्रता की वह भूखी है वह उसको मिल सकेगी या नहीं—यह अभी भविष्य के गर्भ में है।

थोड़े से समय के अन्दर, हमने देखा कि स्त्री-शिक्षा के उद्देश्य ने अनेकों रूप बदले। यह भी देखा कि इन परिवर्तनों को लाने, इन उद्देश्यों को ढालने में पुरुष का कितना अधिक हाथ रहा है। वास्तव में स्त्री-शिक्षा की अपने अन्तिम उद्देश्य तक पहुँचने की पूरी ज़िम्मेदारी ही पुरुष पर है। स्त्रीत्व को मिटा देने का संकल्प, जो इस समय स्त्री-शिक्षा का उद्देश्य बन गया है, सदियों से स्त्री पर पुरुष द्वारा किये गये अत्याचारों का परिणाम है।

किन्तु यह सब-कुछ होते हुए भी क्या शिक्षिता बहनें अपने अन्तिम संकल्प की पूर्ति करने से पूर्व इस प्रश्न पर एक बार विचार करेंगी? यदि स्त्रीत्व संसार से लुप्त हो गया तो समाज की हानि होगी या लाभ? हमें तो ऐसा प्रतीत होता है कि इससे समाज तथा विश्व का कल्याण नहीं हो सकता। स्त्रीत्व विश्व की एक अमूल्य विभूति है। स्त्रीत्व के नष्ट होने से एक दिव्य विभूति का संसार से लोप हो जायेगा। स्त्रीत्व के लोप होने पर प्रेम, दया, श्रद्धा तथा सहिष्णुता-जो स्त्रीत्व की विशेषताएँ हैं-संसार से मिट जायेंगी। स्त्रीत्व के मिटने के साथ ही मातृत्व तथा उसके अनेक आशीर्वादों से संसार वंचित रह जायेगा। ऐसी दशा में विश्व में स्त्रीत्व का अभाव कल्याणप्रद होगा या हानिप्रद, यह शिक्षिता बहनें स्वयं विचार कर लें।

यह बहुत सम्भव है कि बहुत-सी शिक्षिता बहनें ऊपर के विचारों से सहमत न हों और मुझसे पूछें कि क्या स्त्रीत्व को अछूता रखने के लिए वे घर में बैठी चूल्हा झोंका करें, पुरुष के अत्याचारों को सहा करें; क्या वे अपनी शिक्षा को, अपनी योग्यता को चहारदीवारी के अन्दर ही नष्ट होती रहने दें; क्या स्त्रीत्व की ख़ातिर वे अपने व्यक्तित्व, अपनी स्वतन्त्रता को न्योछावर कर दें। इन प्रश्नों का संक्षिप्त उत्तर तो मैंने अभी ऊपर के पैराग्राफ में दे दिया है, परन्तु इन प्रश्नों पर इतने संक्षिप्त रूप में विचार नहीं हो सकता। मैं किसी अगले लेख में इन प्रश्नों का उत्तर देने का प्रयत्न करूँगी।

मर्यादा – अगस्त 1937

इङ्गलिस्तान की औरतें

श्रीमती मनमोहिनी चटर्जी

अक्सर सुनने में आया है कि जो लोग विलायत जाते हैं उनको वहाँ की ख़ानगी जिन्दगी इस क़दर मज़ेदार व खुशनुमा मालूम होती है कि वे वहाँ से लौटना पसन्द करते और अगर लौटते भी हैं तो उनके दिल में एक हसरत (पछतावा) बाक़ी रह जाती है और वे अपनी हिन्दुस्तान की ख़ानगी ज़िन्दगी में फ़रक पाकर रंजीदा होते हैं। हिन्दुस्तानी औरतें मिसल पुराने ज़माने के इस समय में भी साबित कर सकती हैं कि उनकी ख़ानगी ज़िन्दगी में जो सादगी, पाकीज़गी, ख़ूबसूरती, शाइस्तगी, शीरीनी पायी जा सकती है वह किसी और मुल्क से कम नहीं है। अगर हम इङ्गलिस्तान की औरतों को अच्छी तरह समझना चाहें तो इसका एक यही उपाय है कि हम उनके साथ ख़ास उनके लन्दन के घरों में रहें क्योंकि वहाँ उनको असली रूप का दर्शन हो सकता है। हिन्द में वे अफ़सरों की बीबियाँ होने के कारण हमारी अफ़सर होकर आती हैं और अफ़सरी का ठप्पा उनके काम, क़लाम, ख़याल, तमाम ताल्लुकात पर नक़्श रहता है। यह मुहर ऐसी सख़्त होती है कि मानो सरकारी (official) ताले पर लगी हो। हम हिन्दुस्तानी इस छाप मुहर को फ़िलहाल तोड़ नहीं सकते इसलिए आवश्यक है कि हम अपने ख़याल को ख़ुद ही लन्दन तक दौड़ावें और वहाँ अपनी अंग्रेज बहिनों की असली हालत पर नजर डालें और जो बातें उनकी वहाँ काबिल तारीफ़ हैं उनको इन्साफ़ की आँख से देखें और इस बात को ज़ाहिर करें कि हम हिन्दुस्तानी औरतें बदी देखनेवाली नहीं हैं बल्कि अपनी तबीअत में ख़ुद भी नेकी की असलियत रखकर दूसरों में भी नेकी पहचानने की ताकत रखती हैं।

लन्दन

इङ्गलिस्तान के लोगों को समझने के लिए इसकी भी थोड़ी जरूरत है कि हम शहर लन्दन पर कुछ गौर करें क्योंकि यह शहर इङ्गलिस्तान के दूसरे तमाम शहरों का एक मुख़सर (संक्षेप) मजमूआ है। शुरू में लन्दन एक निहायत भद्दा शहर था। उसकी ज़मीन गन्दी, गीली, सीली और दलदली थी जहाँ बजुज़ मच्छर और पिस्सू के

कोई आराम से नहीं रह सकता था। अगले अँगरेज़ों की अक़्ल ने इस जगह की छिपी हुई ख़ूबी को पहचाना और उसको ऐसा बदल दिया कि आज वह बड़े-बड़े शहरों का ताज हो रहा है और वहाँ से बड़ी-बड़ी कौमों और बड़े-बड़े मुल्कों पर हुकूमत का झण्डा हिलाया जा रहा है। लन्दन की ख़ूबियाँ उसकी ऊँची इमारतों, आली दरज़े की दूकानों और अजीब-अजीब कारख़ानों से अच्छी तरह ज़ाहिर हैं। जिस इमारती दूकान और कारखाने को देखिये उसी से वहाँ के लोगों की असली क़ाबिलियत और संगठन शक्ति (Organising Power) की माप ठीक-ठीक हो सकती है। यह लोग अपनी तमाम दिमाग़ी ताकत को रसात्मक या जीव और ब्रह्म के ख़यालों Poetic contemptation and spiritual meditation में नहीं बल्कि सांसारिक लाभदायक कारबार में जिससे ज़िन्दगी के तमाम आराम के सामान हासिल होते हैं सर्फ़ करते हैं और जिससे तिजारते, दौलत और फ़ौजी कूबतें तरक़्क़ी पाती हैं। इस तरह की मुल्की, अपनी तबीअत और समझ (commonsense) इनमें क्योंकर पायी जाती है? इस अक़्ल, कूबत का सोता उनके घरों ही में से जारी है। वहां की औरतें भी ऐसी हैं कि वे इस तरह से क़ौम की कल (machinery) को चला रही हैं। इन औरतों के तमाम काम की बुनियाद विज्ञान के ज्ञान पर खड़ी है। बग़ैर तर्तीब, कायदे के वे किसी काम में हाथ नहीं लगातीं। अब देखना चाहिए कि ये औरतें अपने घरों में क्या किया करती हैं। ये सफ़ाई से तो एक तरह का ज़ुनूनी इश्क रखती हैं। इनके मकान ऊपर से नीचे तक सफ़ाई के जादूघर हैं। नकि सिर्फ बाहरी सफ़ाई रहती है बल्कि फ़रशों के नीचे तक कहीं गरदा, गुबार का नाम तक नहीं रहता। इसका सबब यह है कि औरतें नितप्रति अपने दिन का एक ख़ास हिस्सा ख़ुद भी सफ़ाई करने में सर्फ़ करती हैं। सर्दी के कारण उनके कपड़े जिनको वे अपने और अपने घर के लोगों के लिए निहायत ख़ूबसूरती और बारीक़ी से तैयार करती हैं। ख़ाना भी वैज्ञानिक रीति से वे तैयार करती हैं। उनके खाने के तीन वक़्त होते हैं। मेज पर घर के सब लोग और आये-गये एक साथ जमा होते हैं। यह मौका उनके लिए निहायत ही आराम का होता है। सव इकट्ठे होकर तरह-तरह की दिलचस्प बातों पर गुफ़्तगू करते हैं। गुफ़्तगू में इसका खास ख़्याल रखते हैं कि कोई ऐसे लफ़्ज मुँह से न निकाले कि जिससे किसी की तबियत में गुस्सा, कराहियत या रंज पैदा हो। हिन्द के आफ़ताब की गर्मी व रोशनी से वे लोग महरूम रहते हैं। वहाँ सख़्त कुहरा पड़ता है जिससे आसमान धुँधला रहता है। दिन-रात व सुबह सब एक रंग दिखायी देते हैं इससे तो ज़रूर तबीयत घबरा जाय लेकिन यहाँ की औरतें हर वक़्त हर मिनट अपने को किसी-न-किसी काम में ऐसा मशगूल रखती हैं कि उनकी तबीयत उनके शरीर अफ़सुरदा, पजमुरदा होने के बजाय चुस्त, चालाक, फुर्तीले रहने हैं। ये मैदानों में तरह-तरह के दौड़ धूप के खेल करके भी अपनी तबीयत और शरीर को फुर्तीला रखती हैं अँगरेज़ औरतों को बागवानी के काम से भी बहुत शौक है।

लन्दन में सार्वजनिक मकानात (Public buildings) और कारखाने (Factories) इस क़दर कसरत से हैं कि दौलतमन्द घरों के सिवा और किसी मकान के इर्द-गिर्द दरख़्त लगाने की जगह नहीं रहती। फिर भी औरतें बग़ैर पौधे, फूल के अपने मकान को देख नहीं सकती हैं। वे लकड़ी और टीन के बक्सों ही में जिनको हम रद्दी कर देते हैं पौधे लगाती हैं। वे बक्सों को ख़ूबसूरत रंगों से रँगकर और उनको बूटेदार कागज कपड़ों से मढ़कर अपने कमरों के आगे रख देती हैं या खिड़कियों के आगे लगा देती हैं। इनसे मकान बहुत ख़ूबसूरत मालूम होता है। अँगरेज़ औरतें जिस चीज़ पर अपना हाथ रखती हैं चाहे वह कैसी ही छोटी-से-छोटी रद्दी चीज़ क्यों न हो उसी को एक पैदा करनेवाली चीज़ बना लेती हैं। यह हुनर (Industry) उनके मुल्क की दौलत की जड़ है। यह और सब काम करने की न सिर्फ़ लियाक़त ही रखती हैं बल्कि उनके करने का तरीका और कायदा ये भी खूब जानती हैं। ये वक़्त की पाबन्दी तो बहुत ज़्यादा करती हैं। आम तौर से हमारी हिन्दुस्तानी औरतों में जल्द सीख जाने की काबिलियत कुदरती तौर से नहीं है। हम आम तौर से इसमें कुसूरवार हैं कि हम वक्त की पूरी तौर से पाबन्दी नहीं करतीं और जब तक इस वक़्त को ग़नीमत न जानना सीखेंगी हम अपने मुल्क को पूरा फ़ायदा जल्द नहीं पहुँचा सकेंगी। अँगरेज़ औरतों के सब काम नियत समय पर शुरू होते हैं और नियत समय पर ख़तम होते हैं। घड़ी की सूई चूक जाय लेकिन उनके नियत समय में किंचित मात्र अन्तर नहीं पड़ सकता। उनके मिलने का समय भी नियत होता है। अगर कोई मिलना चाहे तो उसी नियत समय पर जाय और अपना कार्ड भेज दे। अगर यह क़ायदा न हो तो मिलनेवाले दिन-भर आया-जाया करें और सारा दिन उन्हीं की आवभगत और बाचतीत में बीत जाय और उनके तमाम घर के काम पड़े रह जायँ या अच्छी तरह से न होने पावें। अँगरेज़ औरतें आम तौर से नौकर नहीं रखतीं क्योंकि विलायत में नौकरों की तनख्वाहें करीब-करीब यहाँ के हिन्दुस्तानी ओहदेदारों के बराबर होती हैं। धनवान् घरों में लड़कियाँ नौकर रख ली जाती हैं। यह सेवा करनेवाली लड़कियाँ पढ़ी-लिखी होशियार होती हैं। उनको इस बात की बड़ी फ़िक्र रहती है कि उनका सब काम बिलकुल ठीक हो और उसमें कोई तनिक भी दोष न निकाल सके। अगर लड़की पहले-पहले घर का काम ठीक नहीं जानती तो बीबियाँ सब्र के साथ बहुत जल्द उसको सब काम पकाने का, मेज़ सजाने का, मकान साफ़ करने का, कपड़ा धोने का, स्त्री कलफ़ करने का और आये-गये की खातिर करने को बहुत जल्द सिखा लेती हैं। अंगरेज़ औरतों में यह बड़ी सिफ़त होती है कि अगर कोई लड़की मुहताज, बेकार दिखायी दे तो वे उसको फ़ौरन कोशिश करके कहीं-न-कहीं काम दिलवा देंगी। अगर लड़की काबिलियत न रखती हो तो वे उसे काम सिखाकर बहुत जल्द क़ाबिल करके कहीं काम दिलवा देती हैं ताकि उसकी ज़िन्दगी बर्बाद न हो जावे। अँगरेज़ औरतें अपने मेहमानों की ऐसी खातिर करती हैं कि कभी किसी को किसी

तरह की शिकायत की जगह बाकी नहीं रह सकती। वे फ़कत तरह-तरह की खाने की चीज़ें आगे रख देने का ख्याल नहीं करतीं बल्कि इस बात का भी ख़याल रखती हैं कि कौन-सी चीज़ें उनके मेहमान के मिजाज़ व ज़रूरत के मुताबिक़ होंगी। वे उनके लिए एक ख़ास कमरा तैयार करती हैं। यह बहुत साफ़ रहता है और इसमें सभी आवश्यक चीज़े सोने की सूई सूत तक मौजूद रहती हैं। लिखने के लिए स्याही काग़ज़ कलम वगैरह तक रक्खा रहता है कि मेहमान को सख़्त ज़रूरत के वक्त मुँह खोलकर माँगने की ज़रूरत न हो। बिस्तर अगर मेहमान अपने साथ ले जावे तो बड़ी शर्म की बात समझी जाती है क्योंकि जहाँ वह जाता है वहाँ बिस्तर के कुल सामान और नहाने-धोने के कुल सामान मौज़ूद रहते हैं। अँगरेज़ औरतों को फूल पत्तों से खाने की मेज़ सजाने का गोया एक मर्ज़ होता है। इस गुण में बढ़ जाने की ग़रज़ से औरतें आपस में एक-दूसरे से बढ़ जाने की कोशिश करती हैं। उसके सीखने में और कमाल हासिल करने में वे बहुत-कुछ खर्च करती हैं और सजाने के तरह-तरह के नमूने ईजाद करती हैं। मेहमान सजी हुई खाने की मेज़ देखकर ख़ुश होते हैं और अपने को वहाँ स्वागत (welcome) समझते हैं। घर की बीबी मेहमान के कमरे की हर एक छोटी-बड़ी चीज़ को खुद झाड़ती-पोंछती रहती है बल्कि उसकी जूती तक झाड़कर रखती है। तमाम दिन-भर के कामों से फ़राग़त होकर ये औरतें अपने मेहमानों और ख़ानदान के लोगों के साथ बैठक के कमरे में शाम को जमा होती हैं। कुहरे और सर्दी की वजह से दरवाज़े सब बन्द हो जाते हैं और कमरों के आतिशख़ानों में आग जलती रहती है। उसी के इर्द-गिर्द माँ, बाप, बच्चे और आये-गये सब जमा होकर बैठते हैं और दिल लोभानेवाली उमदा बातचीत करते हैं। किताबें और अखबार के काग़जात पढ़कर सुनाते हैं। गीत गाना व बाजा बजाना और खेल-तमाशा भी होता है। औरतें बजाती और गाती हैं और मर्द भी अक्सर उसके साथ गाने में शरीक हो जाते हैं। बच्चे तो उस वक्त बड़ी मौज में रहते हैं। उनकी ख़ुशीं, शीरी आवाज़ों, क़हक़हों और कूद-फाँद में दिखायी देती है। माँ-बाप, मुहब्बत और अभिमान के साथ अपने तन्दुरुस्त लहलहाते, खिलते गुलाब से बच्चों की तरफ मुसकराकर देखते हैं और उनके खेल-तमाशों में खुद भी शरीक हो जाते हैं। बाद ऐसी-ऐसी दिलचस्पियों के Family Bible) बाईबिल के किसी अंश का पाठ पढ़ा जाता है और सब लोग मिलकर दुआ करते हैं। दुआ के बाद आपस में सब निहायत शफ़कत व मुहब्बत के साथ रुख़सत होकर अपने-अपने घर व सोने के कमरों में ख़ामोशी के साथ चले जाते हैं। अँगरेज़ों के ख़ान्दान की ख़ुशी का चश्मा उनकी औरतों के तालीमयाफ़्ता दिलों से जारी रहता है। उनके हर एक नेक काम में औरतों ही की क़ूबत नज़र आती है। घर-गृहस्थी का काम कोई ऐसा नहीं है जो औरतें वहाँ ख़ुद न करती हों। जब वे हिन्दुस्तान में पहले पहल आती हैं। उनको बड़ा अचम्भा मालूम होता है कि पकाने का काम और सिलाई के लिए मर्द बावरची और मर्द दर्जी अपनी ख़िदमत पेश करते

हैं क्योंकि ये दो काम विलायत में सिर्फ़ औरतों के ज़िम्मे है। अजब तो यह है कि बावज़ूद इतनी खानादारी के काम के वे और भी तरह-तरह के काम दिलोज़ान से करती हैं। वहाँ की अमीर-से-अमीर व ग़रीब-से-ग़रीब औरत रोजाना अख़बार के काग़ज़ात और उमदा किताबों के पढ़ने के खास-खास वक्त चुन लेती हैं और दुनिया के तमाम वाक़यात से अपने को वाक़िफ़ रखती हैं। बच्चों की शिक्षा पर वे विशेष ध्यान रखती हैं, फ़कत स्कूली तालीम पर वे उनको छोड़ नहीं देतीं। बाप चाहे कोई भी पेशा करता हो लेकिन माँ की यही कोशिश रहती है कि मेरे बच्चे ऐसी तालीम, तरबियत व उठान पावें जिससे वे आला दरजे की जमात (Society) में जगह पावें और अच्छे-अच्छे उहदों के हक़दार हो सकें। उनकी तालीम में अपनी जाती कोशिशों और रुपयों को ख़र्च कर वे कोई दक़ीका बाक़ी नहीं रखती हैं। दौलतमन्द घरों में माताएँ अपनी मदद के लिए शरीफ़ क़िस्म की पढ़ी-लिखी औरतें (Ladies) नियत करती हैं और अपने बच्चों की तालीम तबीयत अपनी ख़ास निगरानी के अन्दर उनके ज़िम्मे पर करती हैं। लेकिन (Governors) ऐसी गुरुवानियों के होने पर भी माताएँ ज़्यादातर बच्चों की मजहबी, इखलाकी (Religious and moral) तालीम अपने ही ज़िम्मे रखती हैं जिससे उनके दिलों पर माँ के असर का नक़्श पड़ जाय। बच्चों के लिए माताएँ एक खास कमरा, नरसरी, अलग कर देती हैं। इनमें मुनासिब निगरानी के अन्दर बच्चों को पूरी आज़ादी दी जाती है। यह कमरा तरह-तरह के खिलौने, दिल बहलानेवाली चीज़ों से सजा रहता है जिसमें लड़के, लड़कियाँ खेल-खेल में मुफ़ीद तालीम पाती हैं और दुनिया के कामों को लड़काई से आसानी से समझने लगती हैं। बच्चों की जिस्मानी कसरत (Physical exercise) की चीज़ें भी नरसरी में मौज़ूद रहती हैं। इसी नरसरी में बच्चे अपनी रुचि (Natural inclination) व ख्वाहिशों को आज़ादी से अमल में लाकर खेल-खेल की सूरत में अपनी ज़िन्दगी की ख़ास मक़सदों के पूरा करने की कूबत व हिकमत हासिल करते हैं। अँगरेज़ औरतें न कि फ़क़त ख़ानादारी के कामों में इन्तिहा दर्जे की खूबी रखती हैं बल्कि उन कामों में भी वे कमाल रखती हैं जिनकी हैसियत से वे आला दर्जे के मर्दों के बराबर क़रार दी जाती हैं। देश-प्रेम (Patriotism) और सार्वजनिक कार्यों (Philantheoplry) में तो वह मर्दों से भी बढ़ जाती हैं। दुनिया के किसी कोने से मुसीबत की खबर उनके कान में पड़ी नहीं कि उसकी गूँज उनके दिल में भर उठी और फ़ौरन उन्होंने कमेटी इकट्ठी की, उदारता की थैली खुली, तरह-तरह की तदवीरें होने लगीं और कितनी खुद भी उठ खड़ी होती हैं कि मुसीबत की जगह जाकर बुराई को जड़ से दूर कर दें। यह तबीअत सिर्फ़ अमीर औरतों ही में नहीं बल्कि गरीब-से-गरीब औरतों में भी पायी जाती है। छोटी झोंपड़ी की औरत पैसों की ख़ास थैली या सन्दूकची रखती हैं जिसको वह अपने ज़्यादा मुहताज की मदद के लिए ख़ुशी से खोलती हैं। अक्सर ऐसा होता है कि औरतें छोटे-छोटे क्लब जाती हैं जिसमें अपनी कमाई की बचत में से कुछ जमा

करती हैं। इस चन्दे को ग़राबों में सख़्त सरदी से बचाने की ग़रज से गर्म कपड़े और आग तापने के लिए लकड़ी या कोयलों के ख़रीदने में वे सर्फ़ करती हैं। नकि सिर्फ़ कारखैर में—बल्कि आम तालीम में भी मर्द के बराबर औरत शिक्षा के हर एक विभाग (Department) में पूरा दखल रखती हैं। आयुर्वेद, दर्शनशास्त्र, न्याय, साहित्य, वगैरह इल्म के हर एक शाख़ में मर्दों के बराबर कालेज में पूरी निपुणता (Perfection) हासिल करती है। यही वजह है कि विलायत में औरत मर्द से मातहत नहीं बल्कि हर हालत में उसके बराबर समझी जाती है। मर्द उनके स्वत्वों और ख़्वाहिशों की पूरी ताज़ीम करते हैं और औरत उसके बदले में मर्द की पूरी हमदर्द और सुख-दुःख की संगिनी होती हैं। फ़ौज में औरत ख़ुद लड़ने नहीं जाती लेकिन घर ही में रहकर वे तरह-तरह की कमेटियाँ बनाकर फ़ौज की मदद के लिए रसद भेजती रहती हैं। लेडी डाक्टर और नरसेज़ खुद भी फ़ौज के साथ लड़ाई के मैदानों में खड़ी रहती हैं ताकि जखमियाँ का इलाज करें और भूख प्यास से मरते सिपाहियों के मुँह में दाना-पानी डालकर ज़िन्दगी की साँस फेरे। ऐसे मौक़े पर कहा गया है कि क़ूबत जो तोप के पीछे पोशीदा खुश होकर लड़ रहा है वह औरत की मुहब्बत है। क़ैदख़ानों और निहायत ज़लील कूचों में निहायत शरीफ़ घर की औरतें अक्सर जाती हैं कि अपने कोशिशों से वे उनकी गिरी हुई हालत को सुधारें। अक्सर बहुत बड़े घर की औरतें भेष बदलकर ऐसी जगहों में गयी हैं जिसमें कि उनकी हालत को ख़ुद देखकर वे उनकी बेहतरी की तदवीर करें और अपनी तजवीज़ें सरकार में पेश करें।

यूरोप के सबसे बड़े ज़बरदस्त जंगी आदमी नेपोलियन बोनापार्ट ने, जिसने तमाम यूरोप की बादशाहतों को हिला दिया था नरसरी ही में खेल-खेलकर तोप के गोले छुड़ाने की हिकमत सीखी। रेलगाड़ी, तारवर्की के ईजाद की भी बुनियाद नरसरी के खेल में पायी जाती है। अँगरेज़ औरतें नरसरी को अभिमान की वस्तु समझती हैं और उसकी तरक्की में दौलत की दौलत सर्फ़ कर देती हैं। विलायत में औरतें मर्दों से आज़ादी से मिलती जुलती हैं फिर भी किसी तरह की ख़राबी नहीं होती। उसकी सबब यह है कि बचपन ही से लड़के और लड़कियाँ एक-दूसरे के साथ नेक बर्ताव करना सीखते हैं। बचपन ही से लड़का इस बात का कायल होता है कि मुझे लड़की ज़ात की पूरी पूरी ताज़ीम करनी है और उसके हक़ मेरे हक़ से बढ़कर हैं। इसी तरह लड़की बचपन ही से समझती है कि मेरा यह दावा, हक़ है कि लड़का मेरी पूरी ताज़ीम करे और मेरे साथ किसी तरह की गुस्ताख़ी न करे, और यह कि मुझे भी ऐसी चाल चलनी है कि लड़के को कभी मौक़ा तक न मिले कि मेरे इस हक के अदा करने में वह किसी तरह की कोताही करे। यही बचपन की आदत उनके आइन्दा ताल्लुकात में क़ायम रहती है और यही वजह है कि इस आज़ादी से ख़राबी नहीं पैदा होती। अलावा इसके लड़कियाँ भी लड़कों के बराबर-ही-बराबर तालीम पाती हैं जिसके ज़ोर पर वह खड़ी हो सकती हैं और जिसकी रोशनी से वह खुद अपना

भला पहचानने लगती हैं। बच्चों को इख़लाकी तरबियत (Moral training) में माताएँ सच बोलने की तालीम पर ख़ास ज़ोर देती हैं क्योंकि वह इस बात की क़ायल हो गई हैं कि क़ौमी बुज़दिली (national cowardice) और बरबादी की बिना झूठ पर है और यह कि सच्चाई से दिल में दिलेरी और आज़ादी पैदा होती है। अन्य कारणों के साथ-साथ सच्चाई की आदत भी अँगरेज़ कौम की आज़ादी, बहादुरी का एक सबब है। बावजूद इस आज़ादगी (Independence) के जो इनके मिज़ाज में पाई जाती है यह भी मशहूर है कि अँगरेज़ क़ायदों की सख़्त पाबन्दी करते हैं। इसका सबब यह है कि माताएँ बचपन ही से अपने बच्चों को सब बातों में क़ायदे की पाबन्दी करना सिखाती हैं। बावज़ूद आज़ाद तबीयत के वे कोई भी ऐसी बात नहीं कहतीं जिससे किसी के दिल में चोट पहुँचे। कारण यह है कि माताएँ बच्चों की तालीम में इस बात पर ज़ोर डालती हैं कि वे हर बात में दूसरों की भावनाओं का ख़्याल रक्खें। यही वजह है कि अँगरेज़ औरतों की मुलायम आवाज़, हमदर्द सुहवत व मीठी बातचीत हमारे हिन्दुस्तान के मर्दों को इस क़दर जादूभरी मालूम होती हैं। ख़ानादारी के कामों में औरतें खतों को लिखने और जवाब देने के काम को ज़रूरी समझती हैं और इस काम को वे अपने ही ज़िम्मे लेती हैं। मर्द अपने दफ़्तरी ख़त लिखते हैं। लेकिन रिश्तेदारों और दोस्तों को पत्र औरतें अपने या अपने शौहर की तरफ से लिखती हैं। इन ख़तों में वे ज़्यादातर अपने बच्चों की अमली तरक्की और उनकी दिलचस्पियों की ख़बर देती रहती हैं। ख़त लिखना भी एक हुनर है। बराबर ख़त लिखने से अँगरेज़ औरतें अपनी उस दोस्ती के पुराने सिलसिले को उमर भर कायम रखती हैं जो हम हिन्दुस्तानी औरतें दिन-रात की सेवा करके और दुनिया की नजरें, तोहफ़ा भी देकर कायम नहीं रख सकतीं। अँगरेज़ औरतों की खानगी ज़िन्दगी (Domestic life) के सम्बन्ध में जो बात मैंने कहीं वह जो सुनने में अदना मालूम हो लेकिन उन्हीं के करने और न करने पर भावी सुख-दुःख निर्भर है। राजनैतिक या शासन-सम्बन्धी स्वत्व अभी तक अँगरेज़ी औरतों को मर्दों के बराबर नहीं दिये गये लेकिन इस महकमे में भी औरतें बहादुरी से अपने दावे पेश कर रही हैं और अपनी इल्मी और प्रबन्ध करने की योग्यता से अपने हक़ साबित कर रही हैं। ये औरतें सफ़रगेट कहलाती हैं। मिस पेंकहर्स्ट सख़्त जिल्लतें व जहमतें और क़द की मुसीबतें सहकर अपने हक़ को हासिल करने में इन्तिहा दरजे की कोशिश कर रही हैं। इन्साफ़ पसन्द मर्द भी इस काम में इनका साथ दे रहे हैं क्योंकि वे जानते हैं कि उनके क़ौम की कामिल बेहतरी इसी में है कि ज़माने के दौर में औरतें भी मर्दों के साथ-ही-साथ चलती और बढ़ती रहें। ख़ानगी और क़ौमी बहुत-से ऐसे मामलात हैं जिनकी ज़रूरत औरतें स्वाभाविक रीति से मर्द से ज़्यादा अच्छी तरह समझती हैं और जिनके होने व न होने की निस्बत उनका फ़ैसला ज्यादार फायदेमन्द हो सकता है। इसलिए इग्लैण्ड की औरतें गवर्नमेण्ट से राजनैतिक कामों में भी अपनी सुनवाई

और अधिकार चाहती हैं। वह ज़माना दूर नहीं है कि यह भी हक़ इनको रफ़ता-रफ़ता मिल ही जायगा क्योंकि वे पूरी क़ाबलियत रखती हैं। मज़हबी मामलात में वे इस क़दर शौक़, सरगर्मी रखती हैं कि दूसरे मुल्क के लोगों को भी अपने मज़हब में लाने की ग़रज़ से वे न कि सिर्फ़ हजारों तरह की सभाएँ कायम करती और आत्मा को हिला देनेवाली स्पीच देती हैं बल्कि ख़ुद भी जान निछावर कर अपने बच्चों तक से भी जुदा होकर वे गैर-गैर मुल्कों में अपने मज़हब के फैलाने की ग़रज़ से चली जाती हैं। अँगरेज़ औरतों की तबीयत में एक दिलेरी है, जोकि उनसे बड़े-से-बड़े काम कराती है, हिन्द ने भी सदियों बादशाहत की हैं पर हिन्द की औरतों में शाहाना दिलेरी का माद्दा मौज़ूद होना ज़रूरी बात है लेकिन सदियों से दबे रहने से दिल मर-सा गया है। अगर देश-प्रेम की मशालें घर-घर जल जायें तो बहुत जल्द बल्कि आनन फानन में हिन्दुस्तानी औरतों की ख़ूबी और उम्दगी की रोशनी तमाम जहान को रोशन कर दे। क्योंकि रोशनी हिन्द की औरतों में स्वाभाविक कोमलता, उदारता, आत्म-गौरव और आत्मत्याग मौजूद हैं। हमारी पुरानी तवारीखें मेरे इस दिलेराना बयान को साबित कर चुकी हैं और जगह बजगह इस बिगड़े हुए लेकिन सुधरते हुए ज़माने में भी ऐसी औरतें पायी जाती हैं जोकि किसी जाति के लिए अभिमान की वस्तु हो सकती हैं। अगर हम औरतों को अपने मुल्क से सच्ची मुहब्बत है तो उचित है कि हम सबसे पहले अपने मुल्क की औरतों को ज़हालत की तारीक़ी में से निकालें। सच्चे देश-प्रेम के यह मानी नहीं हैं कि हम दूसरों के गुणों की अवमानना करें और अपनी बुराइयों को भी अच्छा समझें और इसी एक बात पर लड़ते-झगड़ते खून की नदियाँ बहावें। इस वक्त हिन्द में इसी की बड़ी ज़रूरत है कि हम अपने लोगों की हालत सुधारें और इस नेक काम में बेशक अपने ख़ून तक को बहावें और तन मन धन से इस कार्य में प्रयत्न करें।

महिला – दिसम्बर 1938

महिला-सम्मेलनों की धूम

श्रीमती काले का भाषण

गत मास की 12 तारीख को बिहार प्रान्तीय महिला-सम्मेलन की कार्रवाई आरम्भ करते हुए मध्य प्रान्तीय एसेम्बली की डिप्टी स्पीकर श्रीमती अनुसूया बाई काले ने अध्यक्षा पद से भाषण देते हुए कहा कि, "भारतीय महिलाओं को इस बात का श्रेय है कि उनके प्रतिनिधियों ने राउण्डटेबुल कान्फरेन्स या मताधिकार कमेटी में ख़ास तौर पर अलाहदा या साम्प्रदायिक प्रतिनिधित्व की माँग नहीं की। हमें स्मरण रखना चाहिए कि हम सब एक ही मातृभूमि की सन्तान हैं, हमारा जाति धर्म और चाहे जो कुछ भी हो। मातृभूमि के प्रति सच्चे रहना हमारा सबसे बड़ा कर्त्तव्य है।''

श्रीमती काले ने आगे कहा-"राष्ट्र की एकता के लिए हमें एक आम भाषा की आवश्यकता है। हमारे नेताओं ने हिन्दुस्तानी को भारत की राष्ट्रभाषा स्वीकार कर लिया है। यदि हमारे लिये कोई आम भाषा न हो तो मैं अपने विचारों को आप लोगों के सामने प्रकट करने में असमर्थ रहूँगी। अतएव यह आवश्यकीय है कि जिनकी मातृभाषा हिन्दी नहीं है वे हिन्दी सीखें।''

श्रीमती काले ने सिलसिला जारी रखते हुए कहा– "हम लोग एक विचित्र अवस्था में रह रही हैं। यह परिवर्तन का युग है। हमारे विचार और आदर्श में, हमारी रीति और रिवाज़ में बड़ा ही उलटफेर हो रहा है। इस समय नूतन और पुरातन में, माध्यमिक और आधुनिक काल के मध्य घोर संघर्ष चल रहा है।

"हमारा वास्तविक संघर्ष आर्थिक संघर्ष है। उसे राजनीति का जामा पहनाया गया है। मौजूदा समय में राजनीति का महत्त्व सबसे अधिक बढ़ा-चढ़ा है। हर एक मुल्क अपने व्यवसाय को बढ़ाने की कोशिश कर रहा है। हर एक मुल्क अपनी सीमा को विस्तृत करने के लिये जी-जान से लड़ रहा है और हर मुल्क अपनी ताक़त को बढ़ाने की कोशिश में लगा हुआ है। हमारे वतन की सबसे बड़ी बीमारी हमारी गरीबी है, अगर हम इस बीमारी से मुक्त हो सकते है तो हमारी और बहुत सी व्याधियां अवश्य ही दूर हो जायेंगी।''

महिलाओं से सम्बन्धित प्रश्नों का ज़िक्र करते हुए श्रीमती काले ने कहा—"हिन्दू-समाज के अतिरिक्त हम देखती हैं कि दूसरे सभी समाजों में महिलाओं को जायदाद-सम्बन्धी कुछ-न-कुछ अधिकार अवश्य हैं। उनसे हमारी सिर्फ़ यही भिन्नता नहीं है, वरन् हमारे विवाह-विषयक कानूनों में भी फ़र्क है। हमने यह स्पष्ट कर दिया है हम साम्प्रदायिक अथवा पृथक् प्रतिनिधित्व नहीं चाहतीं। अतएव सम्मिलित निर्वाचन प्रणाली को क़ायम रखने के लिए यह ज़रूरी है कि हम सब एक ही प्रकार के क़ानून द्वारा शासित हों। चाहे यह क़ानून साम्पत्तिक उत्तराधिकार से सम्बन्धित हो अथवा विवाह से। इससे कितनी समस्याएँ हल हो जायँगी जिन्होंने कि हमें आज परेशानी में डाल रखा है। इसीलिये हमारी यह कोशिश होनी चाहिए कि सभी महिलाओं के लिये देश में एक सा कानून हो। जो किसी के मज़हबी ख़याल को चोट पहुँचाये बग़ैर औरतों की नाक़ाबिलयत और मजबूरी को दूर कर सके, जिसकी वजह से हमें असहनीय वेदना हो रही है। इस सिलसिले में मैं डाक्टर देशमुख के तलाक़ बिल के सम्बन्ध में कुछ शब्द कह देना चाहती हूँ। इस बिल में चाहे जितनी खूबियाँ क्यों न हों किन्तु उसमें पति के लिए पत्नी से सम्बन्ध विच्छेद कर लेने के बाद पति को पत्नी के भरण-पोषण का भी इन्तज़ाम करना चाहिए, यह नियम नहीं रखा गया है। मैं महसूस करती हूँ कि जिस औरत को तलाक़ दिया जाय, उसके भरण-पोषण की ज़िम्मेदारी तब तक उसके पति पर रहनी चाहिए जब तक कि वह अपना दूसरा विवाह न कर ले। इसी तरह डाक्टर देशमुख के साम्पत्तिक उत्तराधिकार सम्बन्धी क़ानून का मसविदा भी है- जिसमें सिर्फ़ विधवाओं के लिए ही नियम बनाये गये हैं। मेरी राय में यह नियम विधवाओं के लिए नहीं वरन् सभी औरतों के लिए होना चाहिए, चाहे वे सधवा हों, विधवा हों या कुमारी हों।"

"हमारी दूसरी बड़ी समस्या जनसंख्या सम्बन्धी है, जिस पर हमें राष्ट्रीय और आर्थिक दृष्टिकोण से विचार करना चाहिए। वर्तमान अवस्था का तक़ाज़ा है कि जनसंख्या की वृद्धि को रोकने के लिए प्रत्येक उपाय से काम लेना चाहिए। जनसंख्या की यह वृद्धि रोकने के लिए हमें सर्वोत्तम वैज्ञानिक उपायों और तरीक़ों का प्रबन्ध करना चाहिए।"

"इस प्रान्त में महिलाओं की एक अन्य समस्या भी है जो हमारी तरफ नहीं है। यह पर्दे की कुप्रथा है। मेरा हमेशा ही यह मत रहा है कि सार्वजनिक क्षेत्र में काम करने के लिए महिलाओं को पर्दा छोड़ देना चाहिए। मकान की दीवालों के घेरे में बैठकर न तो हम संसार का ज्ञान प्राप्त कर सकती हैं और न स्वतन्त्रता और आत्मविश्वास। अपने पुराने रीतिरिवाजों का मैं आदर करती हूँ और मेरी दृष्टि में चरित्र का मूल्य उतना ही है जितना किसी भी अन्य महिला की दृष्टि में हो सकता है। मैं महिलाओं के गुलाम रहने की समर्थक नहीं हूँ।"

शिक्षा-समस्या का उल्लेख करते हुए श्रीमती काले ने कहा कि, "हमें इस ओर

ख़ास तौर से ध्यान देना चाहिए। हमारी यह अज्ञानता ही है जिसके कारण हमारा देश समृद्धिशाली नहीं हो रहा है। हिन्दुस्तान में वैसे ही पढ़े-लिखों की संख्या का औसत बहुत कम है और स्त्रियों की संख्या का औसत तो बहुत ही कम है। हमारी निरक्षरता और अज्ञान के आधार पर ही गुलामी की दीवाल खड़ी हुई है।''

विभिन्न प्रान्तों की शिक्षा-सम्बन्धी प्रगतियों का उल्लेख करने के बाद श्रीमती काले ने कहा कि, "हमारी शिक्षा-सम्बन्धी कठिनाइयाँ उन प्रान्तों में आसानी से दूर हो सकती हैं जिनमें लोकसम्मत सरकारें हैं। हमें संस्थाओं और व्यक्तियों से भी सहायता मिलने की आशा करनी चाहिए। यह कहा जाता है कि महिलाएँ ज़्यादा अच्छी अध्यापिकायें बनती हैं और मैं इस समस्या के इस पहलू पर ज़्यादा ज़ोर देना चाहती हूँ। परन्तु मैं शिक्षा की ऐसी किसी भी योजना का समर्थन नहीं कर सकती जिसमें शारीरिक व्यायाम की उपेक्षा की गयी हो।''

भाषण के अन्त में श्रीमती काले ने महिलाओं से संगठित होने की अपील की और कहा कि, "कांग्रेस का करांचीवाला प्रस्ताव महिलाओं को बराबरी का अधिकार, दर्जा और सुभीता देता है। हमारी आज जो स्थिति है वह कांग्रेसी आंदोलन के कारण है और यदि हम अपने कानूनी और राजनीतिक अधिकारों के लिये आन्दोलन करती रहेंगी, तो इसमें सन्देह नहीं है कि कांग्रेसी सरकारें हमारे साथ सहानुभूति दिखायेंगी।''

दूसरे दिनकी कार्रवाई

कई महत्त्वपूर्ण प्रस्ताव स्वीकृत

महिलाओं की सामाजिक और शिक्षा-सम्बन्धी उन्नति करने के लिए कई प्रस्तावों के साथ ही साथ कमाल अतातुर्क की मृत्यु पर दुःख प्रकट करते हुए भी एक प्रस्ताव पास किया गया जिसमें अतातुर्क को एक महान् नेता और वर्तमान तुर्की का हितचिन्तक कहा गया है। यह भी कहा गया है कि उन्होंने महिलाओं को समान अधिकार प्रदान किया और पर्दे की बुरी रिवाज, से उनको छुड़ाया।

सम्मेलन में पर्दा प्रथा की निन्दा करते हुए यह कहा गया कि इससे महिलाओं की स्थिति अच्छी नहीं हो सकती। इसके कारण न तो वे शिक्षा प्राप्त कर सकती हैं और न संस्कृति! अतएव इस प्रथा को शीघ्र हटा देना चाहिए।

सम्मेलन में इस बात पर ज़ोर दिया गया कि महिलाओं की संस्थाएँ स्त्रियों को छोटे-मोटे उद्योग-धन्धों की शिक्षा देने की व्यवस्था करें और उनका संगठन करें। इस सम्बन्ध में बिहार सरकार से यह अनुरोध किया गया कि वह उन औद्योगिक स्कूलों में बालिकाओं को भी स्थान दें जो अभी केवल बालकों के लिए हैं। यह भी राय प्रकट की गयी कि सरकार द्वारा चलाये जानेवाले प्राथमिक तथा अन्य स्कूलों के साथ-ही-साथ औद्यागिक कक्षाएँ भी खोल दी जायें।

एक अन्य प्रस्ताव द्वारा केन्द्रीय एसेम्बली में पेश किये गये श्रीमती राधाबाई सुब्बारायन के उस बिल के सिद्धान्तों का समर्थन किया गया जिसमें बहु-विवाह को

रोकने का प्रयत्न किया गया है। दहेज-प्रथा का नाश करने के लिए बिहार की व्यवस्थापिका सभा में जो बिल पेश किया गया है उसके सिद्धान्तों का भी समर्थन किया गया और अ.भा.महिला सम्मेलन से अनुरोध किया गया कि वह ऐसे महत्त्वपूर्ण सामाजिक सुधारों का समर्थन करे।

इस बात पर बहुत देर तक गरमा गरम बहस हुई कि केन्द्रीय असेम्बली में पेश किये गये तलाक़ सम्बन्धी डॉ. देशमुख के बिल के सिद्धान्तों का समर्थन किया जाए अथवा नहीं। अन्त में यह प्रस्ताव 16 के मुक़ाबिले में 18 वोटों से अस्वीकृत हो गया! अन्य महिलाओं के साथ श्रीमती काले और कुमारी भालेराव तटस्थ रहीं।

अन्य प्रस्ताव

यह सम्मेलन रेलवे अधिकारियों को सलाह देता है कि-

(क) रेलगाड़ियों के तीसरे और ड्योढ़े दर्जे के डिब्बों की खिड़कियों में लोहे के छड़ लगा दिये जायँ।

(ख) महिलाओं के ड्योढ़े दर्जे के डिब्बों के भीतर सिटकनी अच्छी तरह लगा दी जाये।

(ग) टिकट देखने के लिये भारतीय महिलाएँ नियुक्त की जायें।

(घ) प्रत्येक स्टेशन पर गाड़ी के पहुँचने पर महिला यात्रियों की सुविधा और हिफ़ाज़त के ख्याल से स्टेशन का नाम ज़ोर ज़ोर से पुकारकर सुना दिया जाये।

यह सम्मेलन बिहार सरकार को राय देता है कि यथासम्भव महिला संस्थाओं में महिलाओं का ही प्रतिनिधित्व और प्रबन्ध कायम करने का प्रयत्न किया जाये।

यह सम्मेलन चाहता है कि महिलाओं में शिक्षा का प्रचार करने और महिलाओं तथा बालकों की भलाई के काम शुरू करने के लिए बिहार के तमाम ज़िलों में महिला-संघ खोल दिये जायें।

यह सम्मेलन बिहार सरकार को राय देता है कि जिन स्थानों में बालकों के लिये शिक्षा अनिवार्य की गयी है वहाँ बालिकाओं के लिये भी अनिवार्य कर दी जाय।

ग्वालियर-महिला-सम्मेलन

ग्वालियर रियासत के महिला सम्मेलन का 8वाँ अधिवेशन गत मास की 14 तारीख़ को श्रीमती धनवन्ता मेहता के सभानेतृत्व में हुआ। इस सम्मेलन का आयोजन महिला-मण्डल ने किया था।

महिला-मण्डल की मन्त्रिणी श्रीमती चन्द्रकला सहाय ने वार्षिक रिपोर्ट पढ़कर सुनायी।

ग्वालियर महाराज ने अधिवेशन की सफलता की कामना करते हुए एक सन्देश भेजा था जिसमें इस बात पर ज़ोर दिया था कि भारत के सामाजिक जीवन में घर सबसे प्रधान वस्तु है और इस सामाजिक जीवन को छिन्न-भिन्न करने वाली शक्तियों के विरुद्ध संस्कृति और परम्परा की रक्षा करने में इसने बहुत बड़ा काम किया है।

हम लोग सामाजिक क्रान्ति के जमाने से होकर गुज़र रहे हैं। पुरानी और भद्दी रूढ़ियों को तोड़ने के साथ-ही-साथ हमें अपनी संस्कृति और सभ्यता के मूल तत्त्व को क़ायम रखना होगा। मुझे आशा है कि इस सम्मेलन से ग्वालियर की महिलाओं को यह प्रोत्साहन मिलेगा कि वे अपने सुन्दर सिद्धान्तों पर जो कि हमारी मातृभूमि की सम्पत्ति हैं, दृढ़ रहें।

श्रीमती धनवन्ता मेहता ने सभानेतृत्व-पद से भाषण करते हुए सामाजिक बुराइयों को दूर करने, स्त्री-शिक्षा का प्रचार करने और शिक्षित महिलाओं के दृष्टिकोण को बदलने पर जोर दिया। आपने बाल-विवाह की घोर निन्दा की और कहा कि समाज को चाहिए कि वह इस प्रकार के विवाहों को विवाह न समझे और इसके अतिरिक्त अपराधियों को दण्ड दे।

सम्मेलन में कुल 11 प्रस्तावों पर विचार हुआ और वे स्वीकृत हो गये। दरबार से यह अनुरोध किया गया कि वह रियासत के अन्य भागों में भी अनिवार्य शिक्षा जारी कर दें, बालिग़ों की शिक्षा का प्रबन्ध करें और रियासत में महिला अध्यापिकाओं की ट्रेनिंग के लिए एक कालेज स्थापित करें। सम्मेलन में मजलिसे आम, म्युनिसिपैलिटी, लोकल बोर्ड और जनरल फ़ेडरल लेजिस्लेचर के लिए जन-प्रतिनिधियों का चुनाव करने को सम्मिलित निर्वाचन प्रणाली जारी करने पर भी ज़ोर दिया गया।

महाराष्ट्र-प्रान्तीय-महिला-सम्मेलन

विवाह-विच्छेद बिल पर विवाद

अभी हाल में नासिक में महाराष्ट्र प्रान्तीय महिलाओं का जो सम्मेलन हुआ है, उसमें विवाह-विच्छेद-बिल के सम्बन्ध में बड़ा विवाद हुआ। इस सम्बन्ध में सम्मेलन में जो प्रस्ताव पास किया है, उसके द्वारा केन्द्रीय एसेम्बली में डाक्टर देशमुख के द्वारा उपस्थित किये गये "हिन्दू-महिला-विवाह-विच्छेद-बिल' का समर्थन ही किया गया है, किन्तु इस बिल के विरोध में भी कई महत्त्वपूर्ण भाषण हुए हैं।

विवाह-विच्छेद के विरोध में जिन महिलाओं ने भाषण किये हैं उन्होंने इस बात पर जोर दिया है कि इस बिल को कानून के रूप में परिणत हो जाने पर हिन्दू-समाज के आदर्श पर बड़ा आघात पड़ेगा। विवाह-विच्छेद के कारण सबसे बड़ी हानि यह होगी कि हिन्दू-परिवार भंग हो जायँगे, साथ ही, समाज में आज दिन जो पवित्रता है वह एक प्रकार से जाती रहेगी।

विवाह-विच्छेद बिल का विरोध करते हुए महाराष्ट्र-महिला-सम्मेलन में यह भी कहा गया है कि हिन्दू-समाज में विवाह केवल इसलिए नहीं किया जाता कि परस्पर एक-दूसरे से व्यापारिक ढंग का सम्बन्ध रक्खें और दो में से एक को भी यदि किसी प्रकार का घाटा हो तो वे अपना वह सम्बन्ध भंग कर दें। यहाँ तो विवाह वास्तव में एक धार्मिक संस्कार है, जो जीवन में भंग नहीं हो सकता। इस संस्कार के कारण पति-पत्नी दोनों ही एक-दूसरे के लिये अधिक-से-अधिक त्याग और आत्म-बलिदान

करने के लिए बाध्य हैं।

सम्मेलन में समाज-सुधार की भावना रखनेवाली जो महिलाएँ उपस्थित थीं, उन्होंने इस मत का घोर विरोध किया। उन्होंने इस विषय का आन्दोलन करने की आवश्यकता प्रदर्शित की- जिससे कि हर एक समाज की महिलाओं को विवाह-विच्छेद का समान रूप से अधिकार हो; साथ ही सम्पत्ति पर भी महिलाओं का अधिकार हो सके।

इस सम्मेलन में अध्यक्षा का आसन ग्रहण किया था मध्य प्रदेश के भूतपूर्व स्थानापन्न गवर्नर श्री ताम्बे की धर्मपत्नी श्रीमती रमाबाई ताम्बे महोदया ने। अध्यक्षा पद से उन्होंने जो भाषण किया है, उसमें कहा है कि भारत में हर एक जाति तथा सम्प्रदाय की महिलाओं की सामाजिक तथा आर्थिक अयोग्यताएँ प्रायः समान ही हैं, इसलिए विवाह-विच्छेद का कानून इस प्रकार बनाया जाय कि वह सभी सम्प्रदाय तथा जाति की भारतीय महिलाओं के लिए लागू हो सके।

श्रीमती ताम्बे ने इस बात पर खेद प्रकट किया कि बम्बई तथा मध्य प्रदेश की एसेम्बलियों में महिलाओं के विशेष प्रतिनिधित्व के द्वारा निर्वाचित होकर जो सदस्याएँ गयी हैं, वे महिलाओं की उन्नति के लिए कोई विशेष प्रयत्न नहीं कर रही हैं। आपके विचार से उनकी इस प्रकार की उदासीनता का कारण है उन सदस्याओं का कांग्रेस-पार्टी में सम्मिलित होना। पार्टी के चक्कर में पड़कर वे महिलाओं के उत्थान के सम्बन्ध के कार्यों की अवहेलना कर रही हैं।

अपने भाषण के अन्त में श्रीमती ताम्बे ने उपस्थित महिलाओं से अपनी पुत्रियों को अधिक-से-अधिक शिक्षिता बनाने का अनुरोध किया।

सम्मेलन ने एक प्रस्ताव पास करके इस बात की आवश्यकता प्रदर्शित की कि हर एक तालुका-टाउन में मातृ-गृह तथा गर्भनिरोध-शिक्षा-केन्द्र खोले जाने चाहिए। दूसरे प्रस्ताव के द्वारा यह निश्चय किया गया कि महिला-सम्मेलन पत्र-व्यवहार तथा भाषण और विचार-विनिमय के लिए हिन्दी-भाषा को अपना माध्यम बनाये। सम्मेलन ने हरिजनों के उद्धार के लिए प्रयत्न करने के सम्बन्ध में भी एक प्रस्ताव पास किया है।

बरार-महिला सम्मेलन

अभी हाल में बराबर की महिलाओं का एक सम्मेलन हुआ है, जिसमें इस बात पर ज़ोर दिया गया है कि महिला-समाज की अशिक्षा को दूर करने के लिए बालिकाओं की शिक्षा अनिवार्य हो जानी चाहिए। इस सम्मेलन में अध्यक्षा का आसन ग्रहण किया था बम्बई एसेम्बली की सदस्या श्रीमती अन्नपूर्णाबाई देशमुख ने। सम्मेलन खाम गाँव में हुआ है।

अध्यक्षा-पद से भाषण करती हुई श्रीमती देशमुख ने इस बात पर खेद प्रकट किया कि भारत में केवल तीन प्रति सैकड़ा स्त्रियाँ पढ़ी-लिखी हैं। स्त्री-समाज की

इस अशिक्षा को दूर करने के लिए भगीरथ प्रयत्न करना हर एक कांग्रेसी सरकार का कर्त्तव्य है।

स्त्री-शिक्षा के व्यापक प्रचार के लिए यह आवश्यक है, कि बालिकाओं की शिक्षा अनिवार्य कर दी जाय और उनसे किसी प्रकार का शुल्क न लिया जाय। अधिक अवस्था की स्त्रियों की शिक्षा की भी कोई-न-कोई व्यवस्था होनी आवश्यक है। अपने भाषण के द्वारा श्रीमती देशमुख ने "हिन्दू-महिला-विवाह-विच्छेद-बिल' का समर्थन किया और इस बात पर ज़ोर दिया कि बालिकाओं के विवाह की अवस्था चौदह वर्ष से बढ़ाकर सोलह वर्ष कर दी जाय।

मारवाड़ी महिलाओं की सम्मिलित घोषणा
कलकत्ते में परदा निवारक दिवस-समारोह

स्थानीय रौक्सी सिनेमा में (ताराचन्द दत्त स्ट्रीट) गत मास की छठी तारीख को दिन में 2 बजे से मारवाड़ी परदा निवारक दिवस बड़ी सफलता के साथ मनाया गया। इसमें मारवाड़ी समाज के प्रतिष्ठित घरों की महिलाओं ने बड़े उल्लास के साथ भाग लिया। उनके सिवाय अन्य समाजों की महिलाएं भी इस समारोह में शामिल हुईं। नीचे लिखी हुई महिलाओं के नाम उल्लेखनीय हैं-सर्वश्री रमादेवी मुरारका, जानकी देवी मुसद्दी, गंगादेवी कानोड़िया, तारादेवी भुवालका, दुर्गादेवी हिम्मतसिंहका, सज्जनदेवी महनोत, भागवानदेवी सेकसरिया, रम्भाबेन गाँधी, मीठीबेन, सरस्वती देवी पचीसिया, स्वदेश्वरी देवी अग्रवाल, गान्धारीदेवी सोढ़ानी, धापीदेवी अग्रवाल, प्रतिभा मालवीय, जयदेवी पाड़िया, सुमित्रदेवी कुमार, श्रीमती थापड़, कस्तूरी देवी सोढ़ानी, भगवान देवी सरावगी, ज्ञानवतीदेवी लाठ, पुष्पमयी बोस, कमलादेवी झंवर, उमराव देवी ढ़ड्ढा, गंगादेवी मोहता और सीतादेवी (सं- "महिला') आदि।

मारवाड़ी बालिका विद्यालय की बालिकाओं के वन्देमातरम् गायन के साथ कार्यारम्भ हुआ। श्रीमती ज्ञानवतीदेवी लाठ के प्रस्ताव करने और श्रीमती जयदेवी पाड़िया द्वारा उसका समर्थन किये जाने के बाद श्रीमती लक्षकुमारी खेतान ने अध्यक्षा का आसन ग्रहण किया। श्रीमती दुर्गादवी हिम्मतसिंहका ने सभानेत्री को फूलों की माला पहनायी। इसके बाद सभानेत्री ने अध्यक्षा पद से भाषण करते हुए कहा-

"आज हम सब परदा-निवारक-दिवस मानने के लिए यहाँ इकट्ठे हुए हैं, यह सुनकर हमें न सही, पर संसार के सभी उन्नत समाजों को आश्चर्य होगा। जिन आँखों पर शीलता, सज्जनता एवं उदारता का परदा रहना चाहिए, उन्हीं आँखों पर हम भारतीय नारियां कपड़े का परदा डालकर संसार के अन्य प्रगतिशील समाजों के सामने एक विचित्र तमाशा बनी हुई हैं। भारतवर्ष की नारियों की वर्तमान गिरी हुई अवस्था का एकमात्र कारण यह परदा है। इस परदे की कृपा से हमने अपना सोने-सा स्वास्थ्य खोया, अपनी आंखें खोयी और बहुत-सी बातों में अपना मनुष्यत्व तक भी खो दिया। इसी से आज हम घोर अज्ञानान्धकार में पड़ी हुई हैं। संसार में क्या-क्या

परिवर्तन हो गये और हो रहे हैं, इसका तो हमें पता तक नहीं लगता। लगे भी कैसे? परदे की हुकूमत में ज्ञान-प्राप्ति के सभी रास्ते बन्द हैं।

परदे का वज्रापात हमारे देश में कब और क्यों हुआ, इस बात का पता लगाने की ज़रूरत नहीं है। अब तो घ्जरूरत इस बात की है कि भारतीय नारी-जाति को इस अमानुषी प्रथा से यथाशीघ्र बचाया जाय। जब तक भारतीय रमणियों का परदे की गुलामी से छुटकारा नहीं होगा, तब तक हमारे देश की उन्नति नहीं होगी। इसलिए देश के सभी भाई-बहनों का यह परम कर्त्तव्य है कि वे इस विनाशकारी परदा-प्रथा को समाज से हटाने का भगीरथ प्रयत्न करें।

मैं अपनी माताओं और बहनों से निवेदन करूँगी कि वे परदे के मायाजाल में रहकर और अधिक अपने जीवन को नष्ट न करें। जिस ज़माने में इस परदे का श्रीगणेश हुआ था, उस समय यह भले ही उपयोगी रहा हो, पर आज तो यह हमारा परम शत्रु हो रहा है। उस ज़माने में यहाँ पर एक गज़ का घूँघट निकालने में ही हमारा कल्याण रहा होगा, पर आज तो घूँघट की वेदी पर हमारा बलिदान होने जा रहा है। ज़माना बदल गया है। विज्ञान की बदौलत जहाँ रेल, तार, जहाज, रेडियो आदि लोकोपकारी आविष्कार हुए हैं, वहाँ हवाई जहाज़ पर से बम बरसाना एवं ज़हरीली गैस छोड़ना जैसे लोक-संहारी आविष्कार हुए हैं। आज यदि तानाशाह हिटलर आपके देश पर हवाई जहाज़ों से गोले बरसाना शुरू करे, तो क्या आप एक-गज लम्बा घूँघट काढ़े हुए अपने घर-बार एवं बाल-बच्चों की रक्षा कर सकेंगी? यदि नहीं, तो क्या यह उचित नहीं है कि आप इस घूँघट को आज ही और इसी स्थान पर सदा के लिए नमस्कार कर लें? आज जब अन्य देशों की बहनें देश और जाति-सेवा में इतनी आगे बढ़ी हुई हैं, क्या आपका कर्त्तव्य नहीं है कि आप भी अपने प्यारे देश और जाति के प्रति अपना कर्त्तव्य पालन करें? देश और जाति की ही नहीं, परन्तु स्वजन-परिवार की सेवा भी आप तभी कर सकेंगी, जब आप परदे की गुलामी से छुटकारा पायेंगी। मैं आशा करती हूं कि आप आज से ही इस नारी-जाति के शत्रु परदे का विरोध करना अपना कर्त्तव्य ही नहीं, परम धर्म भी समझेंगी।

श्रीमती कस्तूरीदेवी जी सोढ़ानी ने अपने भाषण में कहा कि परदे का प्रादुर्भाव किसी समय बुराई से बचने के लिए भले ही हुआ हो परन्तु इस समय इसके कारण हमारी हास्यास्पद स्थिति हो रही है। प्राचीन काल में तो इस देश में पर्दा था ही नहीं और यदि मध्यकाल से कुछ ही इधर पर्दा-प्रथा होती तो महारानी दुर्गावती और लक्ष्मीबाई जैसी वीरांगनाएँ कैसे होतीं? परदे में रहने से महिलाओं को देश और समाज का ज्ञान नहीं होने पाता। फिर, यह कैसे सम्भव है कि वे अपने बच्चों को बलवान बना सकें, उनमें स्वतन्त्रता के भाव भर सकें। यह सोचना ठीक नहीं है कि परदे में न रहने से स्त्रियाँ लज्जाहीन हो जाती हैं। लज्जा घूँघट में नहीं, आँखों में होती है। यह कैसे आश्चर्य की बात है कि स्त्रियाँ स्त्रियों से परदा करें। महिला समाज

के स्वास्थ्य पर भी परदे की प्रतिक्रिया बहुत बुरे रूप में हो रही है। इसलिए शारीरिक मानसिक और नैतिक सभी आवश्यकताओं की दृष्टि से हमें परदे की बुराई को दूर कर देना चाहिए।

श्रीमती ज्ञानवतीदेवी लाठ ने परदे को मानवता और मातृ-जाति के लिये तिरस्कार स्वरूप बतलाकर कहा कि यह मुसलमानों की देन है। परदे की बुराइयां दिखलाकर श्रीमती लाठ ने समय की प्रगति के साथ रहने और सुधार के कार्य में पुरुषों की अपेक्षा न रखने पर ज़ोर दिया। श्रीमती गाँधी ने परदा दूर किये जाने की आवश्यकता बतलायी और कहा कि पश्चिम का अनुकरण करना ठीक नहीं है। श्रीमती सज्जनदेवी महनोत ने झूठे परदे को छोड़कर सुधार के सन्मार्ग पर आने का अनुरोध महिला-समाज से किया।

बाबू मूलचन्द्र जी अग्रवाल ने महिलाओं को सम्बोधित कर कहा कि माताओं और बहनों को परदा छोड़कर आगे आना और संसार की प्रगति के साथ रहना ही होगा। आज तो एक बहन दूसरी बहन से परदा करती है, इसे दूर करना होगा। यह हमारे लिये जीवन-मरण का प्रश्न है। यदि कोई बहन परदा छोड़ती हो तो हमें उसकी हँसी नहीं करनी चाहिए। आज राजपूताने और हरियाणे में अकाल पड़ा हुआ है। गायें 3-3 आने में बिक रही हैं, दुधमुँहे बच्चे मर रहे हैं, पानी के अभाव में माताएँ तड़प रही हैं। आपको परदा छोड़कर घर-घर जाना और सहायता करनी होगी, घर-घर जाकर परदे की बुराई को समझानी होगी।

श्री बालकृष्ण चतुर्वेदी ने परदे-सम्बन्धी एक कविता गाकर सुनायी। मारवाड़ी बालिका विद्यालय की बालिकाओं ने "परदे का अन्त' नामक एक छोटा-सा शिक्षाप्रद नाटक दिखलाया, जिसमें कुमारी शकुन्तला मेहरा और कुमारी भागीरथी मुरारका के कौशल से प्रसन्न होकर श्री मँगतूराम जी जयपुरिया ने दोनों को एक-एक स्वर्ण पदक देने की घोषणा की। बालिकाओं के एक अन्य गायन के बाद श्रीमती सावित्री कानोड़िया ने सबको धन्यवाद दिया। श्री सीताराम जी सेकसरिया ने भी परदे की बुराइयाँ बतलाकर कहा कि महिलाओं को समाज से यह बुराई दूर करने के लिए साहस के साथ आगे आना चाहिए। श्री सीताराम सेकसरिया जी ने समारोह में महिलाओं को और साथ ही "हरिकीर्तन' फ़िल्म देने के लिए फ़िल्म कारपोरेशन आफ़ इण्डिया को तथा रौक्सी सिनेमा हाउस देने के लिए श्री तिलोकचन्द जी सुराना को धन्यवाद दिया। इसके बाद "हरिकीर्तन' फ़िल्म दिखलाया गया जिसे दर्शकों ने बहुत पसन्द किया।

महिला – अक्टूबर 1939

महिला-कठपुतली या-संजीवनी ?

श्रीमती डी. रुकूसिन, अमेरिका

पिछले पचास वर्षों में सर्वोल्लेखनीय बात विभिन्न देशों में महिलाओं की द्रुत उन्नति है। उन्होंने शिक्षा का, किसी भी पेशे को अख़्तियार करने का, जूरियों में बैठने का, वोट देने का, लोक संस्थाओं में उत्तरदायित्वपूर्ण स्थान प्राप्त करने का हक़ प्राप्त किया। विवाहिता स्त्री को अपनी सम्पत्ति पर अधिकार मिला, तथा व्यक्तिगत राष्ट्रीयता का हक़ भी प्राप्त हुआ।

इन अधिकारों को प्राप्त कर वे अपनी विशेषता और योग्यता का प्रयोग करना चाहती हैं। वे वयस्क नागरिक की भाँति, पुरुषों के समान अपने कुटुम्ब की भलाई के लिए अपने हिस्से का कर्त्तव्य पूरा करना चाहती हैं तथा वे दुनिया की–जिसकी कि वे अपने को मेम्बर समझती हैं,–यथा साध्य सेवा करना चाहती हैं।

अक्सर यह कहा जाता है कि किसी भी जाति की सभ्यता की परीक्षा उस जाति द्वारा महिलाओं के प्रति होनेवाले व्यवहार से होती है।

यह वस्तुतः अत्यन्त दुःख की बात है कि टोटेलिटेरियन देशों में, जहाँ तक समानाधिकार का प्रश्न है, स्त्रियाँ सदियों पीछे ढकेली जा रही हैं। उन पर जबरन अयोग्यता की गठरी लादी जा रही है। नागरिक और आर्थिक अयोग्यताओं को दूर करने के लिए जो कुछ किया गया है, उस पर पानी फेरा जा रहा है। राष्ट्रीयता की अन्ध-ओट में उन्हें फिर बच्चा पैदा करने की मशीन बनाया जा रहा है। वे नाशक शक्तिपुंज उत्पन्न करनेवाली बदनाम राजनीति की गुलाम बनायी जा रही हैं।

विदेशों की इस निराशाजनक गुलाम स्थिति के मुक़ाबिले में मैं बड़ी प्रसन्नता से उन बातों का वर्णन करना चाहती हूँ। जिन्होंने पिछले सात वर्षों में भारत में मुझे प्रभावान्वित किया है। भारतीय महिलाएँ विदेशी महिलाओं से मूलतः बिलकुल भिन्न हैं। उनका मिज़ाज अधिक नम्र, अधिक सभ्य, अधिक शीलयुक्त अधिक आध्यात्मिक है। अब उनकी मूल ज़रूरतें और इच्छाएँ क्रमशः, अधिकाधिक स्पष्ट रूप से व्यक्त होती जा रही हैं।

गाँधी-आन्दोलन ने अन्य किसी भी प्रेरक शक्ति की अपेक्षा भारतीय महिलाओं की उन्नति में अधिक सहायता की है। राष्ट्रीय स्वतन्त्रता के वेग ने भारतीय

महिलाओं में पुरुषों के साथ कन्धे से कन्धा मिलाकर काम करने की उत्कृष्ट अभिलाषा जागृत की। इससे इनकी त्याग की शक्ति व्यक्त हुई। ख़ुशी ब ख़ुशी जेलों में जाकर उन्होंने अपनी कष्ट सहिष्णुता का परिचय दिया। नारी ने एकाएक वेदकालीन प्राचीन उच्चस्थिति प्राप्त कर ली, जब उसे पुरुष के समान आसन प्राप्त था, जिसे कि उसने प्रथम मुस्लिम आक्रमण के फलस्वरूप खो दिया था फिर पर्दा प्रणाली चली और वे सिर्फ सम्पत्ति बन गयीं जिस स्थिति में मूलतः अब भी हैं।

भारतीय महिला का वास्तविक पक्ष प्रत्यक्ष होना चाहिए, उसमें व्यवस्थित-संगठन की भावना का विकास होना चाहिए, जो कि भौतिक, आर्थिक स्थिति में आवश्यक है। क्योंकि एकाएक नवीन सामाजिक उच्चस्थिति में पहुँचकर अननुभूत अधिकार से चमत्कृत हो, जिस लक्ष्य के लिए लड़ रही हैं उसकी जगह वे व्यक्ति को प्रधानता देने लगीं। फलस्वरूप व्यक्तिगत कारणों से पारस्परिक ईर्ष्या बढ़ी। असद्भावना उत्पन्न हुई तथा मुख्य आधारभूत प्रश्न पीछे पड़ गये।

वर्तमान भारतीय महिलाओं को दो भागों में बाँटा जा सकता है, वे जो राष्ट्रीय उद्देश्य से गाँधी आन्दोलन के कारण बाहर आयीं, तथा वे जो अब तक अप्राप्य स्वाधीनता पा पश्चिमी, अनर्थक तौर तरीक़ों में जिन्दगी के क्षण बरबाद कर रही हैं।

दरअसल मध्यम मार्ग आवश्यक है। स्वतन्त्रता के संग्राम में गम्भीरता स्वभावतः अनिवार्य है, लेकिन तारतम्य का ध्यान रहना ज़रूरी है।

गाँधी आन्दोलन ने, इस नवीन राजनैतिक जाग्रति ने महिलाओं को दलितावस्था से रिहा कर दिया, और वे एकाएक अपनी ताक़त अनुभव करने लगीं, वे समझीं कि परिवर्तनशील राजनैतिक चक्र में वे मर्दों के समान ही अपने प्रभाव का उपयोग कर सकती हैं। कांग्रेस के कामों में भाग लेने के कारण उसकी शक्तियों और योग्यताओं का दिग्दर्शन हुआ, उसने सिर्फ भारतीय पुरुष समाज को ही चकित नहीं किया बल्कि दुनिया भी चकित हो गयी, जिसका कि विश्वास था कि भारतीय महिला का स्थान घर है, तथा वह देश के अन्य किसी कार्य में भाग लेने के लिए निमन्त्रित नहीं की जायगी। लेकिन उसने बहुत शीघ्र ही अपनी योग्यताओं का सिक्का जमा लिया। उसने दिखा दिया कि वे ऐसम्बलियों में महिलोपयोगी क़ानून बनवा सकती हैं।

अधिकांश राजनैतिक कैदियों के छूटने और स्थिति के अपेक्षाकृत स्वाभाविक होने पर महिलाएँ स्वतन्त्रता के संग्राम में अग्रगामिनी होती गयीं। भारत भर में महिला संगठन हो गये। उनके वार्षिक अधिवेशन बाक़ायदे होने लगे। इनमें आर्थिक, सामाजिक, राजनैतिक समस्याओं पर विचार होने लगे ताकि भारतीय महिलाओं में जो आरोपित अयोग्यताएं हैं, उन्हें हटाया जा सके।

स्वभावतः नारी आन्दोलन उच्च श्रेणी से प्रारम्भ हुआ। लेकिन अब साधारण आर्थिक स्थिति की महिलाएँ भी साक्षरता प्रसार के लाभ उठा सकती हैं। वे अपने

आर्थिक अधिकारों के प्रति अधिक सजग हो रही हैं तथा अपनी सामाजिक स्थिति सुधारने में प्रयत्नशील हैं।

जिन बाधाओं ने सदियों से महिलाओं को अधोगति में डाल रखा था उनसे छूट उन्नति के पथ पर चलना कोई मामूली बात नहीं है। प्रसन्नता है कि इसमें कानूनी सहायता नये-नये बिलों के रूप में मिल रही है और मिलने का प्रबन्ध भी हो रहा है।

बाल विवाह निषेधक शारदा कानून में आवश्यक सुधार हो गये हैं। विवाह की रजिस्टरी हो इसका आन्दोलन भी चल रहा है। जिसके फलस्वरूप 60 वर्ष के मर्द-के साथ 14 साल की कन्या की शादी न हो सकेगी। बड़े-बड़े शहरों में विवाह में पसन्द को स्थान मिल रहा है तथा अपना जीवनसाथी चुनने में अभिभावकों की डिक्टेटरशाही के ख़िलाफ बगावत हो रही है।

अप्रैल सन् 1939 में हिन्दू तलाक बिल बम्बई धारा सभा में पेश किया गया। जो बम्बई प्रान्त में हिन्दुओं के लिए है, इसके अनुसार तलाक़ के छह महीने बाद फिर विवाह करने का अधिकार प्राप्त होता है। एक दूसरा बहु विवाह निरोधक बिल भी पेश किया गया है।

सन् 1856 में हिन्दू विधवा विवाह कानून बना था, पर उससे बहुत कम फायदा उठाया गया। लेकिन पिछले पाँच वर्षों से यह नये अर्थों में लिया जा रहा है और जातियों तथा उपजातियों में पुनः विवाह के लिए बराबर प्रस्ताव पास हो रहे हैं।

शिक्षितों में अन्तर्जातीय विवाह का प्रचार भी बढ़ रहा है।

हिन्दू लॉ के अनुसार अब तक स्त्री को स्वतन्त्र साम्पत्तिक अधिकार नहीं था, जिसे वह ख़ुद पैदा न करे या उसे उपहार आदि के रूप में न मिली हो। कानूनतः वह खुद अभी तक सम्पत्ति है।

डाक्टर देशमुख के स्त्रियों को साम्पत्तिक अधिकार दिलानेवाले बिल पर सन् 1937 से तूफ़ान उठा हुआ था किन्तु विधवा के साम्पत्तिक अधिकार के अंश को छोड़ कर बाकी अंश काट छांट दिया गया।

फिलहाल स्त्री और पुरुषों की एक कमेटी बनी है जो स्त्रियों के साम्पत्तिक, वैवाहिक, तलाक-सम्बन्धी, संरक्षण, उत्तराधिकार-सम्बन्धी प्रश्नों की गवेषणा करेगी।

उच्च श्रेणी की महिलाओं के शिक्षा-प्रेम के कारण शिक्षा की प्रगति द्रुत हो रही है। राष्ट्रीय आन्दोलन ने इसे काफ़ी वेग दिया है। शिक्षित पुरुष, शिक्षित स्त्री चाहता है, अन्यथा उसकी सामाजिक स्थिति संकुचित हो जाने का डर है। साथ ही इसके बिना उसके घर का सुप्रबन्ध नहीं हो सकता, या उसके बच्चों की देखभाल नहीं हो सकती, पति और पत्नी की बौद्धिक असमानता दुःखदायक है।

ग़रीब से ग़रीब महिला को भी शिक्षा प्रसार आन्दोलन के कारण शिक्षा प्राप्त करने का सुयोग मिल रहा है। अगर प्राथमिक शिक्षा कानूनतः अनिवार्य हो जाय तो

अशिक्षित अभिभावक शिक्षा की क़ीमत पहचान जाय।

समाचार-पत्रों में महिला डाक्टर, अध्यापिका, इंजीनियर, पत्रकार, आदि का प्रधान रूप से उल्लेख होता है, विभिन्न काम-पेशा करनेवाली महिलाओं के प्रति जनता का रुख़ भी बदल गया है। वे अब इसकी प्रशंसा करने लगे हैं। अब समस्या उन्हें ठीक जगह ठीक काम और ठीक मेहनताना देने की है। अन्य देशों की तरह यहाँ भी यह विचार काम करता है कि पुरुष की अपेक्षा स्त्री के काम का आर्थिक मूल्य कम है। अभी इस झगड़े का फैसला होना बाक़ी है। क्या यह "मारबलस' न होग कि भारतीय स्त्री संसार को यह दिखा दे कि महिलाओं की अपेक्षाकृत निम्न स्थिति सनातन और अपरिवर्तनीय नहीं है तथा उनके साथ ऐसा व्यवहार होना चाहिए। जैसा कि वयस्कों के साथ होता है।

अन्य देशों की महिलाओं की भाँति भारतीय महिला भी अपने व्यक्तित्व को प्रतिष्ठित करना चाहती है, किसी की लड़की, किसी की पत्नी, किसी की घरवाली के रूप में नहीं, वह एक व्यक्ति के रूप में, जिसका हक, कर्त्तव्य, उत्तरदायित्व, तथा चुनाव की स्वाधीनता अन्य वयस्कों के समान हो—संसार के सामने खड़ी होना चाहती है। वे समानता चाहती हैं, रक्षण नहीं!

हाल में ही कांग्रेस ने एक उन्नतिशील आन्दोलन चलाया है। नेशनल प्लानिंग कमेटी ने एक महिला सब-कमेटी नियुक्त क़ी है जो भारत की नवीन आर्थिक योजना में भारतीय महिला क्या भाग लेगी इसे सोचे, विचारेगी। मैं महिलाओं से अपील करती हूं कि वे इस कमेटी के कार्यों के प्रति सजग और सचेत हों और इसे यथासम्भव सहायता दें। विशेषकर यह कमेटी इन विषयों पर ध्यान देगी-

(1) घर में कौटुम्बिक जीवन, स्त्री संगठन का स्थान तथा वे परिवर्तन जो इन युगों में हुए हैं।

(2) विवाह, उत्तराधिकार और तत् सम्बन्धी कानून।

(3) औद्योगिक क्षेत्रों में महिलाओं की नियुक्ति की स्थिति तथा ख़ानों, फ़ैक्टरियों, बाग़ानों, छोटे-छोटे धन्धों में काम करनेवाली महिलाओं की सुरक्षा, घरों तथा यत्र-तत्र नियुक्त काम करनेवाली महिलाओं की स्थिति।

(4) सामाजिक रीति-रिवाज, तथा वे पाबन्दियाँ जो भारत के नवीन आयोजित आर्थिक स्वरूप में भाग लेने से रोकती हैं।

(5) घरेलू काम-काज, विभिन्न पेशे, सामाजिक राष्ट्रीय सेवाओं के लिये उपयुक्त शिक्षा और उसका ढंग।

अब मैं महिलाओं के कर्त्तव्य के सम्बन्ध में कुछ कहना चाहती हूँ। वे कर्त्तव्य जो उनके अपने लिये तथा अपने समाज के लिए हैं।

अपने प्रति कर्त्तव्य के सम्बन्ध में यह जान लेना है कि आजकल स्त्रीत्व का आदर्श द्रुतगति से बदल रहा है। अब वे पहले की भाँति रक्षित न रहेंगी। हवाई

आक्रमण ने युद्ध का रूप ही बदल दिया है। अब तो सफलता इस बात पर निर्भर करती है कि एक बम से कितने आदमी स्वाहा हो सकते हैं। महिलाओं को अब पुरुषों की भाँति अपनी जिम्मेदारियाँ ग्रहण करनी चाहिए। उन्हें अपना क्षेत्र विस्तृत कर लेना चाहिए।

अब समाज के प्रति उनके साधारण कर्त्तव्य का प्रश्न उठता। हमें जहाँ स्त्रियों को वेलेट (वोट) का अधिकार प्राप्त है-सोचना चाहिए कि हमने हमारे जीवन को प्रतिदिन निर्देशित करनेवाली शक्तियों पर किस हद तक प्रभाव डाला है। वेलेट का अधिकार प्राप्त होने के पहले हमने कहा था कि स्त्रियों को यह अधिकार मिल जाने से राजनीति शुद्धि हो जायगी यानी स्त्रियों को वोट देने का अधिकार होगा तो युद्ध न होगा। राजनीति में स्त्रियों के प्रभाव के कारण यह दुनिया अपेक्षाकृत सुन्दर हो जायेगी। यह हमारा दावा था-मगर परिणाम क्या निकला? हम अपनी सामाजिक और आर्थिक श्रेणी, धार्मिक आधार तथा शैक्षिक धरातल के अनुसार वोट देने लगी हैं। हमें व्यक्तिगत रूप से वोट देना चाहिए।

विश्व जीवन में महिला क्या अलौकिक दान दे सकती है इसका उत्तर यह है-अपने बच्चों के माध्यम द्वारा वह अच्छी नींव डालकर निर्दोष सभ्यता का निर्माण कर सकती है। भारतीय घर का माता केन्द्र है, प्रधान शक्ति है। उसे अपना क्षेत्र बढ़ाना चाहिए, ताकि वह घर तक ही सीमित न रहे बल्कि दुनिया में आ जाय, जिसका कि वह भी एक भाग है। उसे अपने मन में सामाजिक वृत्ति जगानी चाहिए, उसे दिन-दिन की घटनाओं से परिचित होना चाहिए, उसे देशवासियों के जीवन को ऊपर उठाने में प्रयत्नशील होना चाहिए। उसे विकासोन्मुख व्यक्तित्व धारण करना चाहिए-तभी-और तभी वह अपने बच्चों का चरित्र निर्माण कर सकती है।

इस वक्त हमारी वर्तमान सभ्यता डगमगा रही है। जाति, धर्म, संगठित शिक्षा से अब काम नही चल रहा है। शायद हमें किसी व्यापक शक्ति की जरूरत है, जो महिला में है। हमारे समाज का भविष्य शिक्षित मातृत्व पर निर्भर है। बच्चों में रंग, लिंग, जाति, धर्म, देश का कोई फर्क नहीं है। इस आश्चर्यजनक जीवन का आनन्द उठाना हमारा काम है। हमें यह न भूलना चाहिए कि किसी विषय का जरा-सा भिन्न दृष्टिकोण आगे चलकर बहुत बड़ा फ़र्क ड़ाल देता है। हमें हर एक के साथ सच्चाई, ईमानदारी, नम्रता से व्यवहार करना चाहिए।

माताओं को इस बात पर ज़ोर डालना चाहिए कि ऐसे स्कूल हों, जहाँ हिन्दू, मुसलमान, पारसी, क्रिश्चियन सब बालकों को समान शिक्षा दी जाय। बालकों को साथ ही खेल सिखलाना चाहिए, उन्हें इस तरह की शिक्षा देनी चाहिए कि वे भेदभाव भूल जायँ।

बच्चों की शिक्षा पर ही हमेशा विश्व का भविष्य निर्भर रहा है। जहाँ पर घर ने इस कर्त्तव्य से मुख मोड़ा है, स्टेट ने इसका भार अपने ऊपर लिया है। जर्मनी-जिसकी

नीति ध्वंसात्मक है, उसने बच्चों को अपना हथियार बना लिया है। श्री राजवाडे ने ठीक कहा है कि स्त्रियाँ राष्ट्रीय एकता का वह कार्य कर सकती हैं जो पुरुष नहीं कर सकते।

शान्ति के आधार पर अवस्थित एक स्वतन्त्र समाज, विश्व की कल्पना है, अगर हम अपने बच्चों को ऐसी शिक्षा दें कि वे भेदभाव से दूर रहें, उनमें साम्प्रदायिकता न रहे, धार्मिक संकुचित मनोवृत्ति के लिए स्थान न हो, वे एक-दूसरे के साथ मिलकर देश का काम करें, वे देश का ही नहीं, अपने को विश्व का नागरिक समझें, तब हम शिक्षित नागरिकता के पास तक पहुँच सकते हैं। इस प्रकार की शिक्षा से राष्ट्रीयता की वृद्धि होगी। हमें संकुचित राष्ट्रीयता नहीं, बल्कि विस्तृत राष्ट्रीय दृष्टिकोण रखना चाहिए।

महिलाओं को बालकों को राजनैतिक पाटीबन्दी, धार्मिक संकीति आदि के दुर्गुणों से वंचित रखना चाहिए।

इन सब बातों से क्या यह प्रकट होता है कि स्त्री का स्थान घर है? नहीं, वर्तमान अर्थों में हरगिज़ नहीं। इसका ठीक अर्थ यह है कि संसार की सेवा करने का स्वर्ण अवसर महिला के लिये घर में है, लेकिन महिलाओं को विश्व में रहना चाहिए, तथा उन्हें संसार की गतिविधि से पूर्ण परिचित होना चाहिए और इस आदर्श की रक्षा के लिए उन्हें सब राजनैतिक अधिकारों से युक्त होना चाहिए।

यही आज की महिला का ध्येय और नियम होना चाहिए। तभी वह कठपुतली नहीं, सच्ची संजीवनी हो सकती हैं।

महिला – जून 1940

युद्ध और स्त्रियाँ

सीतादेवी

वर्त्तमान यूरोपीय महायुद्ध का भारतीय राजनीति पर महत्त्वपूर्ण प्रभाव पड़ रहा है। फ्रांस का पतन हो चुका और ब्रिटेन के प्रधानमन्त्री श्री विन्स्टन चर्चिल ने घोषणा की है कि अब संसार को हिटलरवाद से मुक्त करने के लिए ब्रिटेन अकेला ही लड़ता रहेगा। यह स्पष्ट है कि ब्रिटेन और भारत दोनों के लिये यह वक्त बड़ा ही संगीन है। आज पराधीन भारत के सामने बाहरी आक्रमण से अपनी रक्षा करने और भीतरी शान्ति बनाये रखने का प्रश्न विशेष रूप से उपस्थित है। इसीलिए कांग्रेस कार्य-समिति ने महात्मा गाँधी को कांग्रेस-कार्यक्रम की ज़िम्मेदारी से बरी कर दिया है। कार्य-समिति के प्रस्ताव में इस बात को स्पष्ट कर दिया गया है कि कांग्रेस ने आज़ादी की लड़ाई के लिए अहिंसा का जो सिद्धान्त अपनाया है वह ज्यों-का-त्यों है, पर विदेशी आक्रमण तथा आन्तरिक अव्यवस्था के सम्बन्ध में कांग्रेस अहिंसा के सिद्धान्त पर चलने में असमर्थ है। कार्य-समिति का उपर्युक्त निर्णय परिस्थिति की गम्भीरता को प्रकट करता है। ब्रिटिश सरकार ने भारतीय जनता को निरस्त्र करके पंगु बना दिया है, पर वही सरकार आज पंगु भारत से सहायता की याचना कर रही है। भारत ब्रिटेन की सहायता करेगा या नहीं, इस प्रश्न का उत्तर ब्रिटिश सरकार के रुख़ पर निर्भर करता है। जबतक वह भारत की स्वभाग्य-निर्णय की माँग मंजूर नहीं करती, तब तक कांग्रेस ब्रिटेन की मदद नहीं कर सकती। गाँधी जी वाइसराय से मिल चुके हैं। मुलाक़ात का परिणाम इन पंक्तियों के लिखने तक प्रकाशित नहीं हो पाया है। समझौता हो या न हो, यह स्पष्ट है कि यदि ब्रिटेन युद्ध में बुरी तरह फँस गया, तो भारत को अपनी रक्षा स्वयं ही करनी पड़ेगी। स्वदेश-रक्षा का सवाल हमें युद्ध कला सीखने के लिए प्रेरित तथा बाध्य कर रहा है। समय का तकाज़ा है कि भारत में सैनिक शिक्षा का व्यापक प्रचार हो।

हिंसात्मक युद्ध में स्त्रियों को भाग लेना चाहिए या नहीं, यह प्रश्न राष्ट्र की परिस्थिति पर निर्भर करता है, पर आज इस बात को स्वीकार करना पड़ता है कि

स्त्रियों के लिए युद्ध कला सीखना आवश्यक है। आज के युद्धक्षेत्र की सीमा निश्चित नहीं होती। घर में काम करनेवाली स्त्रियों पर शत्रु के हवाई जहाज़ बमों की वर्षा करते हैं। ज़हरीली गैस स्त्रियों के लिए प्राणघातक सिद्ध होती है। ऐसी अवस्था में यह तो मानना ही पड़ता है कि आत्मरक्षा के लिए स्त्रियों को युद्ध कला अवश्य ही सीखनी चाहिए। रही आक्रमण की बात सो यह कार्य भी स्त्रियाँ आसानी से कर सकती हैं। हवाई जहाज़ से स्त्रियाँ बम बरसा सकती हैं और ज़हरीली गैस छोड़कर शत्रुओं के नाकों दम कर सकती हैं। तीर और तलवार की प्राचीन युद्ध कला में शारीरिक शक्ति की आवश्यकता होती थी और इसीलिए प्राचीन काल में युद्धक्षेत्र स्त्रियों के लिए वर्जित रहा है। इतना ही नहीं, स्त्री-हत्या करना महान् पाप माना गया था। कारण स्पष्ट है। स्त्रियों को घरों में बन्द करके अबला बना दिया गया था। अबला पर घातक आक्रमण करना पाप माना गया, तो इसमें कोई आश्चर्य की बात नहीं है। आज समय ने स्त्रियों को सबला बना दिया है। युद्ध-सम्बन्धी वैज्ञानिक आविष्कारों की सहायता से स्त्रियाँ भी रणचण्डी का रूप धारण कर सकती हैं। आधुनिक युद्ध कला में शारीरिक शक्ति गौण है विज्ञान प्रधान है। रूस, चीन, जापान, ब्रिटेन आदि विभिन्न राष्ट्रों की स्त्रियों ने इस बात को सिद्ध कर दिया है कि वे युद्धक्षेत्र में पुरुषों के कन्धे-से-कन्धा मिलाकर सफलतापूर्वक नर-संहार का खेल खुलकर खेल सकती हैं। पैराशूट से कूदने जैसा साहसपूर्ण काम भी स्त्रियाँ कर चुकी हैं। स्त्रियों का स्वभाव कोमल होता है, पर वे कठोर कर्म-क्षेत्र में कठोर भी बन सकती हैं। समय स्त्रियों को सैनिक शिक्षा दिलाने का समर्थन कर रहा है। पुरुषों के युद्ध में चले जाने पर स्त्रियाँ उनका काम सम्हाल सकें, अपनी और बाल-बच्चों की रक्षा कर सकें और आवश्यकता होने पर युद्ध-क्षेत्र में जाकर पुरुषों की भी मदद कर सकें, इन बातों को तो स्वीकार करना ही पड़ता है। यदि उपर्युक्त बातें ठीक हैं, तो स्त्रियों में सैनिक शिक्षा का प्रचार होना चाहिए, इस बात का समर्थन करने के लिए और किसी तर्क की आवश्यकता नहीं है।

1914 के महायुद्ध में ब्रिटेन की स्त्रियों ने जो प्रशंसनीय कार्य कर दिखाया, उससे संसार के स्त्री-विषयक दृष्टिकोण में महान् परिवर्तन हो गया। पुरुष-समाज ने स्त्रियों के साहस तथा शक्ति की मुक्तकण्ठ से प्रशंसा की। स्त्रियों ने भी सामूहिक रूप में अपनी शक्ति का अनुभव किया। यह एक ऐतिहासिक सत्य है कि 1914 के महायुद्ध से ही इंग्लैण्ड की स्त्रियों को मताधिकार प्राप्त हुआ है। इसके बाद समाजवादी रूस ने स्त्रियों की सेना तैयार करके इस बात को सिद्ध कर दिया कि शिक्षा और सुविधा के प्राप्त हो जाने से स्त्रियाँ समाज के प्रत्येक क्षेत्र में सफलता प्राप्त कर सकती हैं। चीन, जापान और स्पेन की स्त्रियों ने शत्रुसेना का सामना करके अपनी शक्ति का प्रशंसनीय परिचय दिया है।

आज भारत के सामने अपनी रक्षा करने का प्रश्न उपस्थित है। युद्ध-बोर्डों और नागरिक-रक्षादलों का निर्माण किया जा रहा है। सरकारी और गैरसरकारी तैयारियाँ हो रही हैं। प्रत्येक विचारशील मनुष्य इस बात का अनुभव कर रहा है कि रक्षा के लिए जो कुछ तैयारी की जा रही है, वह अपर्याप्त है। जो भी हो, देखना यह है कि वर्तमान अवस्था में स्त्रियाँ क्या कर सकती हैं? स्त्रियों के लिए सैनिक शिक्षा का प्रश्न उपस्थित करना आज की अवस्था में निरी मूर्खता है, क्योंकि निरस्त्र भारतीय पुरुष ही सैनिक शिक्षा से वंचित हैं। हाँ, एक काम है, जो स्त्रियाँ आज भी कर सकती हैं। नैनीताल में यू.पी. के गवर्नर महोदय ने स्त्रियों की सभा में भाषण देते हुए कहा—"यदि भारतीय सीमा पर हवाई हमले किये गये तो घायलों की देखभाल का काम स्त्रियों को करना पड़ेगा। इसलिए स्त्रियों को ये काम अभी से सीख लेने चाहिए अभी इसकी ज़रूरत जल्दी न पड़ेगी, फिर भी तैयारी ज़रूर कर लेनी चाहिए।'' घायलों की सेवा-सुश्रूषा करने का कार्य स्त्रियाँ योग्यतापूर्वक कर सकती हैं। सुशिक्षिता स्त्रियों को यह शिक्षा दी जानी चाहिए। हम इस आवश्यक प्रश्न की ओर सरकार और कांग्रेस दोनों का ध्यान आकृष्ट करती हैं।

गाँधी जी का स्त्री-विषयक दृष्टिकोण

सदाचार का वास्तविक अर्थ क्या है? मनुष्य अपने मन पर कहां तक विजय प्राप्त कर सकता है? प्राकृतिक पवित्र जीवन किसे कहते हैं? जीवन में नैतिकता का मूल्य कितना है? पवित्र जीवन का प्रभाव कितना विस्तृत हो सकता है? व्यवहार और सदाचार में सामंजस्य कहाँ तक स्थापित किया जा सकता है? व्यावहारिक जीवन में सत्य के प्रयोग कहाँ तक सफल हो सकते हैं? गीतोक्त "स्थितप्रज्ञ' का आचरण कैसे होता है? मानव-जीवन का आदर्श क्या है या होना चाहिए?-इन उपर्युक्त विभिन्न प्रश्नों पर विचार करते समय महात्मा गांधी के जीवन से साधारणतया परिचित मनुष्य भी उस महान् विभूति को याद किये बिना रह नहीं सकता। निस्सन्देह गाँधी जी महान् हैं, उनकी तपस्या महान है, उनके सिद्धान्त महान् हैं और उनका आदर्श भी महान् है। वह आधुनिक युग के सर्वश्रेष्ठ मानव हैं, मानवता का सर्वोच्च नमूना हैं। इस दृष्टि से गाँधी जी के स्त्री-पुरुष-सम्बन्ध-विषयक विचार समाज के लिए विचारणीय हैं। हम यहाँ "हरिजन' में प्रकाशित दो प्रश्नोत्तर उद्धृत करती हैं, जिनके अध्ययन से गाँधी जी का स्त्री-विषयक दृष्टिकोण भलीभाँति मालूम हो जाता है। किसी भाई ने गाँधी जी से प्रश्न किया— "मैं जानना चाहता हूं कि क्या आप पुरुष और स्त्री-सत्याग्रहियों का स्वच्छन्दतापूर्वक मिलना-जुलना और उनका एक साथ काम करना पसन्द करेंगे, अथवा अलग इकाइयों के रूप में उनका संगठन करना और हरेक के कार्यक्षेत्र की स्पष्ट सीमा निर्धारित कर देना ज़्यादा अच्छा होगा? मेरा अनुभव तो यह है कि पहले ढंग से निश्चित रूप से पर्याप्त परिमाण में

अनुशासनहीनता तथा भ्रष्टता पैदा होगी, और ऐसा हुआ भी है।" प्रश्न स्पष्ट है। गाँधी जी का उत्तर पढ़िये- "मैं तो अलग इकाइयाँ रखना ही पसन्द करूँगा। औरतों के पास औरतों के बीच करने के लिए काफ़ी से ज़्यादा काम है। हमारा स्त्री-वर्ग बुरी तरह उपेक्षित है और उनके बीच काम करने के लिए विशुद्ध सच्चाईवाली सैकड़ों बुद्धिमती स्त्री-कार्यकर्त्तियों की ज़रूरत है। सिद्धान्त की दृष्टि से भी मैं स्त्री-पुरुष दोनों के अलग-अलग अपना काम करने में विश्वास रखता हूं। लेकिन इसके लिए कोई कठोर नियम नहीं बना सकता। दोनों के बीच के सम्बन्ध पर विवेक का नियन्त्रण होना चाहिए। उनका परस्पर का व्यवहार प्राकृतिक और स्वेच्छापूर्ण होना चाहिए।''

जैसा प्रश्न स्पष्ट है, वैसा उत्तर भी स्पष्ट है। गाँधी जी न तो इस बात पर ज़ोर देते हैं कि स्त्री-पुरुष दोनों अलग ही काम करें और न इस बात पर ज़ोर देते हैं कि स्त्री-पुरुष दोनों एक साथ मिलकर ही कार्य करें। वे चाहते हैं कि आवश्यकता तथा परिस्थिति के अनुसार स्त्री-पुरुष दोनों अलग-अलग या मिलकर कार्य करें। वास्तव में होना भी ऐसा ही चाहिए। गाँधी जी नहीं चाहते कि स्त्री-पुरुष दोनों के बीच में कोई अन्तराय हो। आप इस बात को मानते हैं कि स्त्री-पुरुष का परस्पर का व्यवहार प्राकृतिक और स्वेच्छापूर्ण होना चाहिए। प्राचीन संस्कृति के पक्षपातियों को गाँधी जी के "प्राकृतिक' और "स्वेच्छापूर्ण' ये दो शब्द अवश्य ही खटकेंगे, क्योंकि वे इन शब्दों को "भ्रष्टाचार' का पर्यायवाची मानते हैं। पुरुष-समाज ने संस्कृति और आदर्श के नाम पर स्त्रियों को पराधीन बनाकर स्त्री-पुरुष सम्बन्ध-विषयक "प्राकृतिक' और "स्वेच्छापूर्ण' इन दो शब्दों की ख़ूब ही मिट्‌टी पलीद की है। स्त्रियों की पराधीनता ही तो स्त्री-पुरुष के प्राकृतिक और स्वेच्छापूर्ण व्यवहार में बाधक है। स्त्री-स्वातन्त्र्य के विरोधी हमेशा ही यह दलील देते हैं कि स्वतन्त्रता से स्त्रियाँ बिगड़ जायेंगी। वे स्त्रियों के विवशतापूर्ण सदाचार को ही संस्कृति का चरम विकास समझ बैठे हैं। गाँधी जी विवशतापूर्ण सदाचार का कोई मूल्य नहीं समझते। गाँधी जी से प्रश्न किया गया- "आर्थिक स्वतन्त्रता से स्त्रियों में दुराचार पैहलेगा और कौटुम्बिक जीवन नष्ट-भ्रष्ट हो जायेगा। इस पर आपकी क्या राय है?" गाँधी जी ने उत्तर दिया-"मैं इस सवाल का जवाब एक दूसरा सवाल पूछकर दूँगा। क्या पुरुष की स्वतन्त्रता और मिल्कियत पर प्रभुत्व ने पुरुषों में दुराचार का प्रचार नहीं किया है? अगर तुम इसका जवाब "हाँ' में देते हो, तो फिर औरतों के साथ भी वही घटित होने दो और जब औरतों को भी मिल्कियत के अधिकार तथा और बातों में भी उनको पुरुषों के समान हक मिल जायेंगे, तब यह पता चलेगा कि ऐसे अधिकारों के उपभोग पर उनके पाप-पुण्य की घ्जिम्मेदारी नहीं है। जो सदाचरण किसी पुरुष या स्त्री की निस्सहायता पर निर्भर है उसमें प्रशंसा के योग्य कोई बात नहीं है। सदाचरण तो हमारे हृदयों की शुद्धता में बद्धमूल होता

है।" स्त्रियों के स्वतन्त्रता-विरोधियों को गाँधी जी की विचारधारा का गम्भीरतापूर्वक अध्ययन करना चाहिए। स्वतन्त्रता से यदि स्त्रियों का नैतिक पतन होना अवश्यम्भावी है, तो वैसा ही होने दीजिये, क्योंकि सदाचार का आधार स्वेच्छा ही होनी चाहिए, विवशता नहीं। स्वेच्छापूर्ण व्यभिचार और विवशतापूर्ण सदाचार में कोई फ़र्क़ नहीं है। स्त्रियों के विवशतापूर्ण सदाचार की बुनियाद पर ही भारतीय संस्कृति की इमारत खड़ी है। स्त्रियों की स्वतन्त्रता इस इमारत को ढहाकर मिट्टी का ढेर बना देगी। गाँधीजी स्त्री-स्वातन्त्र्य के समर्थक हैं और इसीलिये वे ऐसे किसी भी दक़ियानूसी ख़्याल को नहीं मानते, जो स्त्रियों की स्वतन्त्रता में बाधक है। आज समाज को स्पष्ट विचारधारा की आवश्यकता है। नैतिक पतन की चिल्ल-पों मचाकर और भारतीय संस्कृति के गुण गाकर स्त्रियों की प्रगति में बाधा उपस्थित करनेवाले पुरुषों की समाज में कमी नहीं है। इन पुरुषों से हमारी प्रार्थना है कि वे गाँधी जी के स्त्री-विषयक दृष्टिकोण का अध्ययन करें, उसको भलीभाँति समझने का प्रयन्न करें।

झाँसी की रानी लक्ष्मीबाई का पुण्यस्मरण

संसार के सभी सभ्य राष्ट्रों में जीवित तथा स्वर्गीय महान् स्त्री-पुरुषों के जन्मदिन तथा मृत्युदिन मनाने की प्रथा प्रचलित है। इस प्रथा के प्रचलित होने का मुख्य कारण यही है कि जनसाधारण महान् स्त्री-पुरुषों के आदर्श जीवन से कुछ प्रेरणा प्राप्त करें और उस प्रेरणा के बल से अपने जीवन को श्रेष्ठतम तथा उज्ज्वल बनायें। जिन्होंने समाज के लिए अपना जीवन उत्संर्ग कर दिया उनको वर्ष में अधिक नहीं तो एक दिन कृतज्ञतापूर्वक याद करना समाज का धर्म है। विगत महीने में झाँसी की रानी लक्ष्मीबाई की 83वीं पुण्यतिथि भारत में अनेक स्थानों पर मनायी गयी। रानी की पुण्यतिथि मनाकर हमने शक्ति का पुण्यस्मरण किया है। झाँसी की रानी शक्ति की मूर्ति थीं, साहस की सीमा थीं और जीवन की जलती ज्योति थीं। "मैं झाँसी न दूँगी' कहकर रानी ने अपना जीवन दे दिया, पर जीते-जी झाँसी को नहीं दिया। आत्माभिमान और आत्मगौरव के नाम पर वह मर मिटीं, पर जीते-जी अपमान और अनादर का जीवन बिताना उस वीरात्मा ने स्वीकार न किया। यही रानी की महत्ता थी। स्वतन्त्रता ही जीवन है-यही रानी का जीवन-सन्देश है। रानी का जीवन समाज के लिए एक प्रेरणा है। पर क्या भारतीय समाज ने उस प्रेरणा की महत्ता को रानी की 83वीं पुण्यतिथि मानने के बाद भी अनुभव किया है? लेखकों, कवियों और वक्ताओं ने रानी का गुणगान करने में कोई कोर-कसर नहीं रक्खी, पर समाज ने स्त्रियों को ऐसी अवस्था में रक्खा कि भूलकर भी भारत में दूसरी लक्ष्मीबाई पैदा न हो। वातावरण अनुकूल हो तो पुरुषों के "प्रताप' के मुक़ाबिले स्त्रियों की "लक्ष्मीबाई' खड़ी हो सकती है-इस सत्य को हमारे समाज ने अभी तक भली-भांति स्वीकार नहीं किया। जब समाज उपर्युक्त सत्य को क्रियात्मक रूप में स्वीकार करेगा, तभी वह

रानी की पुण्यतिथि मनाने तथा उसका गुण-गान करने का अधिकारी हो सकेगा। क्या समाज की स्वतन्त्रता के नाम पर मर-मिटनेवाली स्त्री स्वयं स्वतन्त्रता की अधिकारिणी नहीं है?-यही प्रश्न झाँसी की रानी की व्यापक आत्मा भारतीय समाज से पूछ रही है। वह पूछ रही है-पराधीनता से समाज को मुक्त रखने के लिए निर्भय होकर युद्धक्षेत्र में पदार्पण करनेवाली स्त्री स्वयं पराधीन रहने योग्य है? रानी की पुण्यतिथि मनाते समय उपर्युक्त प्रश्नों की उपेक्षा कर दी जाती है और केवल रानी का गुणगान करके कार्यक्रम समाप्त कर दिया जाता है। वीरात्माओं का स्मरण सजीव हो, निजीव नहीं। आज रानी का स्मारक बनाने की योजना तैयार की जा रही है। स्मारक अवश्यक ही होना चाहिए, पर केवल निजीव स्मारक बनाकर हम उस स्वआत्मा का समुचित सम्मान नहीं कर सकते। झाँसी की रानी का सजीव स्मारक भारतीय स्त्रियों की स्वतन्त्रता ही हो सकती है।

महिला – जून 1940

स्त्रियाँ ही स्त्रियाँ की प्रगति में बाधक हैं

कुमारी सुशीला एम. ए.

मैं जब भारतीय स्त्रियों के प्रश्न पर गम्भीरतापूर्वक विचार करती हूँ, तो इस नतीजे पर पहुँचती हूँ कि स्त्रियाँ ही स्त्रियों की प्रगति में बाधक हैं। स्त्रियों को पुरुषों की बुद्धि पर जितना विश्वास है, उतना उनको अपनी बुद्धि पर नहीं है। इसका परिणाम यह होता है कि साधारण शिक्षिता तथा कुछ सुशिक्षिता स्त्रियाँ भी पुरुषों के उस स्त्री-विषयक दृष्टिकोण का समर्थन करती रहती हैं, जो स्त्रियों की प्रगति में बाधक है। इसीलिए तो डॉ. देशमुख के तलाक़ बिल का कुछ सुशिक्षिता स्त्रियों ने भी विरोध किया था। इस बात का उल्लेख करने का मतलब यह नहीं कि तलाक़ बिल पास हो जाता तो नारी-जीवन की विवशता का अन्त हो जाता और उसका विरोध करनेवाली स्त्रियों ने अपने ही स्त्री-समाज के प्रति अन्याय किया। सवाल तलाक़ बिल का नहीं, प्रत्युत उस मनोवृत्ति का है, जिसका उन्होंने प्रदर्शन किया था। पुरुषों के स्वर-में-स्वर मिलाकर उन स्त्रियों ने भी संस्कृति की डींगें मारना शुरू कर दिया। और उस संस्कृति का आधार था स्त्री-समाज की पराधीनता। यदि पुरुष-समाज मौज़ूदा भारतीय संस्कृति का समर्थन करता है तो वह स्वाभाविक ही है। कौन नहीं चाहता कि दूसरा मेरे अधीन रहे? पर मेरी समझ में यह बात नहीं आयी कि स्त्रियाँ क्यों मौजूदा भारतीय संस्कृति का गुणगान तथा समर्थन करना अपना आवश्यक कर्त्तव्य समझती हैं? अमेरिका में जब गुलामों को स्वतन्त्रता प्रदान की गयी थी, तब कुछ गुलामों ने कहा था- "हम स्वतन्त्रता को लेकर क्या करेंगे? हमें स्वतन्त्रता नहीं चाहिए! हम गुलामी में ही सुखी हैं।" मैं जब उपर्युक्त स्त्रियों की मनोवृत्ति का अध्ययन करती हूँ, तो मुझे अमेरिका के गुलामों का उपर्युक्त क़िस्सा याद आ जाता है। हाय री गुलामी!

जब मैं भारतीय सामाजिक जीवन का अध्ययन करती हूँ तो उसमें कितनी ही

बातें ऐसी पाती हूँ, जिनसे साफ़ मालूम हो जाता है कि स्त्रियों की मनोवृत्ति ही स्त्रियों की उन्नति में बाधक बन रही है। पुत्र होने से स्त्री को जितनी खुशी होती है, उतनी कन्या के जन्म से नहीं। ऐसा क्यों? मैं मानती हूँ कि दोष स्त्री का नहीं, प्रत्युत उस समाज-व्यवस्था तथा शासन-व्यवस्था का है, जिन्होंने स्त्री को क़ानूनन पुरुष की सम्पत्ति मान लिया है। कन्या तो दूसरे के घर चली जायेगी और पुत्र घर में ही रहकर वृद्ध माता-पिता की सेवा करेगा। ऐसी अवस्था में यदि पुत्र कन्या से श्रेष्ठ माना जाय तो इसमें कोई आश्चर्य की बात नहीं है। पर क्या यह सच नहीं है कि पुत्र-कन्या में जो भेद है, उसमें स्त्री-जाति का अपमान प्रच्छन्न रूप से विद्यमान है? आज स्त्रियाँ अधिकार चाहती हैं। तो क्या आज स्त्रियों को उपर्युक्त बुनियादी बात पर गम्भीरता तथा निर्भयतापूर्वक विचार नहीं करना चाहिए? मूल में ही असमानता रहेगी, तो आगे चलकर समानता हो ही नहीं सकती। सबसे बड़ा सवाल यही है कि कन्या को पुत्र के अधिकार प्राप्त हों, लड़की आर्थिक दृष्टि से स्वतन्त्र बन सके और आवश्यकता होने पर अपने माता-पिता की सेवा कर सके। यदि ऐसा हो जाय, तो माता-पिता को कन्या के जन्म से उतनी ही ख़ुशी होगी, जितनी कि पुत्र-जन्म से। मूल में समानता आ जायेगी, तो आगे चलकर भी समानता ही रहेगी। यह नारी-समस्या का बुनियादी सवाल है और जब तक यह हल नहीं हो जाता, तब तक समानता की घोषणा निरर्थक है। कहने की आवश्यकता नहीं कि इस सवाल को हल करने के लिए समाज के पुनर्निर्माण की आवश्यकता है। समाज-रचना ऐसी हो, जिसमें स्त्रियाँ आर्थिक दृष्टि से स्वतन्त्र हो सकें और स्वतन्त्रतापूर्वक जीवन व्यतीत कर सकें। विवाह का अर्थ गुलामी न हो और स्वतन्त्रता के मार्ग में उपस्थित होनेवाली बाधाओं पर विजय प्राप्त करने की शक्ति स्त्री में मौज़ूद हो। समाज का पुनर्निर्माण हो रहा है। स्त्रियों को चाहिए कि वे अपनी कन्याओं की ओर देखने के दृष्टिकोण में परिवर्तन करें। हमें यह समझ लेना चाहिए कि हमारी भेद-मूलक दृष्टि कन्याओं को कमज़ोर बनाने में सहायक होती है। पर अफ़सोस के साथ कहना पड़ता है कि स्त्रियाँ कन्या-जन्म से वैसा ख़ुश नहीं होतीं, जैसी कि पुत्र-जन्म से। वे भूल जाती हैं कि उनका यह भेदभाव उन्हीं को—स्त्री-जाति को-अपमानित करता है। क्या स्त्रियाँ अपनी मनोवृत्ति में परिवर्तन न करेंगी?

एक बात और है। कोई लड़की या स्त्री नैतिक दृष्टि से पथ से विचलित हो जाय, तो दूसरी स्त्रियाँ उस लड़की या स्त्री को बदनाम करने में अधिक उत्साह प्रकट करती हैं। शायद ऐसा करके वे अपने को सदाचारिणी प्रमाणित करती हैं। वे इस बात को भूल जाती हैं कि पुरुष-समाज ने स्त्री-समाज पर नैतिकता का अधिक बोझा

लादकर ही हमारे साथ अन्याय किया है और यह नैतिकता का बोझ ही हमारी पराधीनता की बुनियाद है। पुरुष अपने लिये जो बात स्वाभाविक समझ बैठे हैं वहीं बात स्त्रियों के लिए एकदम अस्वाभाविक तथा अक्षम्य समझ बैठे हैं। इस भेदमूलक सामाजिक दृष्टि का भी अन्त होना ज़रूरी है। ऐसी बातों से ही नारी-जीवन विवशता पूर्ण बन गया है। स्त्रियों को चाहिए कि वे ऐसी अनेक बातों पर सोचें-विचारें-पुरुषों के दृष्टिकोण से नहीं, अपने दृष्टिकोण से। आज तो दुःख के साथ कहना पड़ता है कि स्त्रियाँ ही स्त्रियों की प्रगति में बाधक हैं।

महिला – जून 1940

आधुनिक लड़कियाँ

श्रीमती सरला

उस दिन एक प्रतिष्ठित, समाज में अग्रगण्य तथा सुधार-प्रेमी वयोवृद्ध तथा अनुभवी महानुभाव से स्त्रियों की शिक्षा-दीक्षा तथा उनके अधिकारों के विषय में प्रसंगवश चर्चा चल पड़ी। "महिला' में प्रकाशित मेरे लेख उन्होंने पढ़े थे और इसीलिये शायद उन्होंने जान-बूझकर इस विषय को उठाया। उन्हें मैं बड़ी श्रद्धा की दृष्टि से देखती हूँ और वे भी मुझ पर यथेष्ट वात्सल्य-भाव रखते हैं। अतः शायद मुझे लड़की समझकर मेरे दृष्टिकोण को अनुभवशून्य तथा कोरी कल्पना के आधार पर ही स्थित जानकर उन्होंने आधुनिक स्त्रियों की आलोचना करनी प्रारम्भ की। आज से पचीस-तीस वर्ष पहले के सन्तुष्ट तथा सफल(?) दाम्पत्य जीवन का ज़िक्र करते हुए उन्होंने कहा कि वर्तमान शिक्षा ने स्त्रियों में केवल एक भ्रमिक असन्तोष उत्पन्न कर दिया है और इसलिए वे आज पुरुषों का मुक़ाबिला करने में ही अपनी बहादुरी समझ रही हैं। सच तो यह है कि स्त्रियों को प्रकृति ने पुरुषों के अधीन ही रहने के लिए बनाया है और पुरुष के बिना स्त्री का जीवन शून्यवत् हो जाता है। स्त्री चाहे जितनी लम्बी-लम्बी बातें करे परन्तु उसे एक दिन पुरुष के प्रेम का आश्रय ढूँढ़ना ही पड़ता है और इसके अतिरिक्त उसका जीवन स्वयं उसे ही भार बन जाता है। स्त्री-पुरुष के प्राकृतिक सम्बन्ध से सन्तान अनिवार्य है और उसका पालन-पोषण करने के लिए स्त्री को घर में रहना ही होगा। अपने लिये न सही अपने बच्चों के लिए तो उसे पुरुष की अधीनता स्वीकार किये बिना और कोई चारा ही नहीं हैं। उन्होंने ज़ोर देकर कहा-जिस "लव मैरेज़' के लिए लड़कियाँ आज इतनी चिल-पों मचाये हैं उनमें प्रतिशत कितने विवाह सफल होते हैं? लड़के-लड़कियों का अनुभव ही कितना? कल्पना की दुनियाँ से निकलकर जब वे वास्तविक जगत् में प्रवेश करते हैं तब उनका प्रेम कितना टिक पाता है? लड़कियों लड़कों से सुख-वैभव की बड़ी-बड़ी आशाएँ बाँधे रहती हैं और उनका स्वप्न **भंग होते** ही प्रेम

का नशा भी उतरने लगता है। और आज कल के आर्थिक संघर्षमय जीवन में वैभव-विलास के साधन कम ही युवक जुटा पाते हैं। तब युवकों को भी लड़कियाँ स्वार्थी तथा विलासिनी प्रतीत होने लगती हैं और उनका मन भी उनसे विरक्त हो जाता है। धीरे-धीरे दोनों ही खिंचे से रहने लगते हैं और यही विरक्ति कभी-कभी घृणा का भी रूप धारण कर लेती है। इससे तो हमीं लोग अच्छे हैं। हम समझते हैं कि माँ-बाप ने जिसका हाथ पकड़ा दिया वही हमारे लिये सब-कुछ है।

मैं उनकी बातें बड़े धैर्य से सुनती रही। क्योंकि उनमें सद्भावना थी, अनुभव था और थी कुछ-कुछ सत्यता भी। किन्तु परिस्थिति के कारणों के विश्लेषण में उनका अपना दृष्टिकोण था और यही,उनमें और मुझमें मतभेद है। उनके ही क्यों समाज के अधिकतर लोगों के यही विचार हैं। जब से स्त्रियों में शिक्षा का प्रचार हुआ है और उन्होंने घर से बाहर निकलकर सार्वजनिक जीवन में प्रवेश किया है तब से बराबर इसी तरह की बातें कही जा रही हैं। यद्यपि भारत के नारी-आन्दोलन में यह विशेषता है कि पुरुषों का पथ-प्रदर्शन तथा सहयोग उसे ख़ूब मिल रहा है। परन्तु इसकी भी अपनी एक कहानी है। पश्चिमी सभ्यता के आगमन के पश्चात् भारत के शिक्षित लोगों को अपनी स्त्रियों की अज्ञानता खटकी। साफ़-स्वच्छ निर्भीक, बातचीत में तेज़-तर्रार अंग्रेज़ कुमारिकाओं को देखकर नवयुवकों का ध्यान उधर आकर्षित होने लगा और तब समाज के समझदार अग्रगण्य व्यक्तियों ने युवकों की मनोवृत्ति को पहचानकर अपनी लड़कियों को भी शिक्षा देने का प्रबन्ध किया। लड़कियों ने शिक्षा में उन्नति की और उनके रहन-सहन में भी अन्तर आ गया। पढ़ी-लिखी लड़कियों की विवाह के क्षेत्र में क़द्र बढ़ी और फिर तो स्त्री-शिक्षा के विरोधियों ने भी अपनी लड़कियों को पढ़ाना-लिखाना शुरू कर दिया। क्योंकि अपढ़ लड़की को योग्य और शिक्षित वर मिलने में दिक्कत होने लगी। इस प्रकार केवल युवकों के रुख़ को बदलने के लिए और उनकी सभ्य, सुसंस्कृत तथा अप-टू-डेट पत्नी की इच्छा-पूर्ति के लिए लड़कियों की शिक्षा का प्रारम्भ हुआ। परन्तु इस शिक्षा ने लड़के-लड़कियों में एक नये अनिवार्य दृष्टिकोण का सृजन किया। और बस, समाज के कर्णधार स्त्री-शिक्षा के विरुद्ध बहुत-सी बातें करने लगे आखिर लड़कियाँ कुछ ग्रामोफोन की रिकार्ड तो थीं नहीं कि आप उनमें चाहे जो गायन भर दें और अपना दिल-बहलाव करें परन्तु उन पर स्वयं कोई असर न हो। वे धातु से बनी हुई निर्जीव रेकार्ड ही बनी रहें। शिक्षा के प्रकाश में उन्होंने सामाजिक परिस्थितियों का अवलोकन किया और वर्तमान समाज-व्यवस्था के प्रति उनके हृदय में विद्रोह-भावना अंकुरित हुई।

भारतीय संस्कृति के अनुसार विवाह आजन्म प्रेम और विश्वास का प्रतीक है। परन्तु यहाँ तो विवाह-सम्बन्ध केवल रुपयों के मोल पर होता है। अवस्था और

गुण-कर्म तथा स्वभाव के अनुसार जोड़े मिलाने का भाव लुप्त होकर केवल झूठी कुल-मर्यादा और धर्म लिप्सा का ही बोलबाला है। एक ओर साठ वर्ष का बूढ़ा एक तेरह वर्ष की कुमारी का पाणिग्रहण करने में कोई संकोच नहीं करता और दूसरी ओर एक अत्यन्त सुन्दरी वयप्राप्त कन्या को पर्याप्त दहेज न दे सकने के कारण माँ-बाप की रात दिन की चिन्ता का कारण बनना पड़ता है। और बहुत बार तो चाहे जैसे व्यक्ति के गले उस लड़की को मढ़ने के लिए माँ-बाप अधीर हो उठते हैं और अपनी चिन्ता से लड़की के सर्वनाश के मूल्य पर भी मुक्त होने में आनाकानी नहीं करते। क्यों? इसलिये कि समाज में अवस्था प्राप्त कुमारी कन्या का अविवाहित रहना सुरक्षित नहीं माना जाता। कोई पढ़ी-लिखी समझदार लड़की भला उस समाज-व्यवस्था में कैसे श्रद्धा रख सकती है जिसमें उसका जीवन एक चाहे जैसे योग्य-अयोग्य पुरुष की छत्र-छाया के बिना माँ-बाप के घर भी सुरक्षित ही न माना जाय। फिर पैसे के मोल ख़रीदा हुआ विवाह-सम्बन्ध प्रेम और विश्वास अनायास प्राप्त कर ले तो भले ही कर ले पर कर ही लेना ऐसी निश्चित गारण्टी कैसे दी जा सकती है? आज से पचीस-तीस वर्ष पहले के विवाह-सम्बन्धों में असन्तोष तो था परन्तु 'भाग्यवाद' के सहारे "जो नसीब में था वह मिला' की ओट में उसे छिपा दिया जाता था। पुरुष तो तब भी स्वतन्त्र थे ही और असन्तोष की मात्रा बढ़ जाने पर अपना दूसरा विवाह भी कर लेते थे या अन्य रूप से अपनी प्रवृत्तियां शान्त करते थे। स्त्रियाँ पर्दे में रहने के कारण और एकमात्र चाहे जैसे पति पर निर्भर होने के कारण असन्तोष को व्यक्त भी कैसे करती? अतः शिक्षा ने स्त्रियों में असन्तोष को उत्पन्न किया है यह बात ग़लत है बल्कि कहना यह चाहिए कि शिक्षा ने उनमें उस असन्तोष को व्यक्त करने का साहस तथा उसके निवारण की शक्ति का आविर्भाव किया है। स्त्री-पुरुष का सम्बन्ध सनातन है-इससे इनकार ही कौन करता है? आधुनिक लड़कियों में जो विवाह के प्रति विरोध की भावनाएँ पायी जाती हैं उनका कारण यह नहीं है कि वे पुरुष के सम्पर्क से अलग अपना कोई निराला संसार बसाना चाहती हैं। स्त्री-पुरुष का आकर्षण प्राकृतिक है और है जीवन की एक स्वाभाविक क्रिया। न पुरुष ही इस आकर्षण से अपने को रोक सकते हैं और न स्त्री ही इससे अपने को सर्वथा मुक्त रख सकती है। स्त्री का जीवन यदि पुरुष के बिना शून्यवत-सा हो जाता है और पुरुष के प्रेम के आश्रय तले आये बिना उसे स्वयं अपना जीवन भार मालूम होता है तो यही बात पुरुष के लिए भी लागू है। स्त्री के जीवन में प्रेम और वासना-सम्बन्धी जो स्थान पुरुष का है वही स्थान पुरुष के जीवन में स्त्री का भी है। परन्तु वर्तमान सामाजिक व्यवस्था में आर्थिक दृष्टि से भी स्त्री पुरुष पर निर्भर है और शायद इसीलिए पुरुष गर्वपूर्वक यह कह सकता है कि एक न एक दिन स्त्री को अपने लिए न सही पर अपने बच्चों के लिए भी पुरुष की अधीनता स्वीकार किये बिना और

कोई चारा ही नहीं है। क़ुदरत ने स्त्री को सृष्टि-संचालन का जो महान् उत्तरदायित्व सौंपा है तथा स्त्री के हृदय में प्रेम और वात्सल्य का जो अमृत-स्त्रोत प्रवाहित किया है उसके बल पर पुरुष स्त्री को दबाये यह आधुनिक लड़की को मानवता का घोर अपमान तथा मातृत्व के प्रति अक्षम्य अपराध मालूम होता है। और जब उसके उस मातृत्व को उसकी परवशता का साधना बनाया जाता है तब तो वह भभक उठती है और सारी विवाह-संस्था के प्रति ही उसके मन में विद्रोह की अग्नि प्रज्वलित हो उठती है। किन्तु यह भावना परिस्थितिवश है, प्राकृतिक नहीं। और यदि लड़कियों की इस विद्रोह-भावना के उचित कारणों पर विवेकपूर्वक विचार किया जाय तो यह हमारी समाज-व्यवस्था का एक अनिवार्य परिणाम है जो अवश्यम्भावी है और जिसे रोका नहीं जा सकता।

स्त्री जन्म से ही स्नेह, प्रेम और वात्सल्य की प्रतिमा होती है। माता बनने के बाद जिस प्रेम और धैर्य के साथ वह सन्तान का पालन करती है उसकी गुरूता और महत्ता को समझकर ही हिन्दू धर्मशास्त्रों में माता का स्थान सर्वोपरि माना गया है। परन्तु आज मातृत्व का वह गौरवमय स्वरूप कहां है? स्त्रियों को अपने जीवन के विकास का अवसर ही नहीं मिल पाता। प्रारम्भ से ही लड़की होने के कारण उनकी इच्छाओं और भावनाओं तथा स्वतन्त्र प्रवृत्तियों को दबा दिया जाता है क्योंकि उन्हें बड़ी होकर दूसरे के घर जाना है और पता नहीं कैसा कुटुम्ब मिले। इसीलिये दबकर रहने में ही उनका निर्वाह हो सकता है। उनका अपना तो कोई अस्तित्व होता ही नही, पति की इच्छा और आज्ञा का पालन ही उनके जीवन का महद् उद्देश्य होता है। और पति स्त्री को अपनी सेवा करनेवाली दासी तथा काम-वासना की पूर्ति का साधन मात्र समझता है। स्त्री कों न केवल पति की ही सेवा करनी पड़ती है और न सिर्फ उसका ही शासन मानना पड़ता है बल्कि पति-गृह के सभी लोगों को प्रसन्न रखना भी उसका कर्त्तव्य होता है। पति के माता-पिता की सेवा-सुश्रूषा तथा उनकी आज्ञा-पालन का ख़्याल भी उसे अधिक रखना पड़ता है। इस तरह अपने व्यक्तित्व को कुचलकर सबकी हाँजी हाँजी करने के लिये वह बाध्य होती है। यदि वह ऐसा नहीं कर पाती तो फिर उसे अपमान, तिरस्कार, डाँट फटकार और कभी-कभी मार तक खानी पड़ती है। इस प्रकार मातृत्व के सन्मान और सुविधा स्वरूप जो स्त्री को बाहर के कठिन कार्यक्षेत्र से मुक्त करके घर की व्यवस्था तथा बच्चों के पालन-पोषण करने का ही विधान किया गया था उस सद्भावना का आज के गृह-जीवन में कहीं पता तक नहीं चलता। आज तो स्त्री प्राकृतिक नियम के कारण माता बन जाती है और इसलिए उसे बच्चों का पालन-पोषण करना ही पड़ता है। परन्तु ऐसे निम्न कोटि के पराधीन जीवन में पुनीत मातृत्व पनप ही कैसे सकता है? इसलिये मातृत्व का यह उत्तरदायित्व आज स्त्रियों को बड़ा महँगा पड़ रहा है। प्रकृति पर उनका वश

नहीं है और इसीलिये पुरुष स्त्रियों की विद्रोह-भावना का मज़ाक उड़ाने का दुस्साहस करते देखे जाते हैं। परन्तु आधुनिक लड़की मातृत्व की विरोधिनी नहीं है। वह तो उस समाज-व्यवस्था की विरोधिनी है जिसने आज मातृत्व को इस प्रकार स्वार्थ और हुकूमत का साधन बना रक्खा है। आधुनिक लड़की मातृत्व को इस नारकीय परवशता से मुक्त करके उसका विकास करना चाहती है और चाहती है अपने खोये हुए व्यक्तित्व को प्राप्त करके अपनी सन्तानों के अन्दर उसका बीजारोपण करना; जिससे वे संसार के सभ्य और सुसंस्कृत देशों में सम्मुख उन्नत मस्तक होकर खड़े हो सकें।

जिन लड़के-लड़कियों को जीवन-भर साथ रहना है यदि वे परस्पर विवाह के पहले एक-दूसरे को देख-समझ लें तो इसमें आख़िर हर्ज़ ही क्या है? माता-पिता या अभिभावक अपनी अनुभवी सलाह उन्हें दे सकते हैं। जहाँ रूढ़िवाद की कट्टरता न हो, झूठी मान-मर्यादा का ख़्याल न हो, केवल लड़की और लड़के की योग्यता-अयोग्यता की दृष्टि से ही विवाह-सम्बन्ध स्थिर किया जाय तब तो शायद लड़की-लड़के को कोई एतराज़ न होगा। आख़िर माँ-बाप अपनी सन्तान के दुश्मन तो होते ही नहीं हैं। परन्तु जहाँ अपने बड़प्पन को ही प्रधान मानकर लड़के-लड़कियों की इच्छा की हठपूर्वक अवहेलना की जाय, सन्तान की भलाई से भी अधिक वंश-मर्यादा को प्रश्रय दिया जाय, अनावश्यक रूढ़ि-बन्धनों के पालन में सर्वस्व की बाज़ी लगा देने की जाति-बिरादरीवालों के सम्मुख होड़ हो तो निश्चय ही ऐसे सम्बन्ध को आजकल के लड़के-लड़की पसन्द न करें यह स्वाभाविक ही है। अक्सर नये और पुराने दृष्टिकोण के कारण ही विरोध उत्पन्न होता है। परन्तु माता-पिता को समझना चाहिए कि वह सम्बन्ध उन्हें नहीं उन लड़के-लड़कियों को ही निभाना है। अतः वयप्राप्त सम्बन्धों में लड़के-लड़कियों की स्वीकृति के बिना सम्बन्ध स्थापित करना अनुचित है। हो सकता है कि लड़के-लड़कियां अनुभवशून्य और व्यावहारिक जगत् से अनभिज्ञ होने के कारण कभी-कभी एक-दूसरे को समझने में भूल कर बैठे परन्तु तब अपनी भूल के लिए वे दूसरे को दोष तो न देंगे और न उस भूल के परिणाम को अपने पर ज़बर्दस्ती लादा हुआ समझेंगे। अतः उनमें विद्रोह-भावना उत्पन्न न होगी और वे स्वयं धीरे-धीरे अपने को एक-दूसरे के अनुकूल बनाने की चेष्टा करेंगे। फिर माता-पिता द्वारा स्थापित सभी सम्बन्ध भी तो सफल होते ही हों ऐसी बात नहीं होती। विवाह तो जीवन-सम्बन्धी एक प्रकार का समझौता है और समझौता हमेशा दोनों पक्षों की विवेकशीलता ही पर निर्भर होता है। हमें उन पर विश्वास करना चाहिए।

रही लड़कों द्वारा लड़कियों के सुख-साधन जुटाने के आशा-स्वप्न की बात। जबतक स्त्री पुरुष पर निर्भर है तब तक वह उससे ज़रूर सुख-वैभव की आशा करेगी ही। वर्तमान आर्थिक संघर्ष में लड़के उसे न जुटा सकें तो इसमें उनका क्या दोष?

किन्तु प्रेम-विवाहों के असफल होने का अधिक कारण आर्थिक नहीं होता। आधुनिक लड़की वर्तमान आर्थिक संघर्ष से अपरिचित नहीं होती क्योंकि वह बाहर की दुनिया से निर्वासित होकर घर में ही बन्द नहीं रहती। वह दुनिया की परिस्थिति से वाकिफ़ होती है और आर्थिक संघर्ष में अपने पति के प्रति उसे न केवल सहानुभूति होती है बल्कि वह अपने पति का हाथ बँटाने का भी हौसला रखती है। जीवन-क्षेत्र से वह घबड़ाती नहीं है। परन्तु बहुधा होता यह है कि समाज में उस विवाह की आलोचना होती रहती है और युवक पर जब तक प्रेम और आकर्षण का नशा रहता है तब तक तो वह सब-कुछ सहता और सुनता है परन्तु उसे ऐसा लगता है कि उसने उस लड़की के लिए कोई बड़ा भारी त्याग किया है और जिसका बदला उसे बेहद कृतज्ञता में मिलना चाहिए। यदि लड़की ऐसी नहीं करती है और बात-बात में उसके उस उपकार को जो उसने उसे ग्रहण करके किया है स्मरण कर नत मस्तक नहीं होती तो उसे वह 'अभिमानिनी' लगने लगती है। बाहर का विरोध और टीका टिप्पणी तो चालू ही रहती है तब छोटी-छोटी बातों मे भी वह खीझ उठता है। आर्थिक परेशानियाँ तो और भी हताश कर देती हैं। यदि लड़की समझदार हुई और उसने उसकी उस खीझ को मनोविज्ञान की दृष्टि से अधिक महत्त्व न दिया तब तो गाड़ी चलती रहती है। यदि नयी-नयी स्वाभिमान और समानाधिकारों की बातों का असर उसके मस्तिष्क में ज़्यादा हुआ तो फिर दोनों में मनमुटाव हो जाता है और शायद कभी-कभी वही प्रकट होकर प्रेम-विवाह के विरोधियों के विरोध का अस्त्र बन जाता है। परन्तु अक्सर कहीं पति तो कही पत्नी परिस्थिति को सँभाल ही लेते हैं। तब भी इस विषय में लड़के-लड़कियों को बहुत-कुछ सीखने-समझने की गुंजाइश है।

किसी भी सुधार के श्रीगणेश में विघ्न और विरोध तो होते ही है। फिर हमारे यहाँ तो जन्म से ही लड़की परायी धरोहर समझी जाती है। उसे जब तक किसी को सौंप न दिया जाय तब तक माता-पिता को चैन नहीं मिलता। इस परायी धरोहर की भावना का ही जड़ मूल से नाश होना चाहिए। माता-पिता का कर्त्तव्य सन्तान को योग्य बनाकर संसार संघर्ष के लिए तैयार कर देना मात्र है। फिर वे अपना मार्ग स्वयं ही चुन लेंगे। दाम्पत्य-जीवन उनकी अपनी निजी बाबत है और इससे माता-पिता को सिवाय सलाह और उचित-अनुचित का ज्ञान करा देने के अतिरिक्त उसमें अधिक ज़ोर-ज़बर्दस्ती न करनी चाहिए। लड़के गिरते-पड़ते हैं, थोड़ी बहुत चोट खाते हैं और फिर आप ही चलना सीख जाते हैं। यदि उस चोट के डर से उन्हें गोद से नीचे उतारा ही न जाय तो शायद वे कभी चल ही न सकें। यह सुधार का संक्रान्ति-काल है। हमारे नारी-विषयक दृष्टिकोण में एक जबर्दस्त परिवर्तन हो रहा है। युग-युग की पराधीन नारी आज उन्मुक्त वातावरण में साँस लेने में समर्थ हो सकी है। सम्भव है शिक्षा और सुधार के प्रकाश में उसकी आँखें चौंधियाँ जायँ और वह

अपना मार्ग भी भूल जाय परन्तु वह शीघ्र ही अपने को इस वातावरण के उपयुक्त बना लेगी और उसकी चाल-ढाल में स्वाभाविकता आ जायेगी। इसमें घबड़ाने की कोई बात नहीं है। बल्कि बराबरी का और स्वेच्छापूर्वक ग्रहण किया हुआ दाम्पत्य जीवन अधिक सुन्दर, सुमधुर तथा टिकाऊ होगा। उसमें कृत्रिमता न होगी और न होगा एक-दूसरे को आश्रित तथा आश्रयदाता समझने का अहम् या निम्नभाव। पारस्परिक सहयोगी जीवन ही दाम्पत्य जीवन की सफलता है।